Karen Kingsbury

Öffne dein Herz für ein Wunder

Über die Autorin

Karen Kingsbury studierte Journalismus und schrieb für verschiedene Zeitungen, unter anderen für die *Los Angeles Times*, bevor sie sich dem Bücherschreiben widmete. Inzwischen hat die Autorin zahlreiche Bücher verfasst, darunter einige Bestseller. Mit ihrem Mann und ihren sechs Kindern lebt sie in Washington, USA.

Karen Kingsbury

Öffne dein Herz für ein Wunder

GerthMedien

MIX
Papier aus verantwortungsvollen Quellen
FSC® C014496
FSC
www.fsc.org

Verlagsgruppe Random House FSC® N001967
Das für dieses Buch verwendete FSC®-zertifizierte Papier *Munken Premium Cream* liefert Arctic Paper Munkedals AB, Schweden.

Die amerikanische Originalausgabe erschien im Verlag
Faith Words, a division of Hachette Book Group, Inc.,
unter dem Titel »Miracles. A 52-week devotional«

Die Bibelzitate wurden, sofern nicht anders angegeben,
der folgenden Bibelübersetzung entnommen:
Neues Leben. Die Bibel, © 2002 und 2006 SCM R. Brockhaus
im SCM-Verlag GmbH & Co. KG, Witten.
Weiterhin wurden folgende Bibelübersetzungen verwendet:
Hoffnung für alle – Die Bibel, durchgesehene Ausgabe in neuer Rechtschreibung,
© 1986, 1996, 2002 by International Bible Society, USA. Übersetzt und herausgegeben durch: Brunnen Verlag Basel, Schweiz (Hfa)
Gute Nachricht Bibel, revidierte Fassung, durchgesehene Ausgabe in neuer Rechtschreibung, © 2000 Deutsche Bibelgesellschaft, Stuttgart (GN)
Aus dem Englischen übersetzt von
Marion Achenbach, Mechthild Bruchmann, Roland Renz, Antje Balters.

1. Auflage 2013
Bestell-Nr. 816 654
ISBN 978-3-86591-654-9
Umschlaggestaltung: Björn Steffens
Umschlagfoto: Shutterstock
Lektorat: Nadine Weihe
Satz: Greiner & Reichel, Köln
Druck und Verarbeitung: GGP Media GmbH, Pößneck
Printed in Germany

Inhalt

Woche 1

Bibellese: Psalm 124

Spezialeffekte Gottes

Halte dich fern von allem, was die jugendlichen Leidenschaften weckt. Deine Ziele sollen Gerechtigkeit, Glauben und Liebe sein sowie Friede mit allen, die mit aufrichtigen Herzen den Herrn anrufen.

2. Timotheus 2,22

Zum allerersten Mal wollten Mia Parsons und ihre Freundin Tanya Andrews Silvester mit 100 000 anderen Menschen in der Innenstadt von Pasadena, Kalifornien, feiern, wo bis zur alljährlichen Rosenparade die ganze Nacht durchgemacht werden sollte. Was die beiden Siebzehnjährigen dabei empfanden, lässt sich mit dem Wort »Begeisterung« nur annähernd beschreiben.

Die Mädchen hatten sich mit einem guten Dutzend ihrer Freunde getroffen, die zu ihrer Jugendgruppe gehörten. Sie hatten jede Menge Spaß, ohne sich zu betrinken. Allerdings machte Mia sich Gedanken wegen Tanya. Sie war erst seit Kurzem mit Mia befreundet und besuchte die Jugendgruppe noch nicht lange. Mia war sich nicht ganz sicher, wie weit Tanya auf der Silvesterparty gehen würde.

Die Gruppe unterhielt sich aufgeregt und tanzte zur Musik, die von überall her die Straßen erfüllte. In der Dunkelheit liefen die Menschen scharenweise die Straße entlang, allesamt in Feierlaune. Ein kleiner Mann ging an Mia und den anderen vorüber. Abrupt drehte er sich um, schaute Mia an und kam langsam auf sie zu. Bei ihr angekommen, reichte er ihr einen gelben Sticker mit der Aufschrift: »Jesus liebt dich«.

»Danke«, sagte Mia. »Sie liebt er auch.«

Der Mann nickte und lächelte, dann ging er weiter.

»Das war ja komisch«, meinte Mia zu Tanya.

Mias Freundin zuckte die Achseln. »Es ist Silvester. Da macht man halt auch mal was Ungewöhnliches. Lass uns weiterfeiern.«

Der Abend schritt voran, und die Leute fuhren in ihren Autos den Colorado-Boulevard auf und ab und grüßten beim langsamen Vorüberfahren alle, die an der Paraderoute standen. Schließlich fuhr ein Pick-up-Truck mit zwei gut aussehenden jungen Männern bei den Mädchen vorbei.

»Wollt ihr mit?«, rief einer der beiden.

»Von wegen!«, rief Mia über den Lärm hinweg. »Sehen wir so aus, als ob wir mit fremden Männern mitfahren?«

»Ach, kommt schon. Wir machen hier bloß die Runde. Steigt hinten auf. Wir fahren einmal den Boulevard rauf und runter und setzen euch wieder ab.«

Mia und Tanya tauschten einen vielsagenden Blick aus, mit dem sie kundtaten, dass der Fahrer in der Tat sehr gut aussah. Im gleichen Moment trat Steve Simons von der Jugendgruppe dazu. »Was geht ab? Kennt ihr die Jungs?«

»Ja.« Tanya trat nach vorn. »Von der Schule.« Sie warf Mia einen flehenden Blick zu. »Stimmt's?« Natürlich stimmte es nicht.

Mia beäugte die gut gebauten Jungen. Was konnte schon passieren, wenn sie und Tanya sich auf die Ladefläche setzten und einmal die Paraderoute entlangfuhren? Der Verkehr bewegte sich so langsam, dass sie jederzeit abspringen konnten.

»Klar«, antwortete Mia. »Letztes Jahr kennengelernt.«

Steve Simons trat zurück. »Wenigstens kennt ihr sie«, sagte er, als sie losfuhren.

Tanya und Mia lehnten sich gegen die Kabinenrückwand und winkten den Menschenmassen zu, die sich auf beiden Straßenseiten drängten. Der Fahrtwind auf dem Gesicht war ein wunderbares Gefühl und Mia wurde ganz leicht zumute. Sie hatten Steve zwar ein bisschen angelogen, aber na und?

Als jedoch eine halbe Stunde vergangen war, stellte Mia plötzlich fest, dass die Menschenmenge am Straßenrand dünner wurde. Es gab keine Anzeichen mehr, dass sie sich noch auf der Paraderoute befanden. Schnell drehte sie sich um und sah zu den Jungen in der Kabine. Beide lachten laut und tranken Bier. Auf dem Boden lagen einige leere Dosen herum.

Währenddessen musste das Auto an einer Kreuzung halten. »Wir fahren aus Pasadena raus!« Mia griff Tanya am Arm. »Die Jungs wollen mit uns abhauen!«

Plötzlich hörte Mia über die lärmende Musik aus dem Autoradio hinweg eine Stimme, die ihr ins Ohr flüsterte: »Steigt aus! Sie bringen euch an den Strand, um euch zu vergewaltigen.«

Mia wurde von Panik erfasst. Ihr blieb keine Zeit mehr zu klären, wer ihr die Warnung zugeflüstert hatte, als sie sah, dass es die Stadtautobahn entlangging in Richtung Westen – zum Strand.

»Schnell!«, rief sie Tanya zu. »Wir sind in Gefahr! Steig aus!« Aber Tanya rührte sich nicht.

Im gleichen Augenblick gab der Fahrer Gas. In Sekundenbruchteilen wurde Mia klar, dass sie lieber hier in Pasadena beim Sturz auf die Straße sterben wollte, als am Strand vergewaltigt zu werden. *Gott! Hilf mir bitte!* Sie kroch ans Ende der Ladefläche und sprang herunter.

Sie spürte, wie sie durch die Luft flog. *Das war's*, dachte Mia. Dann war es nur noch still. Die Autos bremsten kreischend, als Mias Körper auf der Straße aufschlug und mitten auf die Kreuzung rutschte. Aber alle Fahrzeuge konnten ausweichen und fuhren das Mädchen nicht an.

Eine Motorradstreife hatte das Geschehen beobachtet. Der Polizist forderte Hilfe an und war sofort an Mias Seite. Er hatte genügend Erfahrung mit Unfällen, um zu wissen, dass das Mädchen schwere Verletzungen haben musste. »Beweg dich nicht«, sagte er, während er ihren Puls fühlte.

Mia konnte sich nicht erklären, was passiert war. Sie hätte schwer verletzt sein müssen, aber ihr tat nichts weh. Stattdessen verspürte sie eine seltsame Ruhe in sich, zugleich aber war sie aufs Äußerste alarmiert. »Meine Freundin ist in dem Pick-up-Truck! Die wollen sie vergewaltigen!«

Der Polizist schaute auf und sah, wie der Truck weiterfuhr. Sofort stieg der Beamte auf sein Motorrad, schaltete das Blaulicht ein und brachte den Truck zum Stehen.

Tanya weinte, als sie kurze Zeit später bei ihrer Freundin ankam. »Warum hast du das gemacht, Mia? Du hättest sterben können!«

»Sie wollten uns vergewaltigen, Tanya. Ich hab's gehört. Jemand hat mir gesagt, dass sie uns zum Strand bringen und vergewaltigen wollten.«

Tanya wurde blass. »Wer hat das gesagt? Ich hab nichts gehört.« Sie sah zum Truck, wo der Polizist bei dem jungen Mann hinter dem Steuer einen Alkoholtest durchführte. »Mia, ich kann gar nicht glauben, dass wir so dumm waren. Geht es dir gut?«

Mia sah an sich herunter. Ihre weiße Jeans war völlig sauber und unbeschädigt. Sie erinnerte sich, wie ihre Hände die Straße entlanggerutscht waren. Doch als sie sie untersuchte, stellte sie fest, dass auch die Hände unversehrt waren. Ihre Haut war so glatt, als wäre sie nie mit der Straße in Berührung gekommen. »Mir geht es gut«, flüsterte sie. »Mir geht es *unglaublich* gut.«

In dem Augenblick fiel Mias Blick auf ihren Ärmel und den gelben Sticker. »*Jesus liebt mich*«, sagte sie laut und schaute zu Tanya hinüber. »Eben ist ein Wunder passiert. Darum hat mir der Mann diesen Sticker gegeben. Ich glaube, Gott wusste, was passieren würde, und er hat auf uns aufgepasst.«

Tanya umarmte ihre Freundin ganz fest. Klar, dass es lange dauern würde, bis der Schock dieser nächtlichen Ereignisse nachließ.

Mia merkte, wie ihr Tränen in die Augen traten. »Dieses Silvester werde ich nie vergessen.«

Seht, wie viel Liebe unser himmlischer Vater für uns hat, denn er erlaubt, dass wir seine Kinder genannt werden – und das sind wir auch!

1. Johannes 3,1

Woche 2

Bibellese: 1. Korinther 13

Ein Wunder der Liebe

Lasst die Kinder zu mir kommen und haltet sie nicht zurück, denn für Menschen wie sie ist Gottes neue Welt bestimmt.

Matthäus 19,14; Hfa

Sarah Johnson betete von ganzem Herzen zu Gott um einen Freund für ihren Sohn Robbie. Sie und ihr Mann Karl waren aus beruflichen Gründen an die Pazifikküste im Nordwesten umgezogen. Durch den Umzug hatte Robbie alle seine Freunde zurücklassen müssen.

Robbie war mit einem Downsyndrom geboren worden. Auf Rhode Island hatte er eine normale staatliche Schule besuchen können und hatte in einer Integrationsklasse besonderen Unterricht erhalten. Seine Mitschüler waren mit ihm vertraut und mochten ihn.

»Ich habe viele Freunde«, sagte Robbie damals stolz. »Durch Freunde zeigt Gott uns, dass er uns lieb hat.«

Doch seit dem Umzug war er in sich gekehrt und still. Wurde er nach der Schule gefragt, wie es dort gewesen sei, antwortete er immer: »Schlecht. Keine Freunde.«

Kurze Zeit darauf hatten Sarah und Karl ein Gespräch mit Robbies Lehrerin, die ihnen mitteilte, dass Robbie nicht versuche, mit anderen Kindern Kontakt aufzunehmen. Sie versprach, sich um Möglichkeiten zu kümmern, damit er sich seinen Klassenkameraden öffnete.

Abends kam Robbie aus der Schule und sagte: »Ich will beim Staffellauf mitmachen, Mama. Bitte, darf ich?«

Sarah erschrak. Selbst wenn nur Läufer aus seiner Klasse in seinem Team wären und alle nicht sehr schnell liefen, würde Robbie sich zum Narren der Schule machen. Sie biss sich auf die Unterlippe. *Gott, gib mir jetzt die richtigen Worte.* »Mein Kind, ich bin mir nicht sicher, ob Wettlaufen das Richtige für dich ist.«

»Aber dabei könnte ich Freunde finden.« Robbie drehte sich um und machte vier schnelle, torkelnde Schritte. »Guck, Mami. Ich kann ganz schnell rennen.«

Karl war der Meinung, dass das vielleicht eine gute Idee sei. Sarah verstand ihren Mann nicht mehr. Dennoch rief sie am nächsten Morgen im Sekretariat der Schule an.

»Robbie ist herzlich willkommen«, erklärte die Sekretärin. »Wir würden ihn in seine eigene Kategorie für behinderte Kinder einstufen. Wenn nicht andere Kinder mit ähnlichen Behinderungen beim Lauf mitmachten, würde er in jedem Fall den ersten Platz erhalten.«

Als Sarah und Karl Robbie erzählten, dass er beim Rennen aufgestellt wurde, hob dieser die Hand und machte das Siegeszeichen. »Ich werde dabei sein!«

Jeden Tag kam Robbie ein wenig begeisterter vom Training nach Hause. Als der erste Lauf endlich stattfand, nahmen Sarah und Karl im Stadion Platz und entdeckten ihren Sohn in einer Traube von Kindern, die Dehnübungen mit einem der Coachs machten. Eines der Mädchen bemerkte, dass Robbie das falsche Bein gestreckt hatte, und korrigierte ihn behutsam. Robbie nickte und strahlte das Mädchen mit einem Lächeln an.

Sarah fühlte sich erleichtert. Robbie gewann tatsächlich Freunde.

Etwas später rief eine Stimme aus dem Lautsprecher die Läufer für den Spezial-100-Meter-Lauf zusammen. Wieder begann Sarah, innerlich zu zittern. *Bitte, lieber Gott, lass es ihm gut gehen.*

»Was ist denn da los?« Karl deutete auf die Startlinie, wo Robbie seine Position einnahm. Vier weitere Läufer machten sich neben ihm zum Laufen fertig.

Der Startschuss fiel und die Läufer rannten los. Robbie führte. Mit aller Kraft brachte er sich schwerfällig und keuchend voran. Hinter ihm joggten die übrigen Läufer. Robbie torkelte mit erhobenen Armen über die Ziellinie und sofort umringten ihn die vier anderen Läufer und umarmten ihn in der Gruppe.

Sarah blinzelte durch Tränen hindurch. Sie schaute Karl an und sah, wie sich seine Backenknochen heftig bewegten. Er räusperte sich und sein Kinn zitterte ein wenig. »Das war … einfach wunderbar.«

Die Saison ging weiter und jede Woche passierte das Gleiche. Der Coach suchte jedes Mal die vier besten Läufer der Woche aus und erlaubte ihnen, mit Robbie das Spezialrennen zu laufen. Immer blieben sie wenige Meter hinter ihm zurück, feuerten ihn an und machten ihm Mut. Und immer gewann Robbie den ersten Platz, mit hoch erhobenen Fäusten, das strahlende Lächeln des Siegers auf dem Gesicht.

Schließlich kam der letzte Lauf der Saison. Eine Viertelstunde nach dem Start suchte der Coach Sarah und Karl auf der Zuschauertribüne auf. »Wir möchten, dass Robbie bei der 400-Meter-Staffel mitmacht. Sind Sie damit einverstanden?«

»Den Vierhundert-Meter-Staffellauf? Sie meinen den für behinderte Kinder?«

»Nein«, lachte der Coach. »Den ganz normalen 400-Meter-Staffellauf.«

»Aber diesen Lauf hat Ihr Team noch nie verloren.«

»Genau«, antwortete der Coach. »Die andere Schule hat bereits verloren. Solange wir das Rennen vollständig mitmachen, holen wir uns abschließend automatisch den ersten Platz.«

Sarah und Karl gaben ihre Zustimmung. Zwei Stunden später startete Robbie als erster Läufer für sein Team beim 400-Meter-Lauf.

Der Startschuss wurde abgefeuert und schon rannte Robbie los. Seine Beine bewegten sich schneller als je zuvor. In der Hand hielt er den Stab. Plötzlich, etwa fünfzig Meter vor seinem Zielpunkt, stolperte Robbie und flog mit ausgestreckten Händen über die Aschenbahn. Er rutschte über die raue Rennbahn und blieb schließlich bewegungslos liegen.

Sarah schnellte hoch und rang nach Luft. »Ist alles in Ordnung?«

Karl beugte sich vor. »Mach weiter, Robbie! Steh auf!«

Von den drei Punkten an der Aschenbahn, an denen die übrigen Läufer gewartet hatten, liefen seine Mitschüler auf Robbie zu. Gemeinsam halfen sie ihm auf die Füße. Seine Knie und Oberschenkel waren schlimm zerschrammt und bluteten. Genau wie seine Hände und Arme.

Als seine Teamkameraden erkannten, dass Robbie nicht mehr laufen konnte, bildeten zwei der Jungen mit ihren Armen einen Sitz, und gemeinsam eilten alle vier Läufer zur nächsten Station. Als sie dort ankamen, reichte Robbie einem der Jungen, die ihn trugen, den Stab.

An dieser Stelle sprangen die Fans auf, johlten und jubelten dem Team zu, während die drei gesunden Läufer, Robbie in ihrer Mitte tragend, mit schweren Schritten weiter vorwärtsliefen. Am Ziel angelangt, rissen alle vier Läufer ihre Arme hoch und umarmten einander. Sie sprangen als Gruppe auf und ab und stießen ihre Fäuste in die Luft.

Sarah und Karl hatten um das Wunder gebetet, dass ihr Sohn akzeptiert würde. Dieses Gebet war nun hundertfach erhört worden. Die Läufer auf der Rennbahn waren mehr als Gewinner. Sie waren ein Team und mehr als das: Sie waren Freunde.

All die vielen Menschen, die zum Glauben an Jesus gefunden hatten, waren ein Herz und eine Seele.

Apostelgeschichte 4,32; GN

Woche 3

Bibellese: Matthäus 2

Ein Cheeseburger vom Himmel

Lehre uns, unsere Zeit zu nutzen, damit wir weise werden.

Psalm 90,12

In ihrem ersten Studienjahr fuhr Amy Baron die Strecke zwischen dem College und ihrem Zuhause so oft, dass sie sie schon auswendig kannte. Selbst die schwierigste Stelle auf Amys Weg, die die Einheimischen »Höllengipfel« nannten, war kein Problem für sie. Sie musste den steilen Anstieg mit Serpentinen und Schluchten des Allegheny-Gebirges hochfahren, bevor sie den Gipfel erreichte, wo die Straße auf der Höhe des Gebirgszugs wieder eben wurde. Dort war die Route 22 extrem gefährlich, weil ohne den Schutz der Berge die Seitenwinde sogar bei milder Wetterlage sehr stark wehten.

Eines Tages im Januar verließ Amy das letzte Seminar und schaute zu den drohenden Wolken, die aufzogen. Dann flüsterte sie ein Gebet: *Gott, hilf mir bitte, sicher nach Hause zu kommen. Bewahre mich davor, den Höllengipfel hochzufahren, wenn es zu gefährlich wird.*

Sie stieg in ihr Auto und fuhr auf den Nebenstraßen zur Route 22. Die Wolken sahen gefährlicher aus, unheilverkündender als sonst. Dann knurrte ihr Magen und sie sah ein Fast-Food-Restaurant kurz vor der Abbiegung zur Route 22.

Plötzlich verspürte Amy den starken Drang, sich etwas zu essen zu kaufen. Sie schüttelte das Gefühl ab, weil sie dachte, dass es wichtiger sei, den Gipfel noch vor dem Sturm zu erreichen. Aber wieder kam der übermächtige Wunsch, sich etwas zu essen zu besorgen. Dabei war es zwei Uhr und sie hatte bereits Mittag gegessen. Es gab keinen Grund, hungrig zu sein. Doch dann wurde Amys Haut ganz heiß und kribbelig und in ihrem Kopf drehte es sich. Weil sie auf einen niedrigen Blutzuckerspiegel empfindlich reagierte, passierte ihr so etwas schnell.

Hat das mit dem Essen nicht noch Zeit, Herr? Ich möchte so gern nach Hause.

Gerade, als sie am Restaurant vorbeifahren wollte, erklang im Auto eine Stimme: »Halt an und iss etwas, Amy.« Sie warf einen ängstlichen Blick auf den Rücksitz, aber niemand war zu sehen, und das Radio war ausgeschaltet. Sie fröstelte. In letzter Sekunde kehrte sie um und fuhr zum Drive-in-Schalter des Fast-Food-Restaurants.

Amy bestellte einen Cheeseburger und wartete eine gefühlte Ewigkeit. Endlich erhielt sie ihren Burger und wollte sich schon in den Verkehr einfädeln, als sie wieder Hitzewallungen verspürte. Sie sah einen freien Parkplatz, lenkte das Auto ohne nachzudenken hinein und stellte den Motor ab. Sie war wegen der Verzögerung wütend auf sich selbst, aber während sie den Cheeseburger aß, verschwanden die Hitzewallungen, und sie fühlte sich wieder gestärkt.

Der Himmel war erschreckend dunkel geworden, als Amys Wagen den Berghang hinauffuhr. Schon flogen die ersten Schneeflocken gegen die Frontscheibe. Amy atmete tief durch. *Bitte, Gott, führe mich.* Als sie dem Gipfel näher kam, fiel der Schnee schon wie ein dichter Vorhang. Jetzt hatte die Angst sie fest im Griff und Amy achtete noch genauer auf den Sicherheitsabstand zwischen ihrem Auto und dem Wagen vor ihr.

Das Lenkrad fest umklammert, erreichte sie schließlich die ebene Strecke auf der Höhe. Plötzlich hüllte der Schnee die Straße komplett ein und Amy steckte mitten in einem Blizzard. Der Wind heulte aus allen Richtungen und riesige Schneeflocken versperrten die Sicht bis auf ein paar Meter. Sie hatte keine andere Wahl, als anzuhalten, auch wenn die Gefahr bestand, dass jemand von hinten auffuhr. Und selbst ein harmloser Unfall könnte sie durch die Leitplanke und damit Hunderte von Metern nach unten in den sicheren Tod befördern.

So verging eine Minute, dann zwei. Schließlich erkannte Amy, dass das Auto, dem sie hinterherfuhr, angehalten hatte. Als sie sich umdrehte, sah sie, dass auch die Lichter hinter ihr zum Stillstand gekommen waren. Die Zeit verging, und plötzlich hob sich die Schneewolke. Amy stellte fest, dass sie die Zehnte hinter einem umgekippten Lastzug war, der die Straße blockierte.

Sie griff nach ihrem Handy und wählte die Nummer ihrer Eltern. »Ich bin's, Amy. Ich bin in einem Schneesturm auf dem Gipfel stecken geblieben. Der Sturm ist abgezogen. Aber vor mir ist ein Laster umgefallen. Es könnte noch ein Weilchen dauern.«

Ihr Vater sagte: »In den Nachrichten wurde berichtet, dass es da oben einen Unfall gegeben hat. Kannst du was sehen?«

»Ich kann nur den Laster sehen.«

Der Verkehr rückte im Schritttempo am Lastzug vorbei und Amy fuhr hinterher. Als sie am Wrack vorbei war, schrie sie auf. »Papa … o nein! Das ist ja furchtbar!«

Dutzende von Autos waren ineinandergekracht und stapelten sich im Graben zwischen den beiden Fahrbahnen aufeinander.

»Ich muss anhalten, Papa. Vielleicht braucht jemand meine Hilfe.«

Der Mann im Auto vor ihr hatte bereits angehalten und rannte auf den zerbeulten Haufen von Fahrzeugen zu. Einen Augenblick später kam er zurück und bat Amy, ihr Handy benutzen zu können.

Er sah sie an und sagte: »Überall gibt es verletzte Leute. Einige scheinen tot zu sein. Ein paar Minuten früher, und wir wären mitten da hineingeraten.«

Innerhalb von Minuten kamen die Rettungswagen an. Währenddessen blickte Amy auf die zusammengeknüllte, leere Verpackung des Cheeseburgers, und plötzlich ergab alles einen Sinn. Wenn sie nicht auf die Stimme gehört, wenn sie nicht angehalten und sich etwas zu essen besorgt hätte, dann wäre sie jetzt vielleicht tot. Die kurze Pause hatte nur sieben Minuten gedauert, aber Gott hatte diese Zeit genutzt, um sie vor der sicheren Katastrophe zu bewahren.

Es dauerte fast drei Stunden, bis Amy über eine Umleitung nach Hause gelangte. In dieser Zeit dachte sie über die Gnade Gottes nach. Warum hatte sie überleben dürfen? Warum waren andere gestorben? Dann erinnerte sie sich an etwas, das ihr ihr Vater einmal erklärt hatte. Die größte Liebe, die Gott den Menschen erwiesen hatte, bestand darin, dass er ihnen durch Jesus Christus den Weg zum Himmel zeigte. Heute war einfach noch nicht ihr Tag gewesen, diesen Weg zu gehen. Und das gehörte zu den Geheimnissen Gottes. Nur er kannte die Gründe, warum etwas geschah oder nicht.

Dreißig Autos waren am Unfall beteiligt gewesen und fast ein Dutzend Menschen hatten ihr Leben verloren. Nach einigen Wochen wurde an der Unfallstelle ein weißes Kreuz errichtet, und jedes Mal, wenn Amy daran vorbeifährt, flüstert sie Gott von ganzem Herzen ein Dankeschön zu und erinnert sich an den Tag, an dem er ihr durch einen Cheeseburger das Leben rettete.

Ich vertraue auf dich, Herr, und sage: »Du bist mein Gott!« Meine Zukunft liegt in deinen Händen. (...) Sieh deinen Diener liebevoll an und hilf mir durch deine Gnade.

Psalm 31,15–17

Woche 4

Bibellese: Lukas 1,5–25

Wunder über Wunder

Ich rettete den Armen, der in seiner Not aufschrie, und stand dem Waisenkind bei, das niemanden mehr hatte.

Hiob 29,12

Bereits im zweiten Jahr an der Highschool wusste Vince Anderson genau, wie sein Leben mit seiner Freundin Sharon später einmal aussehen würde: »Ich werde dich eines Tages heiraten, Sharon, und dann werden wir sechs Kinder bekommen.«

Sie kannten sich seit der Grundschule und Sharon zweifelte nicht an Vinces Absichten.

»Sechs Kinder sind in Ordnung. Drei Mädchen und drei Jungs.«

Während der nächsten Jahre auf der Highschool waren Vince und Sharon mal fest zusammen, dann aber auch wieder nicht. Endlich hatten sie ihr letztes Schuljahr erreicht und die Abschlussfeier der Highschool stand bevor. Damals, als sie noch jünger gewesen waren, hatten sie vorgehabt, auf jeden Fall gemeinsam zum Abschlussball zu gehen, aber nun hatten beide jeweils jemand anderes gefragt. Endlich war der große Tag da. Sharon und Vince hatten jedoch bis dahin nicht mehr miteinander gesprochen. Sie taten so, als sei keiner von ihnen durch die Wahl des anderen verletzt.

Aber nachdem beide mit ihren Partnern gleichzeitig auf der Tanzfläche gewesen waren und sich dabei kurz ihre Blicke getroffen hatten, nutzte Vince später seine Chance und passte Sharon in der Eingangshalle ab. »Warum tun wir uns das eigentlich gegenseitig an? Ich kann an nichts und niemanden denken als an dich.«

Sharon spürte, dass sie weinen musste, und ihr Herz schlug schneller.

»Erinnerst du dich noch?« Vince beugte sich vor und küsste sie auf den Mund. »Ich werde dich eines Tages heiraten und wir werden miteinander sechs Kinder haben.«

Sharons Herz machte einen Sprung, als er nach ihrer Hand griff. Sie war dort, wo sie hingehörte, dessen war sie sich sicher.

»Lass uns das nie wieder tun, okay?«

Und Sharon hielt Wort. Sie und Vince schauten sich von da an nach keinem anderen mehr um. Auch nicht, während sie am College studierten, und auch nicht, nachdem sie geheiratet hatten. Zweifel an ihrer Ehe kamen erst auf, als sie trotz ihrer lang gehegten Pläne keine Kinder bekommen konnten.

»Wir haben für Sie getan, was wir tun konnten«, erklärte der Arzt, und fragte: »Haben Sie schon einmal an eine Adoption gedacht?«

Nein, daran hatten Sharon und Vince bisher noch nie gedacht. Tief enttäuscht gingen sie nach Hause. An jenem Abend beteten sie um ein Wunder: Gott möge ihr Haus mit Kindern füllen. Wie er das tun wollte, überließen sie ihm. Nach vielen Gesprächen riefen sie schließlich bei einer internationalen Adoptionsagentur an. Sie entschieden, dass sie ein kleines Mädchen aus China adoptieren wollten, denn dort wurden Mädchen oftmals abgetrieben, weil sie »nur« Mädchen waren.

Das Verfahren war lang und mühsam, doch schließlich wurde ihnen ein vierjähriges Mädchen namens Mai Lan vorgeschlagen. Sharon und Vince flogen nach China und verliebten sich sofort in die Kleine. Sie hatte große braune Augen und lächelte sie an, obwohl sie sehr schüchtern war.

»Wir möchten gerne noch mehr Kinder haben«, meinte Vince an den Direktor des Waisenhauses gewandt. »Hat Mai Lan vielleicht Geschwister?«

Der Direktor schüttelte den Kopf. »Mai Lan ist das einzige Mädchen der Familie. Aber wenn Sie interessiert sind – wir haben noch andere Kinder.«

Sharon und Vince waren interessiert, aber sie beschlossen, zunächst nur Mai Lan zu adoptieren. Wieder zu Hause angekommen, gaben sie dem kleinen Mädchen den Spitznamen Molly. In den folgenden beiden Jahren genossen Sharon und Vince jeden Moment mit ihrer Tochter. Erstaunlicherweise sprach Molly immer wieder von einer Mai Lin.

»Ist Mai Lin deine Freundin?«, fragte Vince.

»Sie ist meine Schwester. Meine kleine Schwester.«

»Liebling, du hast keine Schwester.«

»Doch, Papa. Sie heißt Mai Lin.«

Die Eltern fragten sich, ob Molly vielleicht das kleine Mädchen erfand, aber sie bestand darauf, dass sie sich an Mai Lin erinnern konnte.

Etwa ein Jahr nach Mollys Adoption war Sharon entgegen jeder medizinischen Möglichkeit schwanger geworden und schenkte nach neun Monaten zwei gesunden Jungen das Leben.

An dem zweiten Jahrestag von Mollys Adoption trafen Sharon und Vince die Entscheidung, ein zweites kleines Mädchen aus China zu adoptieren. Ein Anruf ergab, dass das Waisenhaus, aus dem sie Molly adoptiert hatten, gar nicht mehr bestand. Deshalb adoptierten sie ein fünfjähriges Mädchen, das Christine hieß und in einem Waisenhaus lebte, das etwa siebzig Kilometer von dem ersten Heim entfernt lag.

Von Anfang an waren Sharon und Vince von der Ähnlichkeit zwischen Molly und Christine verblüfft.

»Das ist ja unglaublich!«, wunderte sich Vince auf dem Heimflug und wandte sich an seine Frau. »Die Mädels gleichen sich wie ein Ei dem anderen.«

Molly und Christine wurden sehr rasch Freundinnen. Sie sprachen ähnlich und lachten gleichzeitig.

»Das ist meine Schwester, Mami«, sagte Molly. »Danke, dass ihr mir meine Schwester gebracht habt.«

Sharon wurde es unheimlich. Sie schüttelte unmerklich den Kopf. »Natürlich ist sie deine Schwester. Sie gehört zu unserer Familie, genauso wie deine Brüderchen. Ihr seid vier Geschwister.«

Als Sharon feststellte musste, dass Christine genau wie Molly auf Milchprodukte und Weizen allergisch reagierte, wurde sie hellhörig.

»Ich möchte die Mädchen am liebsten testen lassen, Vince. Ich möchte einen DNA-Test machen lassen.« Sharons Hände zitterten, als sie Vince ihren Grund dafür erklärte. »Stell dir nur vor, die Mädchen wären tatsächlich Schwestern.«

»Das ist ganz und gar ausgeschlossen. Du weißt doch, was uns der Waisenhausdirektor gesagt hat. Molly hat keine Schwestern.«

»Ja, das weiß ich. Und wenn doch? Molly spricht seit zwei Jahren immer wieder von *ihrer kleinen Schwester.*« Sharon schwieg. »Ich muss es einfach wissen.«

Vince war einverstanden, damit seine Frau endlich Ruhe gab. Das Ehepaar saß gerade gemütlich zusammen, als die Ergebnisse der Laboruntersuchungen eintrafen und ihre kleine Welt auf den Kopf stellten.

Molly und Christine waren tatsächlich blutsverwandt und Schwestern.

Es war unglaublich! Sharon nahm noch einmal Verbindung mit dem Waisenhaus auf und erfuhr folgende Geschichte: Wahrscheinlich hatte die leibliche Mutter der Mädchen drei Töchter gehabt. Doch als dies die Regierungsbeamten herausfanden, gab die Mutter ihre beiden jüngsten Töchter weg. Ursprünglich hatte Christine Mai Lin geheißen – so wie es auch in Mollys Erinnerungen der Fall gewesen war.

Für Sharon und Vince war jedes Kind ihrer Kinderschar ein einmaliges Wunder. Ihre Träume hätten sich wohl kaum erfüllt, wenn sie auf ihrem Abschlussfest an der Highschool nicht einen kühnen Entschluss gefasst hätten. Davon sprechen die beiden häufig, wenn sie sich nicht gerade um ihre sechs Kinder kümmern müssen.

Zu Molly und Christine und den Zwillingssöhnen gebar Sharon noch einen dritten Sohn und zum guten Schluss auch noch eine Tochter. Damit wurde die Serie von Wundern komplett!

Alles, was gut und vollkommen ist, wird uns von oben geschenkt, von Gott, der alle Lichter des Himmels erschuf. Anders als sie ändert er sich nicht, noch wechselt er zwischen Licht und Finsternis.

Jakobus 1,17

Woche 5

Bibellese: 1. Mose 30,1–24

Gottes Wege

Das sind die Kinder, die Gott deinem Diener geschenkt hat.
1. Mose 33,5; Hfa

Nach vier Fehlgeburten ertrugen Margaret und Bill Jefferson ihren täglichen Schmerz im Verborgenen. Seit sechs Jahren waren sie verheiratet und wünschten sich von ganzem Herzen Kinder. Sie hatten alles versucht und kein Arzt konnte ihnen mehr helfen.

Bill begann schließlich, für Margaret zu beten: *Vater im Himmel, bitte lass Margaret eine Freundin finden, die unsere Trauer über den Verlust unserer Kinder versteht und die mitfühlen kann, wie verzweifelt gerne sie Mutter werden möchte.*

Nicht lange nach diesem Gebet entschied sich Margaret, an einem Literaturkreis ihrer Kirchengemeinde teilzunehmen. Dort lernte sie eine Frau namens Joanne kennen, die Margarets Trauer nachvollziehen konnte, da sie selbst zwei Fehlgeburten gehabt hatte.

Es war Joanne, die Margaret darauf brachte, über eine Adoption nachzudenken. Margaret hatte sich unter Kindern immer eigene vorgestellt und keine fremden. Während dieses Gesprächs fragte sie Joanne: »Bist du vielleicht auf diesem Weg an deine …?«

»Genau!«, lachte Joanne. »Wir haben zwei Schwestern adoptiert, die sonst keine Chance gehabt hätten.«

»Wie kannst du … ich meine, wie schaffst du es, die Mädchen wie deine eigenen Kinder zu lieben?«

»Das *sind* meine eigenen Kinder! Wenn Gott uns ein Kind anvertraut, es in unsere Obhut gibt, gehört das Kind uns nur so lange, wie Gott es wünscht. Wenn man es recht bedenkt, sind uns alle unsere Kinder nur für eine Zeit lang anvertraut.«

Margaret ließ diesen Gedanken auf sich wirken. *Alle Kinder gehören Gott. Er gibt sie uns und er nimmt sie uns. Er vertraut sie uns eine Zeit lang an.*

Am Abend sprach sie mit Bill darüber. »Liebling, was hältst du von einer Adoption?«

»Ich habe schon lange darüber nachgedacht, aber ich glaube, ich habe Angst davor. Während der Schulzeit hatte ich eine Lehrerin, die einen kleinen Jungen adoptiert hatte und sich riesig darüber freute. Aber die Mutter des kleinen Jungen forderte ihr Kind wieder zurück.«

»Die Adoption ist also rückgängig gemacht worden?«

»Genau das. Die Lehrerin war nie wieder so glücklich wie damals.«

»Das ist also der Grund, warum du eine Adoption für uns nie zur Sprache gebracht oder in Erwägung gezogen hast?«

»Ja, ich glaube schon. Und schon in diesem Augenblick, in dem wir über diese Möglichkeit sprechen, denke ich daran, welche Enttäuschung wir erleben könnten.«

Diese Vorstellung erschreckte auch Margaret. Aber bestimmt kam es nicht sehr häufig vor, dass Mütter, die ihr Kind zur Adoption freigegeben hatten, ihre Meinung plötzlich änderten. »Gott weiß, was er tut«, würde sie zu Bill sagen, wenn in nächster Zeit das Gespräch noch einmal auf das Thema Adoption kommen sollte. »Er weiß, dass wir das nicht auch noch ertragen könnten. Vielleicht sollten wir uns trotzdem einmal etwas näher mit dieser Möglichkeit beschäftigen.«

Schließlich setzte sich das Paar mit einem Anwalt für Familienrecht in Verbindung und erzählte ihm von ihren Befürchtungen.

Der Anwalt zeigte sich verständnisvoll für ihre Situation. »Die Vermittlung liegt in meiner Hand.« Und mit ruhiger Stimme fügte er hinzu: »Sie können sicher sein, dass die Adoption fast zu hundert Prozent ein solches Risiko ausschließt.«

Fast zu hundert Prozent! Das kleine Wörtchen *fast* zehrte an Margarets Nerven. Es blieb ihnen nur ein Einziges übrig: Sie und Bill konnten ihre Hoffnungen allein auf Gott richten. Er allein wusste, was sie ertragen konnten.

Sechs Monate nach Abschluss der Untersuchungen ihrer häuslichen Gegebenheiten bestellte der Anwalt das Paar in seine Kanzlei. Er hatte eine vierundzwanzigjährige Mutter gefunden, die bereits vor zwei Jahren ein Kind weggegeben hatte. In ihrer Akte stand, dass eine Abtreibung für sie nicht infrage komme, aber dass sie auch kein Interesse habe, jetzt Mutter zu werden.

Die Adoption sollte offen verlaufen, das war die einzige Bedingung gewesen, die die Mutter gestellt hatte. Margaret und Bill erklärten sich damit einverstanden, denn sie gingen davon aus: Eine Frau, die alles so exakt durchdenkt, steht zu ihrem Wort. Und außerdem hatte die Frau schon einmal ein Kind weggegeben. Die Voraussetzungen waren ausgesprochen gut.

Es vergingen einige Monate, bis Margaret und Bill mitgeteilt wurde, dass die junge Frau ein Mädchen erwartete. Als sie wussten, dass ihr Töchterchen in knapp fünf Wochen bei ihnen einziehen sollte, wählten sie einen Namen aus, nannten ihr Kind Brianna Suzanne, dekorierten das Kinderzimmer und zählten die Tage.

Endlich kam der ersehnte Anruf!

»Die Mutter ist bereits im Kreißsaal. Wenn Sie sich jetzt auf den Weg zum Krankenhaus machen, haben Sie die Chance, Ihre Tochter gleich nach der Geburt zu sehen.«

Margaret konnte es kaum fassen. Vier Kinder hatten sie verloren. Dieses Kind konnten sie nicht mehr verlieren. »Gott ist treu. Nun wird alles gut.«

Bill nickte. »Ist das nicht wunderbar? Einfach unglaublich!«

Auf dem Weg zum Krankenhaus überdachte das Paar noch einmal die Information des Anwalts. Es gab zwar eine Zeitspanne von achtundvierzig Stunden, in der die leibliche Mutter ihren Entschluss zur Adoption theoretisch noch einmal rückgängig machen konnte, aber sie konnten in dieser Zeit das Kind bereits sehen, so oft sie wollten.

Als Margaret und Bill den Warteraum auf der Entbindungsstation betraten, war ihr Anwalt bereits da. Er sprach mit dem Arzt und der Sozialarbeiterin. Irgendetwas stimmte nicht.

Während der Anwalt sie auf den Flur hinausführte, schlug Margaret das Herz bis zum Hals.

Der Anwalt seufzte. »Die leibliche Mutter ist unschlüssig geworden.«

Bill ließ sich gegen die nächste Wand fallen. Das, was sie immer gefürchtet und in diesem Fall total ausgeschlossen hatten, war passiert. Er sah alle Felle davonschwimmen. »Ist die Sache damit gelaufen?«

»Nein, noch nicht endgültig. Ihr erstes Kind ist ein Junge gewesen und die Mutter wollte nie einen Jungen haben. Als sie erfuhr, dass es dieses Mal ein Mädchen ist, wollte sie es zuerst nicht glauben. Sie meinte, dass sie sich schon immer eine Tochter gewünscht habe. Vielleicht ändert sie ihre Meinung aber noch in allerletzter Minute.«

Aber nach drei Stunden stand die schreckliche Nachricht, die sie so sehr gefürchtet hatten, fest. Die leibliche Mutter blieb bei ihrem Entschluss und ließ sich entschuldigen.

Das Paar verließ das Krankenhaus wie in Trance. Margaret versuchte zu beten, aber sie konnte es nicht. Der Verlust war genauso groß wie bei jeder ihrer Fehlgeburten – eine tiefe, unverstandene Trauer und Enttäuschung – ein Gefühl, das andere Menschen nicht nachempfinden konnten.

Noch Wochen nach dem Verlust des kleinen Mädchens dachte Margaret über das Kind nach. Was für ein Leben erwartete das Kind? Die Frage war so entmutigend, der Verlust so groß, dass ein zweiter Adoptionsversuch für sie auf keinen Fall infrage kam. Margaret und Bill waren sich einig, dass für sie das Thema, Eltern zu werden, ein für alle Mal erledigt sei. Wenn Gott nicht wollte, dass sie ein Kind großzogen, konnten sie nichts erzwingen.

Drei Monate später rief die Sozialarbeiterin bei dem Paar erneut an.

»Ich habe wieder ein Mädchen für Sie. Es ist vor einer Woche geboren worden. Die Familie, für die dieses Kind bestimmt war, hat bereits ein anderes erhalten, darum gehört dieses Mädchen Ihnen, wenn Sie noch daran interessiert sind. Die Mutter hat alle Rechte an dem Kind endgültig abgetreten. Die Gefahr eines Widerrufs besteht in diesem Fall nicht mehr.«

Bill und Margaret schauten einander an und die Antwort stand für sie fest. »Ja! Wir sind interessiert.«

Über Nacht waren sie Eltern von einem engelgleichen Wesen geworden, einem Kind, das sie Brianna Suzanne nannten. Gott hatte ihre Gebete tatsächlich erhört. Doch erst, als Margaret und Bill sechs Monate später einen weiteren Anruf von der Sozialarbeiterin erhielten, erkannten sie das wahre Wunder.

»Ich habe eine traurige Nachricht für Sie. Das Kind, das Sie nicht bekommen haben, hatte einen seltenen Herzfehler und ist letzte Woche gestorben.«

Die Nachricht traf Margaret wie ein Schlag in die Magengrube. Sie setzte sich auf den nächsten Stuhl und drückte ihre Tochter fest an die Brust. »Das tut mir leid. Bitte, sagen Sie der Mutter, dass wir für sie beten.«

Nach diesem Telefongespräch erinnerte sich Margaret an ihr Gebet. *Bitte, lieber Gott, wir können den Verlust von noch einem Kind nicht verkraften.* Sie betrachtete die kleine Gestalt ihrer Tochter in ihrem Arm und versuchte, sich vorzustellen, sie jetzt zu verlieren, nach sechs Monaten. Gott hatte gewusst, dass sie solch einen Verlust nicht verkraftet hätten. Deshalb hatte Gott ihnen *ihre* Brianna Suzanne geschenkt, ein Wunderbaby in so vielerlei Hinsicht.

Wie sich ein Vater über seine Kinder zärtlich erbarmt, so erbarmt sich der Herr über alle, die ihn fürchten. Denn er weiß, dass wir vergänglich sind, er denkt daran, dass wir nur Staub sind.

Psalm 103,13–14

Woche 6

Bibellese: 1. Mose 29,31–35

Mami wird bei dir bleiben

Vertraue auf den Herrn! Sei mutig und tapfer und hoffe geduldig auf den Herrn!

Psalm 27,17

Kate English hatte sich in ihrem zweiten Jahr am College in Kurt verliebt. Sie waren beide Christen, verbrachten gerne ihre Freizeit in der freien Natur und wünschten sich einen ganzen Stall voll Kinder. Kate war sich sicher, dass Gott selbst Kurt für sie bestimmt hatte. Also planten sie, nach dem letzten Jahr am College zu heiraten.

Doch dann raste ein betrunkener Fahrer frontal in ihr Auto. Kurt brach sich nur ein Bein, aber Kate erlitt einen Beckenbruch, innere Verletzungen und eine klaffende Wunde über der rechten Wange. Infolge des Beckenbruchs und der inneren Verletzungen konnte sie keine Kinder mehr bekommen.

Drei Wochen nach dem Unfall besuchte Kurt Kate im Krankenhaus und schüttete ihr sein Herz aus: »Ich habe Bedenken wegen unserer Heirat. Ich will Kinder, Kate. Das ist der Grund, warum ich heiraten will. Ich möchte eine Familie.«

Seine Worte trafen sie wie brennende Pfeile. »Ich kann keine Kinder mehr haben. Darum willst du mich nicht mehr heiraten. Ist das der Grund?«

»Es tut mir so leid. Ich weiß, es klingt ganz schrecklich, aber ich komme nicht dagegen an.« Das war das letzte Mal, dass Kate ihren Verlobten sah.

Zwei Monate blieb sie im Krankenhaus, an die sich Rehabilitationsmaßnahmen anschlossen. Jeden Tag fiel sie tiefer in eine Depression. Kate hatte ihren Verlobten verloren, ihr hübsches Gesicht und die Möglichkeit, Kinder zu bekommen – und sogar ihren Glauben an Gott, weil er das alles zugelassen hatte.

Schließlich konnten ihre Eltern das nicht länger mit ansehen und bestanden auf einer Therapie. Dank der einjährigen Gesprächstherapie fand Kate neuen Mut zum Leben, beendete das College und erhielt ihr Diplom als medizinisch-technische Assistentin ausgehändigt. Nach und nach konnte sie Gott wieder vertrauen und fand in ihrer Beziehung zu ihm Frieden. Auch wenn Kurt sie verlassen hatte, auch wenn Menschen ihr mit mitleidigen Blicken ins Gesicht sahen, Gott war auf ihrer Seite. Er hatte den Autounfall nicht gewollt. Betrunkene Autofahrer gehören leider zu unserer gefallenen Welt. Und ohne Gott, das wusste sie, konnte sie ihr Lebensschiff nicht durch diese zerstörerische Welt navigieren.

Schließlich arbeitete Kate im Rettungsdienst und war mit voller Hingabe dabei; ihr Beruf wurde für sie zur Berufung. Allerdings hatte sie jedes Mal, wenn sie Männern begegnete, den Eindruck, dass diese sie nicht als Person sahen, sondern dass ihr Blick an ihrem Äußeren hängen blieb. Darum baute sie eine hohe Mauer um ihr Herz. Gleichzeitig brannten zwei Wünsche in Kates Herz, die sie in einem Gebet formulierte: *Bitte, Gott, hilf mir, dass ich lieben lerne. Ich möchte einem Menschen begegnen, der mich so annimmt, wie ich bin. Und bitte lass mich eines Tages für ein Kind sorgen dürfen!*

Aus Monaten wurden Jahre und Kate versteckte sich immer noch hinter der Mauer ihres Herzens. Eines Morgens, es war Kates 27. Geburtstag, betete sie verzweifelt: *Gott, wenn du nicht willst, dass ich Liebe finde, wenn Kinder nicht in meine Zukunft gehören, dann soll es eben so sein. Ich überlasse dir mein ganzes Leben.*

An diesem Tag hatten Kate und Tom, ein alleinstehender Kollege, den sie bereits seit drei Jahren kannte, einen Einsatz bei einem Autounfall mit tödlichem Ausgang. Das Auto war von der Autobahn geflogen und in eine Schlucht gestürzt. Ein Mann und eine Frau waren in dem zerquetschten Auto eingeklemmt und schienen tot zu sein. Schneidegeräte waren nötig, um die Körper aus dem Wagen zu befreien. Plötzlich hörte man in den Pausen zwischen dem

Lärm der Schneidbrenner kurze, gedämpfte Kinderschreie, die vom Rücksitz kamen.

Kate und Tom bahnten sich sofort ihren Weg an den Arbeitern vorbei. Auf dem Rücksitz saßen nicht nur ein, sondern zwei Kinder angeschnallt – ein Baby in einer Autoschale, die Augen weit aufgerissen und hellwach. Und ein Junge, der vielleicht zwei oder drei Jahre alt war, in einem Kleinkindersitz. Er brüllte wie am Spieß und sein Köpfchen blutete. Blankes Entsetzen sprach aus seinen Augen.

Nach fünfzehn Minuten hatten Kate und Tom die Kinder aus dem Fahrzeug befreit. Kate blieb bei den Kindern und stellte beruhigt fest, dass sie nicht ernsthaft verletzt waren. Der Junge hielt Kates Hand fest umschlossen, reichte seine kleine Hand dem Schwesterchen und drängte sich dicht an Kate heran.

Während Tom die Körper der Erwachsenen aus den Vordersitzen befreite, entwickelte Kate zu dem kleinen Jungen und seiner Schwester sofort eine zärtliche Bindung.

Nach und nach wurden die Details bekannt. Die Mutter der Kinder war im Gefängnis und hatte ihre Rechte an ihnen ihrer einzigen Verwandten – ihrer Schwester – übertragen. Das verunglückte Ehepaar war die besagte Schwester und ihr Mann, die stark alkoholisiert gewesen waren. Der Junge hieß Peter und seine kleine Schwester Cassie. Beide wurden nach dem Unfall vorübergehend zu Pflegeeltern gegeben.

Kate konnte den kleinen Jungen nicht vergessen und hatte eine Woche nach dem Unfall einen Traum. Sie träumte, wie sie sich um den kleinen Peter und sein Schwesterchen Cassie kümmerte.

Am nächsten Morgen sprach sie bei der Arbeit mit Tom. »Ich denke darüber nach, die Kinder in Pflege zu nehmen und sie vielleicht eines Tages zu adoptieren.«

Tom strahlte übers ganze Gesicht. »Lass mich wissen, wie es ausgeht. Ich werde alles tun, um dir dabei zu helfen.«

Vier Wochen nach dem Unfall wurden Kate die Kinder Peter und Cassie als Langzeitpflegekinder nach Hause gegeben.

Während sie bei der Arbeit war, sorgten Kates Mutter und ihr Vater für die Kinder. Von Anfang an wusste Kate, dass Peter und Cassie eine Antwort auf ihr Gebet waren.

Tom hielt sein Versprechen und besuchte sie mehrmals in der Woche. Manchmal spielte er mit Peter oder wiegte Cassie in seinen Armen, damit sie einschlief. Ein anderes Mal erzählte er Kate von sich und seinen eigenen Träumen. Was mit einer Freundschaft begonnen hatte, wurde mehr. Schließlich gestand Tom Kate, dass er sich in sie verliebt habe, und Kate besiegte ihre Neigung, ihm seine Zuneigung nicht zu glauben oder sich seinen Zärtlichkeiten zu entziehen.

Sechs Monate nach dem Unfall erhielt Kate das Adoptionsrecht für Peter und Cassie. Am Abend dieses Tages zog Tom einen Ring aus seiner Tasche und stellte ihr eine Frage, die sie niemals mehr erwartet hatte: »Willst du meine Frau werden, Kate? Darf ich euch drei lieb haben bis an mein Lebensende?«

Mit Tränen in den Augen nahm Kate den Ring an, küsste Tom und gab ihm ihr Ja. An ihrem achtundzwanzigsten Geburtstag heirateten sie.

Zwei Monate nach ihrer Hochzeit saßen Kate und Tom Hand in Hand vor einem Anwalt und unterschrieben die Adoptionsurkunden von Peter und Cassie.

Kate konnte sich nicht genug wundern, wie sich ihr Leben verändert hatte. Ein Autounfall hatte ihr die Tür zur Zukunft zugeschlagen, aber ein anderer Autounfall hatte ihr nicht nur ein, sondern gleich zwei Wunder beschert.

Sie sollen sich nicht mehr Erde auf den Kopf streuen und im Sack umhergehen, sondern sich für das Freudenfest schmücken und mit duftendem Öl salben; sie sollen nicht mehr verzweifeln, sondern Jubellieder singen.

Jesaja 61,3; GN

Woche 7

Bibellese: Lukas 15,11–32

Zeit, nach Hause zu gehen

»Denn ich weiß genau, welche Pläne ich für euch gefasst habe«, spricht der Herr. »Mein Plan ist, euch Heil zu geben und kein Leid. Ich gebe euch Zukunft und Hoffnung.«

Jeremia 29,11

Brian T. Noble wuchs als Sohn liebevoller Eltern in New Orleans im Bundesstaat Louisiana auf. Als er in die Pubertät kam, überfiel ihn eine innere Unruhe, und er wollte sich unbedingt ins wilde Leben stürzen. Kurz nach seinem 16. Geburtstag fasste er den Entschluss, der Schule den Rücken zu kehren.

»Brian, ich will absolut nichts davon hören.« Seine Mutter schüttelte den Kopf. Der bloße Gedanke daran war unhaltbar.

»Aber, Mama, ich will Profiboxer werden!«

»Ein Boxer!« Sie hob die Hand und zeigte in seine Richtung. »Niemals wird mein Sohn von der Schule abgehen und Profiboxer werden. Du hast eine vielversprechende Zukunft vor dir, Brian. Gott hat gute Pläne mit dir und ein gutes Leben erwartet dich. Wirf das nicht alles weg.«

Brian wurde immer frustrierter, und schließlich wuchs in ihm der Entschluss, einfach abzuhauen. Er wartete auf die Sommerferien, um seinen Plan umzusetzen. Brian war ein intelligenter Junge, groß und sportlich und mit starkem Überlebensinstinkt. Nachdem er von zu Hause aufgebrochen war, entdeckte er, dass man nur die Eisenbahnwaggons genau beobachten musste, um das Fahrtziel annähernd bestimmen zu können. Brian konnte sich gut vorstellen, welche Gefahren beim Sprung auf einen fahrenden Zug drohten, aber er hatte keine Angst. Zum richtigen Zeitpunkt war es seiner Meinung nach möglich, ohne großes Risiko an einem langsam fahrenden Zug entlangzulaufen und auf einen Güterwaggon aufzuspringen.

Der Junge fasste sich ein Herz und beobachtete einen Zug, der New Orleans anscheinend Richtung Norden verließ. Perfekt. Brian fing an zu laufen, wobei er wusste, dass er beim kleinsten Stolpern unter die Räder kommen und sterben konnte. Genau rechtzeitig sprang er und landete sicher im Güterwaggon.

In den nächsten Tagen machte Brian mehrmals von dieser Transportmethode Gebrauch, bis er in einer kleinen Stadt im Bundesstaat Kansas aus dem Zug stieg. Dort sah er etwas, das wie ein Wanderzirkus aussah. Hungrig und abgebrannt wurde Brian eingestellt, um die Umbauarbeiten für die verschiedenen Nummern zu erledigen.

Seine Augen fingen an zu leuchten, als er ein Plakat mit der Aufschrift »Boxer gesucht – drei Kampfrunden mit zahlenden Gästen« entdeckte. Der Lohn war mehr als das, was Brian mit seinem neuen Job in einer Woche verdienen konnte.

Weil Brian jetzt eine Bleibe und Verdienstmöglichkeit gefunden hatte, schickte er am nächsten Morgen einen Brief an seine Eltern.

In New Orleans waren Brians Eltern vor Sorgen fast krank gewesen. Sie beteten immer wieder und baten Gott um ein Lebenszeichen von ihrem Sohn. Als sie dann den Brief gemeinsam öffneten, flossen bei beiden die Tränen.

Sie lasen die folgenden Worte: *»Liebe Mama, lieber Papa! Es tut mir leid, dass ich ohne Abschied gegangen bin, aber ich wusste, dass ihr es nicht erlaubt hättet. Ich kann euch nicht sagen, wo ich bin, aber ich bin in Sicherheit … Ich könnte mir sogar etwas Geld als Boxer verdienen.«*

In den nächsten acht Monaten reiste Brian mit dem Zirkus durch Dutzende Städte und nahm an sogenannten *Pit Fights* teil, bei denen zwei Männer in einer Grube standen und boxten, bis einer k. o. ging. Brian verlor keinen einzigen Kampf. Er schrieb seinen Eltern einen Brief und versicherte ihnen, dass er nun seine Träume wahr mache und dass sie sich keine Sorgen um ihn machen müssten.

Inzwischen blieb seinen Eltern nichts anderes übrig, als sich Sorgen um ihren Sohn zu machen. Aus ihm war nun ein Herumtreiber und Schläger geworden. Sie beteten täglich für Brian und baten Gott, ihn zu beschützen und bald nach Hause zu bringen.

Im Februar, als der kalte Winter sich negativ auf die Zuschauerzahl im Zirkus auswirkte, packte man die Sachen. Nachdem Brian erfahren hatte, dass sich der nächste Wanderzirkus etwa 45 Kilometer weiter südlich aufhielt, wusste er, mit welchem Zug er dorthin kommen konnte. Er versteckte sich unter der Laderampe des Lagers am Bahnhof, wo er den richtigen Augenblick abwartete. Währenddessen fiel ihm auf, dass der Zug von zwei Lokomotiven gezogen werden sollte. Damit würde er viel stärker beschleunigen als üblich und beim Verlassen des Bahnhofs schon fast die volle Geschwindigkeit erreicht haben. *Kein Problem*, sagte sich Brian. Er war auch vorher schon auf schnelle Züge gesprungen, und das würde er wieder schaffen.

Als der Zug anrollte, rannte Brian auf den Güterwagen zu und an ihm entlang. Plötzlich wurde der Grasstreifen unter ihm schmaler, und der Junge stellte fest, dass er an einer steilen Böschung entlangrannte. Er sah nach vorn und erkannte, dass der Boden an dem Punkt, wo die Gleise zu einer Brücke wurden, abrupt endete. Ihm blieb nur eine Chance. Wenn er sie verfehlte, würde er in den Canyon und damit in den sicheren Tod stürzen.

Und Brian sprang. Er bekam die Bodenplatte des Waggons zu fassen, aber gleichzeitig beschleunigte der Zug, und Brian verlor den Halt. Er rutschte ab und hielt sich nur noch mit den Fingern an der Kante fest. Sein Körper baumelte gefährlich hin und her, und er spürte, wie seine Finger Zentimeter um Zentimeter abrutschten.

»Nein!«, rief er. *Bitte, Gott! Lass mich hier nicht sterben!*

Auf einmal stand ein großer Schwarzer vor ihm, obwohl der Waggon eben noch scheinbar leer gewesen war. Der Mann sah ihn eindringlich an. »Es wird Zeit, nach Hause zu gehen, Brian.«

Dann beugte der Unbekannte sich nach unten, griff nach Brians Händen und zog ihn in den Waggon. Brians Brust hob und senkte sich, als er völlig fertig mit dem Gesicht nach unten dalag und versuchte, wieder zu Atem zu kommen.

Er schloss die Augen und betete im Stillen, immer noch überwältigt von der Tatsache, dass er lebte.

Dann hob er den Kopf, um sich bei dem Mann zu bedanken, doch der Waggon war leer. Brian schaute nach draußen und schauderte. Der Mann konnte auf keinen Fall vom Zug gesprungen sein, er war einfach verschwunden.

Plötzlich wusste Brian ganz sicher, dass die Botschaft des Mannes richtig war, wer immer er auch gewesen war. Der Junge blieb bis New Orleans in dem Zug und ging dann auf direktem Weg nach Hause. Nach tränenreicher und glücklicher Begrüßung erzählte er seinen Eltern von dem Mann im Güterwaggon.

»Das war ein Engel, mein Sohn«, sagte sein Vater. »Gott hat auf dich aufgepasst. Siehst du, er hat dich zu uns nach Hause gebracht.«

Brian ging wieder zur Schule und ein paar Monate später wurde er getauft. Nach dem Schulabschluss diente er im Zweiten Weltkrieg bei der Marine. Er nahm an 28 Kampfeinsätzen im Südpazifik teil und nach dem Krieg kehrte er nach New Orleans zurück. Dort wurde er Pastor einer der größten Gemeinden der Stadt.

»Gott hat diesen Engel eingesetzt, um mir nicht nur das Leben zu retten, sondern auch etwas daraus zu machen, das ihm gefällt.«

Ich habe dich schon gekannt, ehe ich dich im Mutterleib bildete, und ehe du geboren wurdest, habe ich dich erwählt. Du sollst ein Prophet sein, der den Völkern meine Botschaften verkündet.

Jeremia 1,5; Hfa

Woche 8

Bibellese: Daniel 1

Das Klassentreffen

> *Niemand soll dich verachten, weil du noch jung bist. Sei allen Glaubenden ein Beispiel mit deinem Reden und Tun, deiner Liebe, deinem Glauben und deiner Reinheit.*
>
> 1. Timotheus 4,12; GN

Larry Bradford war an seiner Highschool sozial gesehen ein Nobody. Er war zwar in der Jugendgruppe seiner Gemeinde sehr aktiv, er war ein guter Schüler und war als Pfadfinder ausgezeichnet worden. Aber seine Mitschüler nahmen ihn kaum wahr.

Wenn sein Vater ihn fragte, warum er denn keine Freunde habe, antwortete Larry: »Weil meine Schulkameraden mich eigentlich nicht mögen.«

»Dann will ich darum beten, dass du eines Tages mehr Freunde haben wirst als alle anderen in deiner Klasse.«

Der Junge hielt es für verrückt zu glauben, dass so etwas möglich sei. Und abgesehen davon war sein Vater genau der Freund, den Larry brauchte.

Eines Tages jedoch, Larry war noch Schüler der Highschool, verstarb sein Vater am plötzlichen Herztod. Larry hatte seinen besten Freund verloren! Durch den Tod seines Vaters wurde Larrys einsamer Posten in der Schule noch deutlicher. Er gehörte zu keiner Gruppe in der Schule. Im Speisesaal saß er allein und las in seiner Bibel mit dem abgegriffenen Ledereinband. Manchmal nannten die anderen Schüler ihn einen »Bibelwurm« und stellten ihm Fragen wie: »Wie kannst du so einen Quatsch überhaupt glauben?«

»Gott ist Realität. Es gibt ihn wirklich!«, pflegte Larry darauf zu antworten.

Die bissigen und verletzenden Bemerkungen seiner Schulkameraden beirrten Larry nicht. Er wollte ein aufrichtiger Christ sein, wie sein Vater es gewesen war. Larry beendete die Highschool, und da er sich nicht mit seinen Klassenkameraden angefreundet hatte, fiel ihm der Wechsel von der Highschool zur Universität nicht schwer. Er absolvierte sein Examen, wurde Kinderarzt und heiratete. Seine Frau und er bekamen drei Töchter und einen Sohn. Larry trauerte nie der Vergangenheit nach, er war sehr glücklich mit seinem Leben.

An seinem siebenunddreißigsten Geburtstag bekam Larry zwei Briefe. Der eine enthielt die Einladung seiner Highschool zu einem Klassentreffen nach zwanzig Jahren. Der andere bestätigte etwas, das sein Hausarzt am Tag zuvor vermutet hatte: Larry hatte einen aggressiven Krebstumor in seinen Lungen.

»Wir werden alles tun, was wir von medizinischer Seite aus tun können«, erklärte ihm sein Arzt behutsam. »Aber es wäre gut, wenn du dir Leute suchen könntest, die sofort anfangen, für dich zu beten.«

Larry setzte sich mit seiner Familie zusammen, und sie beteten gemeinsam und baten andere, es ihnen gleichzutun.

Dann schickte Larry eine E-Mail an Robert Wills, den Organisator des Klassentreffens.

»Robert, mir wurde kürzlich die Diagnose Lungenkrebs gestellt. Ich werde nicht am Treffen teilnehmen können. Aber wenn du die Klassenkameraden bitten würdest, für mich zu beten, wäre ich dir sehr dankbar.«

Robert erhielt die Mail und war zutiefst erschüttert. Larry Bradford? Der Bibelleser? Der sollte Lungenkrebs haben? Betroffen informierte Robert die ganze Klasse. Er erklärte, warum Larry nicht zum Treffen kommen könne, und hängte dessen E-Mail-Adresse an.

Und damit begann das Wunder.

Nach und nach erhielt Larry E-Mails.

Von dem Quarterback* seines Footballteams – einem richtigen Großmaul – erhielt Larry folgende Nachricht: »Larry, du hast

* Spielposition in der Offensivmannschaft beim American Football

uns alle inspiriert. Diese Welt braucht dich. Ich werde für dich beten.«

Von einem Angeber aus seinem Algebrakurs erhielt er folgende Zeilen: »Larry, ich erinnere mich: Du hast immer in der Bibel gelesen und wir haben das überhaupt nicht begreifen können. Aber heute kann ich dich verstehen. Ich bin inzwischen Christ geworden, und vielleicht lag das sogar an dir, weil du dich nie mit deinem Glauben versteckt hast. Du hast in mir einen Freund, der jeden Tag für dich betet.«

Larry hatte eine schwere Entscheidung zu treffen. Wollte er eine Überlebenschance haben, musste ihm ein Lungenflügel entfernt werden. Er entschied sich für die Operation, und während er sich im Krankenhaus erholte, brachte ihm seine Frau seinen Laptop. Dutzende E-Mails von ehemaligen Klassenkameraden hatten sich in seinem Posteingang angesammelt.

»Nachdem meine Frau mich verlassen hatte«, schrieb ein Schulkamerad, »fühlte ich mich so einsam, und ich wollte mit meinem Leben Schluss machen. Aber dann habe ich mich an dich erinnert, wie du ganz allein zu Mittag gegessen und deine Bibel gelesen hast. Du hattest niemanden und du warst trotzdem zufrieden. Ich kaufte mir eine Bibel und fand eine Kirchengemeinde. Seitdem bin ich ein gläubiger Mensch. Gib den Kampf nicht auf, alter Freund! Du kannst dir nicht vorstellen, welche Veränderung ich durch dich in meinem Leben erfahren habe.«

Entgegen allen Befürchtungen ging es Larry langsam besser. Das Treffen sollte in zwei Monaten stattfinden und Robert Wills schickte wieder eine E-Mail an alle. »Betet, dass er zu unserem Treffen kommen kann. Es ist an der Zeit, dass wir Larry zeigen, wie viele Freunde er heute hat.«

Und so beteten sie weiter.

Drei Wochen vor dem Treffen erhielt Larry eine sehr gute Nachricht. Es hatte den Anschein, als sei durch die Operation der ganze Krebs beseitigt worden. Die Bestrahlungen und die Chemotherapie wurden abgesetzt und brauchten möglicherweise auch nicht weiter fortgesetzt zu werden.

Gegen Ende der Woche sagte seine Frau zu ihm: »Ich denke, du solltest zu dem Treffen fahren.«

Larry war sich nicht sicher. Er müsste zu dem Treffen fliegen und wäre einige Tage nicht zu Hause. Er griff nach der Hand seiner Frau: »Würdest du mitkommen?«

»Natürlich!« Ihr Lächeln ließ seine Bedenken schwinden.

Als Larry am Abend des Treffens den Festsaal betrat, sah Robert Wills ihn als Erster. Gleich darauf standen alle Übrigen auf und applaudierten.

Larry fuhr es kalt über den Rücken und er blieb stehen. Seine Frau drängte sich dicht an ihn. »Hattest du gesagt, dass du nicht beliebt gewesen seist?«

In weniger als einer Minute waren alle auf den Beinen. Der Applaus füllte den ganzen Saal.

»Larry! Larry! Larry!«

Robert reichte ihm das Mikrofon. »Sprich zu ihnen, Larry. Sie sind gekommen, um dich zu sehen und dir zu danken. Weil du vorgelebt hast, was es bedeutet, an Gott zu glauben.«

Es war ein wunderbarer Abend mit vielen guten Gesprächen. Ganz sicher würde Larry diesen Tag nie mehr vergessen! Die Menschen, die ihn in der Highschool nicht beachtet hatten, teilten nun mit ihm seinen Glauben. Am meisten staunte Larry über die Menschen, die ihn zur Seite nahmen und sich bei ihm entschuldigten.

»Es ist ein Wunder«, sagte seine Frau später zu ihm. »Die Ärzte haben es nicht für möglich gehalten, dass du hier dabei sein könntest. Aber nun schau dir das an!«

Larry lächelte. »Es wäre auch unverständlich gewesen, wenn ich bei dem Treffen nicht hätte dabei sein können. Vor dreiundzwanzig Jahren betete mein Vater darum, dass ich mehr Freunde als alle anderen in meiner Klasse haben sollte. Es ist unglaublich!«

Zwei Jahre später starb Larry. Bei seiner Beerdigung gab es keine Sitzplätze. Seine Familie, Freunde aus der Kirchengemeinde, seine Medizinerkollegen und Nachbarn sowie mehr als hundert seiner Highschool-Kameraden gaben ihm das letzte Geleit.

Als er hinkam und sah, was Gott dort gewirkt hatte, freute er sich. Er machte allen Mut und bestärkte sie in ihrem Vorsatz, dem Herrn treu zu bleiben.

Apostelgeschichte 11,23; GN

Woche 9

Bibellese: Psalm 107

Die Stimme im Sturm

Selbst wenn alle meine Kräfte schwinden und ich umkomme, so bist du doch, Gott, allezeit meine Stärke – ja, du bist alles, was ich habe!

Psalm 73,26; Hfa

Kody Watts schnürte seine Wanderstiefel, zog sich den Parka an und machte sich auf den Weg. Erst heute Morgen hatte er sich mit seinen Eltern darüber gestritten, was er nach seinem Schulabschluss machen sollte. Seine Eltern wollten, dass er ein College besuchte, aber Kody war der Ansicht, dass das noch warten könne. Er wollte lieber erst einmal irgendetwas Waghalsiges und Abenteuerliches erleben. Seine Mutter hatte ihm geraten: »Hör wenigstens auf das, was Gott dir dazu sagt.« Aber Kody war sich nicht so sicher, ob Gott tatsächlich zu Menschen redete, und schon gar nicht, ob Gott mit ihm sprechen würde.

Sein Elternhaus lag einen Spaziergang entfernt von einem großen See, der von einer dicken Eisschicht überzogen war. Nur in der Mitte des Sees war das Eis ein bisschen dünn. Kody hatte vor, einmal um den See zu wandern und über sein Leben nachzudenken. Als er am zugefrorenen Ufer ankam, sah er dunkle Sturmwolken, die sich im Nordwesten sammelten.

Als Kind hatte Kody den Wunsch gehabt, Notarzt zu werden. Doch irgendwann nach dem neunten Schuljahr waren ihm die Fächer Physik und Mathematik immer schwerer gefallen. Dann gab es ja auch noch Football und Basketball und, na ja, Mädchen. Viele

Mädchen. Das alles ließ ihm wenig Zeit für das wichtige Lernen. Kody schrieb Vierer und Dreier – und mit solchen Noten würde er bei der Universität keine Chance haben.

Er war jetzt fast schon eine Stunde unterwegs – ein paar Hundert Meter vom Ufer entfernt auf dem schneebedeckten Eis. Die Wolken waren über den See gezogen und machten den Eindruck, als könnten sie sich jeden Augenblick entladen. Kody hatte es erst knapp halb um den gefrorenen See herum geschafft, als schon der erste Schnee fiel und er umkehren musste. Seinen Eltern hatte er nicht einmal eine Notiz hinterlassen. Sie wussten nicht, wo er sich gerade aufhielt.

Lieber Gott, lass mich sicher nach Hause kommen. Kody war schon vorher in Schneestürme geraten, allerdings nicht so weit von zu Hause weg. Er fühlte sich jedes Mal Gott näher, wenn er draußen im Freien war, und spürte dann Gott direkt an seiner Seite.

Ein paar Minuten später waren die Wolken richtig schwarz geworden und schienen fast auf der gefrorenen Wasseroberfläche zu liegen. Während Kody wieder zu laufen anfing, fiel noch mehr Schnee, und er konnte das Ufer nicht mehr erkennen. Er hielt den Blick geradeaus gerichtet, aber auf einmal kam eine heftige Böe angeweht, sodass er kaum noch die Hand vor den Augen sah.

Weil Kody Angst hatte, mitten auf den See zu geraten, bog er nach links ab auf das zu, was er für das Ufer hielt. Der Blizzard wurde mit jedem Moment stärker. Kody ging zehn Minuten lang weiter und nahm an, dass er gleich das Ufer erreichen würde. Doch nach weiteren zehn Minuten überfiel ihn wie eine Welle die Panik. Die Temperatur lag bei 20 Grad minus und die eisige Luft trocknete ihm Lippen und Hals aus und schmerzte in der Lunge.

Er fing an zu joggen, aber er stieß gegen einen Eisklumpen und stolperte. Nachdem Kody sich wieder auf die Beine gekämpft hatte, musste er feststellen, dass ihm der Orientierungssinn völlig abhandengekommen war und er nicht einmal die Hand vor den Augen sehen konnte. Ihm wurde schwindlig, und als er sich zu bewegen versuchte, fiel er wieder hin. Er hatte auch seinen Gleichgewichtssinn verloren: Kody war schneeblind.

Noch einmal versuchte er aufzustehen und fiel wieder auf das Eis. Tja, das war's dann wohl. Er hatte schon von Leuten gelesen, denen so etwas passiert war und die erfroren waren. Wegen des blendend weißen Schnees konnte er nicht mehr unten von oben unterscheiden.

Gott, ich bin in großer Gefahr. Bitte, hilf mir!

»Beweg dich«, befahl Kody sich mit lauter Stimme. Er griff nach vorn, grub seine Finger in den Schnee und zog seinen Körper nach. Wegen des Schwindelgefühls wurde ihm ganz schlecht.

Bitte, Gott, hilf mir! Sein Schrei wurde vom Wind verschluckt.

In diesem Augenblick hörte Kody den tiefen Hall des Nebelhorns, das zur Rettungswache am Ende des Sees gehörte, nicht weit von seinem Zuhause. Dann hörte er eine Stimme, die über den Lautsprecher der Rettungswache verstärkt wurde. »Sei vorsichtig. Das Eis ist in der Seemitte gebrochen. Du bist ganz dicht an diesem Bereich. Halt dich rechts, und klettere über die Betonmauer, wenn du dort angekommen bist.«

Kody schlug die Augen auf. Hoffnungsvoll schlug sein Herz schneller. Der Sturm war so stark wie zuvor, aber irgendwie hatte der Mann von der Rettungswache ihn gesehen. Kody rutschte Zentimeter um Zentimeter in Richtung der Stimme. Schließlich erreichte er die Mauer. Beim Blick durch den Schneesturm sah er vor sich das Licht in den Fenstern der Rettungswache. Er kletterte über die Ufermauer und tastete sich durch tiefe Schneeverwehungen zur Tür der Wache vor.

Er sah, wie sich die Tür öffnete, und spürte, wie er von einem großen Mann hineingezogen wurde, der ihm in einen Stuhl half und ihm einen Becher heißen Kaffee anbot.

»Danke.« Kody war zu verblüfft, um noch mehr sagen zu können, obwohl sein Herz voller Dankbarkeit war. Stattdessen starrte er den Mann an, der ihm das Leben gerettet hatte. Wer war das? Normalerweise war die Rettungswache am See im Winter geschlossen.

Der Mann betrachtete den Jungen ganz genau. Seine Augen waren kristallblau, eine Farbe, die Kody noch nie gesehen hatte. »Du hast dich da draußen verirrt und warst ganz nah am offenen Wasser. Also habe ich das Nebelhorn eingeschaltet.«

»Wie konnten Sie mich denn sehen?« Kody fror immer noch.

»Du hast um Hilfe gerufen. Das ist mein Job.«

»Sie meinen, als Rettungsdienst?«

»Könnte man so sagen. Ich musste für deine Sicherheit da draußen sorgen.«

»Warum waren Sie überhaupt hier?«

»Forschungsarbeiten.« Der Mann zwinkerte ihm zu.

Während des Wortwechsels zog das Unwetter ab. Kody war bereits vor sieben Stunden von zu Hause aus losgegangen, und er musste nun an seine Eltern denken, die sich bestimmt um ihn sorgten. »Ich breche am besten mal auf.« Er erhob sich und schüttelte dem Mann die Hand. »Noch einmal vielen Dank. Sie haben mir das Leben gerettet.«

Seine Eltern wollten gerade die Polizei anrufen, als Kody das Haus betrat. Sie nahmen ihn sofort in die Arme. Er brauchte zehn Minuten, um die ganze Geschichte zu erzählen.

»Das ist unmöglich.« Sein Vater sprach mit leiser Stimme. »Ich bin dort neulich vorbeigekommen. Da stand sogar ein großes Schild: Im Winter geschlossen.«

Aber Kody ließ sich nicht beirren. »Hört mal, ich hab ja noch den Kaffeegeschmack auf der Zunge. Der Mann hat mir das Leben gerettet.«

Am nächsten Morgen suchte Kody die Rettungswache erneut auf, um die Identität des Mannes zu klären. Aber die Wache war fest verschlossen und eine Kette verriegelte die Doppeltür. Die Hintertür war unter einer meterhohen Schneewehe fast begraben. Alle Anzeichen deuteten darauf hin, dass hier seit Wochen niemand gewesen war.

Jetzt war Kody verwirrt. Plötzlich fiel ihm ein, dass die Rettungswache dem Sheriff des Ortes unterstellt war. Der Junge eilte nach Hause und rief bei der Polizei an. Aber man teilte ihm mit, dass niemand Zugang zur Rettungswache hatte. Dann rief er bei der Universität an und erfuhr, dass der Bezirk außerhalb der Saison keinerlei Tätigkeiten in der Wache genehmigte.

Kody legte auf und ging auf die Knie, die ihm bei seiner Erkenntnis weich geworden waren: Gott hatte ihm durch ein Wunder das Leben gerettet. Und wenn Gott ihn gerettet hatte, dann musste es deshalb gewesen sein, damit er auch anderen das Leben rettete. Und das hieß, dass er aufs College gehen sollte, um Medizin zu studieren. Ganz so, wie er es sich damals als Junge erträumt hatte.

Heute studiert Kody an der medizinischen Fakultät. Und obwohl er es nicht beweisen kann, ist er überzeugt, dass der Mann, der ihm das Leben gerettet hat, niemand anderer als ein Engel gewesen ist. Ein Engel, der ausgesandt wurde, um ihm den Weg nach Hause zu weisen … und den Weg in eine Zukunft, die Gott schon lange für ihn geplant hatte.

Herr, zeige mir die Wege, die ich gehen soll, und weise mir die Pfade, denen ich folgen soll.

Psalm 25,4

Woche 10

Bibellese: 1. Mose 27

»Schnall dich an«

Höre auf deinen Vater, der dir das Leben gab, und verachte deine Mutter nicht, wenn sie alt geworden ist.

Sprüche 23,22

Andy Conner eilte zur Haustür. Im gleichen Moment schritt seine Mutter die Treppe herunter. Andy und sein bester Freund Jared gehörten zur Feuerwehr von Birmingham, Alabama, und dieser wartete vor dem Haus in seinem Auto.

»Schon wieder Übungsabend?« Seine Mutter lächelte Andy an.

»Ja. Bin gegen Mitternacht wieder da.«

»Pass gut auf dich auf!« So etwas sagte sie häufiger, besonders seit Andys Vater vor einem Jahr gestorben war.

»Ich pass immer auf mich auf. Das ist meine Sache, Mama. Alles klar?«

Sie murmelte: »Ich meine ja nur wegen Jared.«

Ihr Sohn starrte sie an. »Was soll das heißen?« Sein Ton wurde scharf. »Ich bin nicht bei der Feuerwehr wegen Jared. Ich weiß selbst, was ich will.«

»Bitte, Andy, sei ehrlich. Seit der dritten Klasse tust du alles, was Jared tut.«

Andy war im Herbst neunzehn Jahre alt geworden. Die Worte seiner Mutter ärgerten ihn. »Ich weiß selbst, was ich will, Mutter.«

Er drehte sich um und verließ das Haus. Andy konnte zwar verstehen, dass sie sich Sorgen um ihn machte. Aber wollte sie nicht begreifen, wie viel Freude ihm die Arbeit bei der Feuerwehr machte?

Nachdem Andy in Jareds Auto eingestiegen war, brausten sie zur Feuerwehrstation. Bis dorthin waren es etwa dreiundzwanzig Kilometer und der Weg führte über eine kurvenreiche, zweispurige Schnellstraße.

Jared wandte sich Andy zu: »Schlechten Tag gehabt?«

»Meine Mutter versucht alles, um mich von der Feuerwehr wegzubringen.« Hatte sie mit ihren Ansichten recht? Er sollte Jared bisher immer alles nachgemacht haben?

Seit dem Tod seines Vaters hatte Andy mehr gebetet als früher. Das Gespräch mit Gott gab ihm das Gefühl, als habe er wieder einen Vater, mit dem er reden konnte. Und jetzt tat er genau das: *Gott, hilf mir bitte, eigenständig zu sein.*

Wenn er betete, hatte Andy das Gefühl, dass Gott ihm direkt eine Antwort zusprach. Aber dieses Mal spürte er nur Ärger und Frust und gar nichts von Gott.

Aus dem Fenster ihres Wohnzimmers beobachtete Beth Conner, wie die Rücklichter von Jareds Auto auf der Straße verschwanden. Warum musste Andy so sauer reagieren? Beth wollte nicht, dass ihr Sohn Feuerwehrmann wurde. Der bloße Gedanke an Andy in einem brennenden Haus lähmte sie vor Angst.

Andy hatte vorher nie vom Feuerlöschen gesprochen, bis Jared sich dafür interessierte. Seitdem die Jungen sich in der Grundschule begegnet waren, war Andy Jareds Schatten, was nicht immer gut gewesen war. Häufig genug war Andy in Schwierigkeiten geraten, weil er mit Jared zusammen gewesen war. *Hätte ich doch nur ihre Freundschaft frühzeitig unterbunden, dann würde Andy heute nicht ein so gefährliches Amt ausüben …*

Der Grund, warum die Jungen dicke Freunde geblieben waren, war ihr Mann Joe. Seine Haltung gegenüber Jared war immer sehr positiv gewesen. Aber sie selbst war davon überzeugt, dass Jared Andy an Dinge heranführte, die nicht gut für ihn waren.

Beth atmete tief durch. Was war das für ein Gefühl, das sie bedrängte? Sie war frustriert und argwöhnisch und, ja, sie regte sich so leicht auf. Dann fiel ihr Blick auf die Bibel, die auf dem Tisch lag.

Mein Gott, ich brauche deine Hilfe.

Sie wartete lange Zeit. Ganz allmählich gewann ein Gedanke in ihrem Herzen Raum. Erstens musste sie Andy Gott überlassen.

Ich kann ihn nicht beschützen, lieber Gott, flüsterte sie. *Darum sorge du für ihn.*

Zweitens musste sie glauben lernen, dass Jared loyal zu Andy war.

In Ordnung, Gott. Hilf mir, Jared lieb zu gewinnen. Hilf mir, seine Freundschaft zu Andy als eine gute Sache für meinen Sohn zu sehen.

Die jungen Männer waren auf halber Strecke zur Feuerwehrstation, als Jared sich an Andy wandte. »Du musst ganz schön sauer auf sie sein.«

»Ja, ist so. Sie hat einige unmögliche Behauptungen aufgestellt.«

»Willst du darüber sprechen?«

»Nein.« Nie würde er Jared wissen lassen, dass seine Mutter glaubte, Jared sei kein guter Umgang für ihren Sohn!

»Hey, Mensch, schnall dich an. Kennst du nicht die Regeln?«

Andy fiel es wieder ein: *Feuerwehrleute wissen Bescheid. Sie schnallen sich an, jederzeit.* Nicht, dass es wirklich darauf ankam, oder? Er zögerte. Jetzt war er drauf und dran, genau das zu tun, was seine Mutter ihm vorgeworfen hatte. »Ich mag keine Anschnallgurte.«

»Soll ich dir mal etwas verraten, Andy? Ich bin immer sehr froh gewesen, dass du mein Freund bist.«

»Was soll das heißen?«

»Immer warst du für mich da.« Er blickte auf Andys Gurt. »Also, schnall dich an, okay? Ich brauch dich noch.«

Andy dachte noch einmal darüber nach. Jared hatte noch nie so eindringlich geklungen. Es würde ihn wahrscheinlich nicht zu einem willenlosen Schatten machen, wenn er sich anschnallte.

»Also gut.« Er griff nach dem Gurt und schnallte sich an.

Im selben Augenblick hörte er Jared schreien: »Pass auf!«

Wie ein Blitz war etwas Metallisches gegen die Windschutzscheibe geschlagen. Andy hörte Reifen quietschen, Glas splittern und Metall scheppern. Im Innenraum des Wagens wirbelte Staub und

Andys Oberschenkel waren mit Glassplittern bedeckt. Aber er lebte. Er warf einen raschen Blick zu Jared und erkannte, dass sein Freund unverletzt schien.

»Begreifst du das?« Jared war ganz atemlos.

Ein Lastwagen war auf Jareds Spur geraten und Jared musste das Lenkrad herumreißen. Der Wagen war von der Straße abgekommen und gegen einen Baum geschleudert worden. Hätte Andy sich nicht angeschnallt, wäre er durch die Windschutzscheibe geflogen.

Jareds Rat hatte Andy das Leben gerettet.

Beth erhielt den Anruf aus dem Krankenhaus eine Stunde nach dem Unfall. Andy erzählte, wie Jared darauf bestanden hatte, dass er seinen Anschnallgurt anlegte.

»Ich dachte daran, was du mir gesagt hattest, Mutter. Dass ich immer das tun würde, was Jared von mir verlangt. Deshalb hätte ich den Gurt beinahe nicht angelegt. Aber dann hat Jared mir gesagt, dass er mich als seinen Freund braucht. Das war der Grund, warum ich mich schließlich doch angeschnallt habe.«

Beths Hände begannen zu zittern. Indem sie die Freundschaft ihres Sohnes zu Jared kritisiert hatte, hätte sie fast ihren eigenen Sohn getötet. Aber Gott hatte ein Wunder gewirkt. Und dann waren auch noch ihre beiden Gebete im selben Augenblick erhört worden.

Beth konnte es gar nicht abwarten, Jared in ihre Arme zu schließen und sich bei ihm zu bedanken.

Ihr Väter, seid nicht ungerecht gegen eure Kinder, sonst verlieren sie den Mut!

Kolosser 3,21

Woche 11

Bibellese: Lukas 7,1–17

Loslassen

Macht euch keine Sorgen, sondern wendet euch in jeder Lage an Gott und bringt eure Bitten vor ihn. Tut es mit Dank für das, was er euch geschenkt hat. Dann wird der Frieden Gottes, der alles menschliche Begreifen weit übersteigt, euer Denken und Wollen im Guten bewahren, geborgen in der Gemeinschaft mit Jesus Christus.

Philipper 4,6–7; GN

Kari Clausen neigte dazu, sich an die Menschen, die sie liebte, zu klammern, besonders an ihre Kinder. Sie war eine überfürsorgliche Mutter, und es gab Nächte, in denen sie nicht schlafen konnte, weil sie so sehr von Ängsten geplagt war, dass ihre Kinder sich verletzen könnten. Diesen Zug hasste sie selbst an sich, aber er blieb hartnäckig bestehen.

Bitte, Gott, hilf mir doch, dass ich sie nicht so sehr festhalten muss, betete Kari in Gedanken an den fünfjährigen Cole und die dreijährige Anna. Aber unweigerlich fing sie dann doch wieder an, sich Sorgen zu machen.

An jenem Morgen, als es dann wirklich zur Katastrophe kam, waren Kari und ihr Mann damit beschäftigt, im Haus Umzugskartons zu packen, weil sie von West Hills in Kalifornien ins nahe gelegene Thousand Oaks ziehen wollten. Plötzlich war ein lauter Knall vom Garten zu hören, der durch das Haus schrillte.

»Cole! Anna!«, schrie Kari, während sie zur Hintertür hinausrannte. Als sie sah, was passiert war, blieb ihr beinah das Herz stehen. Die

150 Kilo schwere Laderampe des Lkw war heruntergestürzt, darunter lag Coles regloser Körper. Blut lief Cole aus Nase, Mund und Ohren und die schwere Metallplatte lag noch auf seinem Kopf.

»Mel!«, schrie Kari. »Hilfe!«

Ihr Mann war sofort zur Stelle, und mit vereinten, geradezu übermenschlichen Kräften hoben sie die schwere Laderampe von Coles Kopf, aus dessen eingedrücktem Schädel Blut floss.

»O mein Gott, er ist tot!«, rief Kari hysterisch, während Mel Cole auf seinen Arm nahm. »Was sollen wir denn jetzt tun?«

Dank Mels ruhiger Anweisungen saßen sie in Sekundenschnelle im Auto und rasten zum *Union Memorial Hospital.*

»Er wird sterben, Mel. Wir kommen nicht schnell genug durch den Verkehr.« Karis Hände zitterten und ihr Herz raste.

»Er atmet noch.« Mels Stimme war laut und eindringlich. »Er wird nicht sterben. Du musst beten, Kari!«

Kari betete eine Weile und bat Gott, ihren Sohn zu verschonen und zu bewahren. Dann sang sie ihr Lieblingslied: »Bleibend ist deine Treu, ... o Gott, mein Vater ...«

Das ruhige Lied gab Kari in ihrem Herzen etwas Frieden.

Sie fuhr weiter und ganz plötzlich wurde ihr etwas sonnenklar: Es gab absolut gar nichts, was sie in diesem Augenblick für Cole tun konnte. Er war ganz und gar in Gottes Hand. Diese Erkenntnis machte Kari noch ruhiger.

»Bete um ein Wunder, Kari«, sagte Mel ganz ruhig. »Er atmet immer langsamer.«

»Das tue ich die ganze Zeit«, entgegnete Kari schluchzend. »Gott hat alles im Griff.« Dann erinnerte sie sich daran, dass Cole Jesus gebeten hatte, in seinem Herzen zu leben. Sie spürte einen inneren Frieden, weil Cole auf jeden Fall einen Platz im Himmel haben würde.

Nachdem sie den Eingang der Notaufnahme erreicht hatten, rannte Mel mit dem blutüberströmten Kind in einen Behandlungsraum. Als sie den Jungen auf eine Untersuchungsliege legten, fing Cole an, zu husten und zu weinen. »Ich krieg keine Luft.«

Kari wurde ganz schlecht, als ihr klar wurde, dass Cole an seinem eigenen Blut erstickte. Sie hielt seine kleine Hand, als sein Körper wieder schlaff und reglos wurde und ihm die Augen zufielen.

Nachdem ein Arzt über den Unfallhergang informiert worden war, erklärte er, dass Cole in ein anderes Krankenhaus verlegt werden müsse, wo es eine Spezialausrüstung für derartig schwere Kopfverletzungen gab.

Während Kari, Mel und zwei Krankenschwestern auf den Krankenwagen warteten, hatten die Schwestern Mühe, Coles Puls zu fühlen.

»Wir verlieren ihn«, rief eine der Schwestern. »Schnell, einen Arzt.«

In dem Augenblick, als Kari zur Seite trat, um für die Ärzte und Schwestern Platz zu machen, bewegte Cole sich. In einer fast surreal anmutenden Szene hoben sich seine schmalen Schultern, sodass er fast aufrecht saß. Es schien fast so, als ob ihn jemand mit unsichtbarer Hand von hinten stützte. Seine Lider mit den langen schwarzen Wimpern flatterten, seine Augen öffneten sich und starrten ins Leere.

Mit schwacher Stimme sagte Cole: »Jesus, bitte pass auf mich auf.« Dann schloss er die Augen und sank zurück.

Die Schwestern schauten erst einander und dann Coles Eltern ungläubig an. Kari und Mel waren ebenfalls völlig verblüfft über das, was sie da gerade gesehen hatten. Bevor jemand in dem Raum etwas sagen konnte, kamen die Sanitäter des Krankenwagens hereingerannt und schoben den Jungen auf seiner Liege eilig hinaus.

Erste Untersuchungen ergaben, dass Cole schwere Gehirnverletzungen davongetragen hatte. Sein Schädel war zertrümmert, und einige Knochensplitter waren in den Bereich des Gehirns geraten, der für Sprache, Gehör und Erinnerung zuständig ist. Die Neurochirurgen erklärten, dass sie Cole sofort operieren müssten, und wiesen gleichzeitig darauf hin, dass, selbst wenn Cole überlebte, er nicht derselbe Junge sein würde wie zuvor.

Während der sechsstündigen Operation beteten Kari, Mel und ihre Angehörigen. Und wieder empfand Kari ein überwältigendes Gefühl von Frieden – trotz ihrer Ängste.

Schließlich erschien der Arzt und bedeutete den Eltern, ihm zu folgen.

»Kommen Sie und sagen Sie Cole Hallo«, sagte er.

Kari schnappte leise nach Luft. »Er ist … er ist …«

Der Arzt lächelte. »Kommen Sie und sehen Sie doch selbst.«

Sie folgten dem Arzt an Coles Bett. Der Kopf des Jungen steckte in einem dicken Verband. Kari streckte ihre Finger nach ihm aus und genau in diesem Augenblick entwich dem Mund des Kindes ein kleiner Rülpser.

»Entschuldigung«, flüsterte er.

Kari verspürte eine Woge der Erleichterung. Cole konnte sprechen! Sie hatten ihn also doch nicht verloren. Tränen des Glücks verschleierten ihren Blick.

Obwohl es offensichtlich mit ihm bergauf ging, warnten die Ärzte Kari und Mel auch weiterhin, dass sich der Zustand ihres Sohnes jederzeit durch Blutungen, Blutgerinnsel oder andere Komplikationen wieder verschlechtern könne. Das Schlimmste war jedoch das signifikante Risiko einer Hirnhautentzündung.

Cole würde sich einer Reihe sehr schmerzhafter Antibiotikainfusionen unterziehen müssen, um schlimmen Komplikationen entgegenzuwirken. Während der ersten Nacht stöhnte Cole vor Übelkeit und sagte: »Mama, bete mit mir.«

In diesem Augenblick spürte Kari, wie es ihr leichter ums Herz wurde. Wenn es ihrem Sohn so klar war, dass Gebet die Lösung war, dann bestand für sie kein Zweifel, dass er überleben würde. Sie betete, wie sie noch nie zuvor gebetet hatte. Sie betete voller Zuversicht.

Wann immer Cole in den folgenden drei Tagen wach war, bat er immer nur um das eine: »Betet für mich.«

Schließlich wurde Cole von der Intensivstation auf die normale Kinderstation verlegt. Er konnte nun aufstehen und allein zur Toilette gehen, außerdem redete er den ganzen Tag praktisch pausenlos und spielte mit Legosteinen.

Die Frau, die die Kernspintomografie bei Cole gemacht hatte, kam ins Zimmer und sagte zu Kari: »Ich hätte niemals gedacht, dass er überhaupt überleben oder jemals wieder der Alte werden würde, und schon gar nicht so schnell. So etwas habe ich noch nie erlebt.«

Die Infusionsbehandlungen waren wirklich qualvoll. Die starken Medikamente brannten jedes Mal während der gesamten Behandlungsdauer von 30 Minuten in Coles kleinem Körper. Als Cole das letzte Mal eine Infusion bekommen sollte, betete Kari, ihr Sohn möge keine weiteren Schmerzen empfinden. Und erstaunlicherweise warf er sich nicht mehr vor Schmerzen hin und her und schrie auch nicht.

Zum zweiten Mal seit dem Unfall hatte Gott klar bewiesen, dass er alles unter Kontrolle hatte. Nach zehn Tagen im Krankenhaus durften Mel und Kari ihren Sohn schließlich mit nach Hause nehmen. Die Zeit verging und Cole wurde wieder völlig gesund.

Eine Zeit lang erinnerte sich Cole an überhaupt nichts von allem, was geschehen war. Aber eines Tages erzählte er Kari, dass er den Pin herausgezogen habe und deshalb die Laderampe auf ihn draufgefallen sei.

»Es hat wirklich wehgetan«, sagte Cole. »Aber dann ist Jesus gekommen. Er war ganz weiß. Dann sind du und Papa gekommen und ihr habt die Laderampe von meinem Kopf gehoben.«

Seine Mutter schauderte. »Ist das alles, woran du dich erinnern kannst?«

»Jesus ist auch gekommen, um nach mir zu sehen, als wir im Krankenhaus waren. Er hat mich hochgehoben, und ich habe ihn gebeten, mir zu helfen. Dann hat er mich umarmt und gesagt: ›Cole, es wird alles gut.‹«

Kari erinnerte sich jetzt an den Augenblick im Behandlungszimmer und Tränen traten ihr in die Augen. Sie nahm ihren Sohn in die Arme. Während sie so dasaßen, spürte sie, wie sie beide noch von einem anderen Paar Armen gehalten wurden, von den Armen, die ihren kleinen Jungen gehalten hatten, als sie selbst absolut nichts hatte für ihn tun können.

Jesus erwiderte: »Habe ich dir nicht gesagt, dass du die Herrlichkeit Gottes sehen wirst, wenn du glaubst?«

Johannes 11,40

Woche 12

Bibellese: Psalm 116

Der Augenblick, der mein Leben veränderte

Doch in meiner Not betete ich zum Herrn und schrie zu meinem Gott um Hilfe. Da erhörte er mich in seinem Heiligtum, mein Schreien drang durch bis an sein Ohr.

2. Samuel 22,7

An diesem Tag regnete es aus allen Wolken, aber Michelle Conleys Zukunft hätte nicht strahlender sein können. Sie war eine intelligente, hübsche Frau mit einem großen Freundeskreis und einem Verlobten, der Bobby Barrows hieß. Sie wollten heiraten, wenn er seinen Collegeabschluss hatte.

Michelles Fahrt zur Arbeit verlief ohne besondere Ereignisse, bis ihr Honda plötzlich von einem sehr starken Wind hin und her geschaukelt wurde. Sie trat auf das Bremspedal und auf einmal wurde alles schwarz.

Ein paar Minuten vorher war Jonas Green aus seiner Autowerkstatt gekommen. Als er in den Himmel schaute, war er vom Anblick eines Tornados schockiert, der sich auf einen auf der Straße fahrenden blauen Honda niedersenkte. Der Wirbelsturm hob das Auto dreimal in die Luft, bis er es in einen Graben am Straßenrand schleuderte und es dann noch einmal in die Luft saugte, bevor er es auf einem Feld fallen ließ. Jonas wählte die Notrufnummer und lief dann zu dem Auto.

Im Auto öffnete Michelle die Augen. Was war passiert? Wie war sie hierhin geraten? Plötzlich stellte sie fest, dass sie mit ihrem Körper halb auf der Heckklappe ihres Wagens hing. Ihr Kopf ruhte auf dem verbeulten Blech des Autos, während der Rest ihres Körpers seltsam verkrümmt auf dem Rücksitz lag. Ihr linkes Bein war zwischen Vordersitz und Tür geklemmt. Als Michelle versuchte, sich zu bewegen, durchzuckte ein stechender Schmerz ihren Rücken, und ihre Beine blieben reglos.

Lieber Gott, hilf mir!

In diesem Augenblick kam Jonas am Auto an. »Beweg dich nicht, Kleine. Ich heiße Jonas und der Krankenwagen kommt gleich. Sag mir deinen Namen und deine Telefonnummer, damit ich deine Eltern anrufen kann.«

Michelle brachte stöhnend die Nummer hervor.

Jonas verschwand mit seinen Informationen. Plötzlich rannten noch zwei Männer zum Auto. Der eine beugte sich über sie und sagte: »Es wird alles gut, Michelle. Bleib ganz ruhig liegen.«

»W-w-was ist passiert?« Michelle klapperten die Zähne.

Der andere Mann erklärte: »Ein Tornado hat dein Auto zerstört. Aber es wird dir bald wieder gut gehen. Glaub mir einfach.«

In diesem Moment wurden die Stimmen der Männer undeutlich und verschwanden. Als Michelle wieder zu sich kam, mühten sich die Einsatzkräfte gerade damit ab, sie aus dem Wrack des Hondas zu befreien, und sie hörte die Stimme ihres Vaters.

Michelle schlug die Augen auf. »Schau dir nur mein Auto an.«

»Mach dir keine Sorgen um das Auto. Kümmern wir uns erst mal um dich.«

»Wo sind die beiden anderen?«, fragte sie Jonas.

»Ich bin außer dem Rettungsdienst und deinem Vater der Einzige hier.«

Michelle schloss nochmals die Augen, als die Rettungskräfte ihr eine Manschette um den Hals legten. Sie bekam mit, wie die Ärzte sich über die Rückenverletzung unterhielten.

Nein, Gott! Lass bitte nicht mein Rückgrat gebrochen sein. Während wieder alles dahinschwand, erinnerte sie sich an die beiden Männer. *Es wird dir bald wieder gut gehen. Glaub das einfach.* Wie merkwürdig, dass Jonas die beiden nicht gesehen hatte. Und woher kannten die ihren Namen?

Als Michelle wieder aufwachte, befand sie sich in einem Krankenhausbett. Aus ihren Schläfen standen Schrauben hervor und von ihrem Kopf hingen Gewichte hinunter. Ihr Körper war an eine Vorrichtung geschnürt, die ihn anscheinend streckte, aber spüren konnte sie davon nichts.

In diesem Augenblick betrat ein Arzt das Zimmer.

»Hallo«, sagte sie mit schwacher Stimme. »Ich werde doch wieder gesund, oder?«

»Michelle«, seufzte der Arzt und kam näher. »Du bist mit dem Kopf voran durch die Rückscheibe geworfen worden, wobei dir das Rückgrat gebrochen und das Rückenmark zerquetscht wurde. Du bist vom Hals abwärts gelähmt. Du wirst nie mehr laufen können.«

Michelle hätte am liebsten geschrien. Sie dachte fieberhaft nach und erinnerte sich an die Worte der beiden seltsamen Männer. Dann traten ihre Eltern ins Zimmer. Tränen liefen ihnen über ihre Gesichter.

»Das ist nicht wahr«, sagte sie. »Ich habe Gott gebeten, dass er mich heilt, und das wird er auch tun. Ich werde wieder laufen können. Ich werde den Abschluss mit meiner Klasse machen. Und ich heirate Bobby.«

Ihr Vater antwortete: »Mein Liebes, wenn irgendjemand das kann, dann du.«

»Wir beten alle«, sagte ihre Mutter. »Und wir beten so lange, bis du wieder laufen kannst.«

Draußen im Flur wartete Bobby Barrows und fühlte sich immer noch wie im Schock. Verzweiflung packte ihn, wenn er an ihre Zukunftspläne dachte. Michelle und er hatten beide einen starken Glauben an Gott, aber es war schwierig, unter solchen Umständen Gottes Pläne zu erkennen.

Bobby betrat das Zimmer und sah, wie Michelle die Tränen über die Wangen liefen. Er nahm ihre leblose Hand in seine. »Ich liebe dich«, sagte er und küsste sie sanft auf die Lippen. »Wir stehen das hier gemeinsam durch, Michelle. Wir werden nicht aufhören zu glauben.«

Drei Tage lang versuchte Michelle verzweifelt, ihre Finger und Zehen zu bewegen – ohne Erfolg. Dann verringerte der Arzt das Gewicht an ihrem Kopf, und plötzlich war Michelle in der Lage, ihr rechtes Bein und beide Arme zu bewegen. Der Arzt machte vor Staunen große Augen und bat schnell einen Kollegen ins Zimmer.

Als sie sich erneut bewegte, sagte der zweite Arzt: »Das ist unmöglich.« Michelle lächelte die Ärzte an. »Ich werde wieder gehen; warten Sie nur ab.«

Noch in der gleichen Woche las Michelles Mutter ihrer Tochter wunderbare Worte der Hoffnung und Verheißungen aus Psalm 116 vor. Michelle klammerte sich an die Worte dieses Psalms, dass auch sie in den »Landen der Lebendigen vor dem Herrn wandeln« würde.

Zwei Monate vergingen. Die Ärzte operierten Michelles Genick und legten sie in ein Stützkorsett, damit das gebrochene Rückgrat stabilisiert wurde. In dieser Zeit brachte sie die Ärzte immer wieder zum Staunen, weil sie zunehmend an Kraft gewann und sich immer besser bewegen konnte.

»Es ist ein Wunder«, sagten sie. »Wir können es uns nicht anders erklären.«

Keine drei Monate nach dem Unfall wurde Michelle aus dem Krankenhaus entlassen. Eine Woche später humpelte sie mit einer Gehhilfe und an der Seite ihrer Mutter unter dem Beifall ihrer Mitschüler langsam auf das Podium zu und nahm ihr Abschlusszeugnis entgegen.

Ein Jahr danach schritt Michelle anmutig den Gang der Kirche entlang und gab ihrem Liebsten seit Kindheitstagen das Jawort.

»Hast du dich schon mal gefragt, ob die beiden Männer von damals vielleicht Engel gewesen sind, die gekommen sind, um dir Hoffnung zu machen?«, wollte Bobby von ihr wissen.

Michelle lächelte. »Wie sonst soll man sich die beiden erklären?«

Das stimmt. Zwei Jahre später brachte Michelle, wieder trotz aller medizinischen Vorbehalte, ihr erstes Kind zur Welt. Heute haben sie und Bobby drei Kinder.

»Wir dürfen Gottes Größe niemals einschränken«, sagt Michelle häufig ihren Kindern. »Ich bin der lebendige Beweis dafür, dass er uns hört und Antwort gibt.«

Für Menschen ist es unmöglich, aber für Gott ist alles möglich!

Matthäus 19,26; Hfa

Woche 13

Bibellese: 2. Samuel 9

Das Geschenk des Tanzes

Ihr werdet in Freude ausziehen und in Frieden geleitet werden. Die Berge und Hügel werden jubelnd vor euch singen und alle Bäume auf dem Feld werden in die Hände klatschen!

Jesaja 55,12

Noch nie war Isabelle Sims so mutlos gewesen. Sie war fünfundzwanzig Jahre alt und litt an einer angeborenen Lähmung der linken Körperhälfte als Folge einer Hirnblutung kurz nach ihrer Geburt. An diesem Nachmittag nun hatte sie das Unmögliche versucht. Wie mehr als siebzig andere junge Frauen auch hatte sie sich für eine Stelle als Tanzlehrerin an einer renommierten New Yorker Schauspielschule vorgestellt.

Entscheidender Teil des Einstellungstests war ein Solotanz gewesen. Isabelle hatte zwar Referenzen und auch Erfahrung vorzuweisen, aber es war ausgeschlossen, dass ihr Tanz mit dem der anderen jungen Bewerberinnen hatte mithalten können. Sie hatte das Gebäude weinend verlassen und sich auf die einstündige Autofahrt zu ihrer Mutter gemacht. Isabelle dachte daran, dass es schon immer ihr Traum gewesen war, Tanzlehrerin zu werden, schon seit sie ein kleines Mädchen gewesen war. Sie wollte anderen Kindern dabei helfen, Flügel zu bekommen und über die Bühne zu fliegen, so wie sie selbst es getan hätte, wenn da nicht ihre Behinderung gewesen wäre.

In dem Augenblick, als ihre Mutter Lucy die Tür öffnete, traten Isabelle Tränen in die Augen, und sie warf sich ihrer Mutter in die Arme.

»Was ist denn passiert, mein Schatz?«, fragte Lucy und hielt ihre Tochter ganz fest. Dann half sie ihr herein und die beiden setzten sich nebeneinander auf das Sofa im Wohnzimmer.

»Die stellen mich doch nie im Leben ein.« Isabelle schlug die Hände vors Gesicht. »Die anderen Bewerberinnen waren so locker und anmutig. Wer will denn schon eine Tanzlehrerin, die nicht einmal richtig gehen kann?«

Ohne ein Wort zu sagen, stand Lucy auf und schob eine Videokassette in den Rekorder. Als sie wieder neben Isabelle Platz genommen hatte, drückte sie auf die Playtaste der Fernbedienung. Auf dem Bildschirm war Isabelle als wunderhübsches neunjähriges Mädchen zu sehen, wie sie sich bei ihrer ersten Tanzvorführung im Kreis drehte und in die Luft sprang. Isabelle schaute sich die Aufnahme an und fragte sich, wann sie die Verbindung zu diesem jungen Mädchen verloren hatte, das sie damals gewesen war. »Damals hatte ich so viel Selbstvertrauen.«

Ihre Mutter hielt den Film an und griff nach der Hand ihrer Tochter. »Damals warst du eine kleine Kämpferin, mein Schatz. Es gab nichts, was dich aufhalten konnte.«

Isabelle schniefte. »Das ist schon so lange her. Das kleine Mädchen von damals gibt es nicht mehr.«

Lucy holte langsam tief Luft. »Ich glaube, mein Schatz, du musst noch einmal die Wundergeschichte hören.«

Ihre Tochter zuckte mit den Schultern. Sie hatte die Geschichte von ihrer Geburt schon so oft gehört und eigentlich immer Hoffnung darin gefunden. »Erzähl sie mir noch einmal.«

»Es war im Jahr 1984«, begann Lucy, »und weil ich bereits zwei Fehlgeburten hatte, habe ich jeden Tag dafür gebetet, dass du die Schwangerschaft überleben würdest. Ich wollte dich so sehr, Isabelle.«

Eines Morgens, es war in der 24. Schwangerschaftswoche, bemerkte Lucy, dass sie regelmäßige Wehen hatte.

»Der Arzt sagte mir, dass du nicht überleben könntest, wenn du zu diesem Zeitpunkt schon geboren würdest. Während die Schwestern mir einen Tropf mit wehenhemmenden Medikamenten legten, beteten dein Vater und ich um ein Wunder. In meinem tiefsten Inneren wusste ich, dass du leben würdest.«

Als die Medikamente anfingen zu wirken, war Isabelles Vater eingeschlafen.

»Ich konnte plötzlich nicht mehr atmen. Schließlich fand ich den Klingelknopf, mit dem ich nach der Schwester rief. Während ich auf Hilfe wartete, drückte ich den Schlauch mit der Infusion ab. In diesem Augenblick wachte dein Vater auf und rief um Hilfe. Sofort kamen einige Krankenschwestern und stellten fest, dass sich bei mir eine der seltenen Nebenwirkungen des Medikamentes eingestellt hatte.«

Zehn Minuten später war die Gefahr für Isabelles Mutter vorüber gewesen.

Nicht jedoch für Isabelle.

»Ohne die Medikamente wurden die Wehen wieder heftiger. Eine Stunde später wurde ich nach Chicago geflogen, weil es dort eine Klinik mit einer Spezialstation für Frühchen gab.«

Zwei Tage später wurde Isabelle trotz aller Bemühungen der Ärzte per Kaiserschnitt geboren. »Ich war während der ganzen Zeit bei Bewusstsein. Ich wollte dich unbedingt sofort sehen, selbst wenn es nur ein paar Minuten waren.«

Zwanzig Minuten nach Beginn der Operation wurde Isabelle geboren. Obwohl sie nur 35 Zentimeter lang war und nicht einmal 600 Gramm wog, strampelte sie heftig, als sie versuchte, ihren ersten Atemzug zu tun. »Der Arzt hat dich angeschaut und dann gesagt: ›Sie ist eine Kämpferin.‹ Es war fast so, als fände direkt vor meinen Augen ein Wunder statt.«

Isabelles Herz wurde von einer Woge unermesslicher Liebe erfasst, als sie sich ihre Mutter vorstellte, wie sie sie in diesen allerersten Augenblicken angeschaut hatte.

»Du wurdest sofort in eine Frühchenintensivstation verlegt, wurdest an ein Beatmungsgerät angeschlossen und lagst in einem sterilen, abgedunkelten Kinderbett.« Drei Tage später kämpfte Isabelle noch immer um ihr Leben. In den darauffolgenden drei Monaten entwickelte sie sich gut im Krankenhaus. »Du hast gegen die Kabel und Schläuche getreten, die um dich waren. ›Los, kämpfe weiter, Isabelle.‹ Das habe ich dir jeden Tag gesagt, wenn ich bei dir war. Es war wirklich erstaunlich mitzuerleben, wie du jeden Tag ein bisschen größer wurdest.«

Nach vier Wochen durfte Lucy ihre Tochter endlich zum ersten Mal im Arm halten. »Es waren die emotionalsten fünf Minuten meines Lebens. Dich im Arm zu halten, dort, wohin du gehörtest. Du selbst hast so einen harten Kampf gegen alle Infektionen und andere lebensbedrohliche Krankheiten geführt.«

Als Isabelle 2 500 Gramm wog, willigten die Ärzte ein, sie nach Hause zu entlassen. »Die Ärzte klärten uns darüber auf, dass die Risiken bei Weitem nicht gebannt waren. Die Gefahr einer zerebralen Kinderlähmung war dabei am größten. Wenn ein Baby zu früh geboren wird, kann schon eine leichte Erschütterung Hirnblutungen auslösen, und fast immer sind dann Lähmungen die Folge.«

In Isabelles Fall war bei einer Ultraschalluntersuchung in ihrer ersten Klinikzeit eine leichte Hirnblutung entdeckt worden. Nachdem Isabelle dann zu Hause war, kam einmal in der Woche eine Physiotherapeutin, um die Entwicklung des Mädchens zu beobachten. Die Zeit verging, aus Monaten wurden Jahre. Als Isabelle ins Kleinkindalter kam, wurde augenscheinlich, dass sie Probleme mit der Grobmotorik hatte.

»Die Ärzte sagten, es sei ja schon ein Wunder, dass du überhaupt am Leben seist, du müsstest aber mit Sicherheit mit einer linksseitigen Lähmung leben. Sie sagten, du würdest niemals laufen lernen. Wir waren aber zu dem Schluss gekommen, dass es ganz allein bei Gott lag, ob du jemals laufen würdest.«

Isabelle wurde, als heranwuchs, immer wieder vor große Herausforderungen gestellt, aber sie ließ sich dadurch nicht unterkriegen und überwand fast alle Widrigkeiten. »Als du ungefähr drei warst, konntest du schließlich laufen, und mit sechs hast du angefangen zu tanzen.«

An dieser Stelle der Geschichte drückte Lucy wieder auf die Playtaste der Fernbedienung. Isabelle konnte kaum das tanzende Mädchen erkennen, weil ihr Blick von Tränen verschleiert war. *Eigentlich sprach alles dagegen, dass ich überhaupt jemals laufen würde,* dachte sie, *aber da sehe ich mich trotzdem, wie ich tanze. Und niemand auf der ganzen Welt hätte mich aufhalten können.*

Als das Video zu Ende war, beugte sich Lucy zu Isabelle und drückte sie ganz fest. Dann tippte sie sachte mit dem Zeigefinger auf die Herzgegend ihrer Tochter. »Die Kämpferin ist immer noch da, mein Schatz. Wie auch immer das mit dieser Stelle weitergeht, kämpfe weiter, denn das ganze Leben ist ein Tanz.«

Die Worte ihrer Mutter gaben Isabelle Halt, während sie auf eine Nachricht wegen der Stelle wartete. Sie empfand ihre körperlichen Einschränkungen nicht mehr als entmutigend, sondern wurde dadurch immer wieder daran erinnert, dass jeder Tag, jeder Atemzug, jeder Tanzschritt ein Grund zum Feiern war.

Und diese Einstellung machte alles noch umso schöner, als sie zwei Wochen später einen Anruf von der Schauspielschule bekam. »Isabelle, es wäre uns eine Ehre, wenn Sie das Angebot annehmen würden. Wir glauben, Sie wären eine hervorragende Tanzlehrerin.«

Ein Traum wurde wahr. Isabelle stellte sich vor, wie wohl ihre Mutter die Nachricht aufnehmen würde, und dachte daran, dass dies alles ihr einmal mehr recht darin geben würde, dass Isabelle ein lebendiges Wunder sei. In diesem Augenblick wusste Isabelle ohne jeden Zweifel, dass ihre Mutter noch in etwas anderem recht hatte. Die Musik spielte immer noch und sie würde immer weiterspielen.

Und nie wieder würde Isabelle aufhören zu tanzen.

Timotheus, mein Sohn, dies ist mein Gebot für dich, wie es dem entspricht, was die Propheten schon früher über dich vorausgesagt haben. Ihre Voraussagen sollen dich stärken, den guten Kampf zu kämpfen.

1. Timotheus 1,18

Woche 14

Bibellese: Philipper 2,1–18

Ein überirdischer Denkzettel

Deshalb beugt euch unter Gottes mächtige Hand. Gott wird euch aufrichten, wenn seine Zeit da ist.

1. Petrus 5,6; Hfa

Ashley Payton war alles andere als begeistert, als ihre Mutter ihr vorschlug, dass sie sich in Wyoming der achtköpfigen christlichen Vocal-Band »Alive« anschließen sollte. Sie war 19, die Tochter eines Pastors und in Südkalifornien aufgewachsen. Wenn es in der ersten Woche in Wyoming gut klappe, dann könne sie mit der Gruppe durch das ganze Land reisen, ein ganzes Jahr lang.

»Denk an deinen Traum, den du hast«, sagte ihre Mutter.

Ashley war blond, hatte braune Augen und eine Stimme, mit der sie mühelos manchen Popstar an die Wand singen konnte. Sie hatte seit ihrem vierten Lebensjahr im Rampenlicht gestanden und stellte sich vor, wie sie nun Abend für Abend vor Tausenden von Leuten singen würde. Letzten Endes wog die Möglichkeit, sich ihren Traum zu erfüllen, stärker als die Sorge, nur Kleinstädte zu sehen.

»Okay, ich mach mit«, sagte sie zu ihrer Mutter. »Vielleicht ist das ja der große Durchbruch.«

Ihre Mutter rümpfte die Nase. »Bei dieser Tournee geht es nicht darum, entdeckt zu werden, Ashley. Es geht darum, dass du mit deinem musikalischen Talent Gott dienst.«

Ashley wusste, dass ihre Mutter recht hatte, aber insgeheim war sie überzeugt, dass ihr der Start in eine Karriere als Sängerin bevorstand. Sie flog nach Wyoming und stieß zu den anderen Mitgliedern von »Alive«. Fred und Rita waren das Paar, das die Gruppe leitete, und sie behandelten Ashley wie eine eigene Tochter. Nachdem Ashley in dieser Woche jeden Abend als wichtigste Solointerpretin in einer anderen Kirche gesungen hatte, war sie total begeistert. Außerdem würde die Gruppe auf ihrer landesweiten Tour auch in größeren Städten mit einem zahlreicheren Publikum auftreten.

In Freds und Ritas Wohnmobil reisten sie dann von einer Stadt zur nächsten. Jeden Abend sammelten sie kleine Spenden, mit denen die Kosten für Essen und Benzin bestritten wurden. In den ersten paar Wochen war Ashley davon begeistert, in einer wirklich guten Gruppe zu singen und mitzuerleben, wie Menschen in Kontakt zu Gott kamen. Doch im Lauf der Zeit ließ die Freude am Singen nach. Allmählich störte Ashley die dürftige Unterbringung in dem Wohnmobil, das sie mit sieben anderen teilen musste, und dass sie meist nur genügend Geld hatten, um Fast Food zu essen.

Eines Nachmittags hielt die Gruppe in einer Kleinstadt bei einem Restaurant, um essen zu gehen. Ihnen fiel ein Mann in zerlumpter Kleidung auf, der draußen vor der Tür saß. Sein verwittertes Gesicht und das verfilzte Haar waren mit einer richtigen Schmutzschicht bedeckt.

»Penner!«, flüsterte Ashley vor sich hin.

Als Fred vor dem Mann, der Gus hieß, stehen blieb und ein Gespräch mit ihm anfing, war Ashley entsetzt, vor allem, als sie den Körpergeruch des Mannes und seine Alkoholfahne wahrnahm. Sie hätte am liebsten ihr Gesicht hinter einer Tüte versteckt.

»Ich kann Ihnen kein Geld geben«, sagte Fred. »Sie könnten aber gern unser Gast sein.«

Die Augen des alten Graukopfes fielen auf Ashley. »Okay.«

Als sie im Restaurant waren, wies ihnen der Chef einen Platz an der Rückwand zu, hinter der ein großer privater Raum lag. Ashley setzte sich als Erste, und Fred wies Gus an, sich neben sie zu setzen.

Toll. Schöne Musiktour, bei der sich das ganze Leben verändert, Gott, oder was? Ich hätte einfach zu Hause bleiben sollen, dachte Ashley.

Ein unangenehmer Geruch umgab sie wie eine Wolke. Für einen kurzen Moment empfand Ashley fast so etwas wie Mitleid für Gus, aber dann dachte sie daran, dass er selbst schuld daran war. Zu viel Alkohol oder Drogen.

»Und Sie sind also Christen, ja?«, fragte Gus. »Also, ihr Christen, ich muss euch mal was fragen. Wenn Gott mich liebt, warum holt er mich dann nicht von der Straße weg?«

Während Fred und die anderen in der Gruppe Gus erklärten, warum Jesus für ihn gestorben war, dachte Ashley darüber nach, dass sie noch nie jemanden kennengelernt hatte, der so wenig über Gott wusste. Sie dachte nicht mehr an das schmutzige Äußere von Gus und hörte Fred aufmerksam zu.

»Jesus ist gestorben, um damit die Strafe für alles auf sich zu nehmen, was Sie und ich im Leben verkehrt gemacht haben«, sagte Fred. »Auf diese Weise können Sie als freier Mann leben, Gus.«

»Als freier Mann? Ich bin schon immer frei gewesen.«

»Nicht so richtig«, meldete sich Ashley. »Wenn wir wirklich frei sind, dann spielen unsere Lebensumstände nicht mehr so eine wichtige Rolle. Es geht nur noch darum, dass Jesus bei uns ist, dass er uns liebt und uns zu sich nimmt, wenn es zu Ende geht.«

Als Ashley ausgeredet hatte, fühlte sie sich auf einmal schuldig. Sie hatte sich schon seit Wochen wegen ihrer derzeitigen Situation beschwert. Anstatt dass sie ihr Gesangstalent eingesetzt hatte, damit Menschen mit Gott in Berührung kamen, war es ihr nur um sie selbst gegangen. Ihr traten die Tränen in die Augen. *Vergib mir, Gott, dass ich Menschen wie Gus so verurteile. Dass ich mich für besser halte als alle anderen. Es tut mir so leid.*

In der nächsten halben Stunde erzählten die Mitglieder der Gruppe Gus reihum, warum sie zum Glauben gekommen waren, und von der Gewissheit, dass Gott immer noch Gebete erhört und Wunder tut.

»Wunder, ja?« Plötzlich blitzte etwas in Gus' Augen auf. »Ich glaube auch an Wunder.«

Nach dem Essen bot Fred Gus an, ihn in die nächste Stadt zu bringen, wo es eine große Kirche gab, die ihm helfen konnte. Der Mann stimmte zu, stand auf und ging zunächst zu der Tür weiter hinten im Raum, die zur Toilette führte. Die anderen standen ebenfalls auf und vereinbarten, draußen vor dem Restaurant auf Fred und Gus zu warten.

Nachdem die Gruppe eine längere Zeit gewartet hatte, eilte Fred ins Freie. »Ist Gus hier herausgekommen?«

»Nein«, antwortete Rita. »Hast du an den anderen Ausgängen nachgeschaut?«

»Ich habe die Toilette überprüft. Hinten in der Küche gibt es einen Notausgang, aber ich hätte ihn dann gesehen, und auch das Küchenpersonal sagt, dass kein Gast in der Küche gewesen sei. Dies ist der einzige Ausgang, den er hätte nehmen können. Das ergibt alles keinen Sinn. Er ist anscheinend einfach verschwunden.«

Alle aus der Gruppe schauten suchend die Straße entlang, aber sie konnten Gus nicht entdecken.

Plötzlich kam Ashley ein Gedanke, bei dem ihr fast das Herz stehen blieb. »Wer weiß, vielleicht … war er ein Engel? Ist doch möglich, oder?«

Fred schaute Ashley ins Gesicht. »Vermutlich werden wir das nie erfahren.«

Doch Ashley war davon überzeugt, dass Gott den Mann geschickt hatte, um sie an ihre Aufgabe zu erinnern – nicht nur bei dieser Tour mit »Alive«, sondern für ihr ganzes Leben. Tatsächlich stellte sich heraus, dass die Reise letztlich ihr ganzes Leben verändert hatte, wie sie es sich erhofft hatte.

Aber nicht ganz so, wie sie es erwartet hatte.

Alle, die sich selbst ehren, werden gedemütigt werden. Wer sich aber selbst erniedrigt, wird geehrt werden.

Matthäus 23,12; Hfa

Woche 15

Bibellese: Jona 1–2

Gerettet von einem Engel

Wenn der Herr nicht für uns gewesen wäre (...), Wasser hätte uns überflutet, ein reißender Strom hätte uns fortgespült. Die tobenden Fluten hätten uns überwältigt.

Psalm 124,1.4–5

Es war wunderschöner Ostersonntag, und es gab vieles, wofür Lola Randall dankbar sein konnte. Die meisten Menschen litten unter den Auswirkungen der großen Wirtschaftskrise. Lolas Mann Jeffrey hatte jedoch einen Job in Phoenix, und mit seinem für damalige Verhältnisse recht guten Einkommen konnten sie sich ein kleines Haus leisten und hatten auch sonst alles, was eine junge Familie brauchte.

Als sie bei Jeffreys Eltern ankamen und sich dann im Wohnzimmer niederließen, beobachtete Lola ihre zweieinhalbjährige Tochter Bonnie, die in einer Ecke des Zimmers mit Bauklötzen spielte. Das erste Jahr nach ihrer Heirat war das Haus ihrer Schwiegereltern auch ihr Zuhause gewesen. Dies hier war auch das erste Zuhause ihrer Kleinen gewesen und sie fühlte sich darin offensichtlich immer noch sehr wohl. Bonnie hatte rötlich goldenes Haar, grüne Augen und eine helle Haut.

Es waren meist glückliche Erinnerungen, die Lola mit dem Haus ihrer Schwiegereltern verband. Aber eine Erinnerung gab es, die Lola immer noch einen eiskalten Schauer über den Rücken jagte. Als Bonnie gerade mal drei Wochen alt gewesen war, hatte sich eine Stange am Vorhang gelöst und war in ihr Bettchen gestürzt. Dabei war sie an Bonnies noch weichem Köpfchen entlanggeschrammt und hatte eine leichte Abschürfung hinterlassen.

Der Arzt hatte die Verletzung untersucht und dann den Kopf geschüttelt. »Wenn die Stange das Köpfchen auch nur ein paar Millimeter weiter in der einen oder anderen Richtung getroffen hätte, wäre die Fontanelle durchbohrt worden, und Ihre Tochter wäre jetzt tot. Aber es geht ihr gut. Gott hatte offensichtlich ein besonders gutes Auge auf Ihre Kleine.«

An jenem Ostersonntag ging die gesamte Familie in den Garten hinaus, um dort noch die letzte Nachmittagssonne zu genießen. Im Garten der Randalls befand sich ein selbst gebauter Gartenteich, der etwa 1,60 mal 2,50 Meter groß war und etwa 1,20 Meter tief. Um den Teich herum verlief ein Fußweg aus Steinfliesen mit abgerundeten Kanten und in dem Teich selbst schwammen einige leuchtende Goldfische. Der Teich gehörte zu den Lieblingsplätzen der kleinen Bonnie, aber sie wusste, dass sie dort nicht spielen durfte. Für ein Kind in Bonnies Alter wäre es nämlich unmöglich gewesen, wieder aus dem Teich herauszuklettern, wenn es hineinfiel.

Die Erwachsenen hatten sich kurz im Vorgarten des Hauses aufgehalten, als Lola anfing, mit ihren Blicken den Garten abzusuchen. »Hat jemand Bonnie gesehen?«, fragte sie. In diesem Moment war ein gellender Schrei aus dem Garten hinter dem Haus zu hören. Lola lief in die Richtung, aus der der Schrei kam, und hastete ums Haus herum, die anderen dicht hinter ihr.

»Bonnie!«, schrie Lola. Das Kind stand mitten auf der Steinumrandung des Teiches, war tropfnass und weinte völlig außer sich. »O mein Gott«, sagte Lola, als sie ihre Tochter fest an sich drückte.

Jeffrey stand ganz in der Nähe und starrte hinunter auf die Steinplatten. »Sieh dir das hier mal an, Lola. Der Weg ist völlig trocken. Das ist unglaublich.«

Unter Bonnie hatte sich eine kleine Wasserpfütze gebildet, aber überall sonst war es völlig trocken. Es gab weder nasse Fußabdrücke noch Tropfen oder eine Wasserspur außer an der Stelle, an der Bonnie jetzt gerade stand.

Lola schaute noch einmal genau hin und kniff dabei die Augen ein wenig zusammen. »Glaubst du, die Sonne könnte die Spuren schon getrocknet haben?«

»Nein. Bonnie ist doch gerade eben erst aus dem Wasser herausgekommen. Sie kann unmöglich alleine herausgeklettert sein. Was auch immer hier heute passiert ist, es ist ein Wunder. Erinnerst du dich noch daran, was der Arzt damals gesagt hat? Gott passt auf unsere kleine Bonnie auf.«

Seine Frau nickte. »Das stimmt.«

Im Laufe des Abends versuchten die Randalls, ihre kleine Tochter dazu zu bringen, mit ihnen über den Vorfall zu reden. Aber Bonnie fing immer wieder heftig an zu weinen. Irgendwann beschlossen die Eltern dann, das Thema auf sich beruhen zu lassen.

Jahre vergingen und Bonnie wuchs heran. Sie erinnerte sich nicht an den Vorfall am Teich, aber geblieben war eine panische Angst vor Wasser. Irgendwann heiratete sie und zog an einen Armeestützpunkt, an dem ihr Mann stationiert war. Während dieser Zeit wurde ihr klar, dass sie etwas gegen ihre Angst unternehmen musste. Sie nahm mit einem Geistlichen Kontakt auf und bat ihn um Hilfe.

Der Seelsorger sah die junge Frau, die ihm gegenübersaß, nachdenklich an. »Haben Sie jemals einen Unfall gehabt, bei dem Wasser eine Rolle spielte?«

Bonnie überlegte und plötzlich erinnerte sie sich. »Ja, ich war fast drei, und wie meine Eltern mir erzählt haben, muss ich bei meinen Großeltern in den Fischteich im Garten gefallen sein. An Einzelheiten kann ich mich aber nicht mehr erinnern.«

»Bonnie«, sagte der Pfarrer, »ich glaube, wenn wir es schaffen, dass Sie sich daran erinnern, was Ihnen da als kleines Mädchen zugestoßen ist, würden wir verstehen, weshalb Wasser Sie so sehr in Panik versetzt.«

In einer Reihe von Beratungsgesprächen half der Seelsorger Bonnie dabei, in ihrer Erinnerung zurückzugehen, bis sie den Vorfall von damals schildern konnte.

»Ich war hinter dem Haus im Garten«, sagte sie, und ihr Blick war ganz starr vor Konzentration. »Mitten im Garten gab es einen großen Fischteich und ich ging dorthin. Im Wasser schwammen die größten Goldfische, die ich jemals gesehen hatte. Ich durfte sie nicht anfassen. Aber ich wollte sie so schrecklich gerne einmal streicheln. Und so habe ich mich vorgebeugt und bin plötzlich ins Wasser gefallen.« Bonnie schrie auf und schlug die Hände vor die Augen.

»Ich kam nicht mehr heraus, ich habe gezappelt und Wasser geschluckt. Mein Kopf war aber unter Wasser und ich war im Begriff zu ertrinken.«

Plötzlich hielt sie die Luft an. »Genau! So war es! Jetzt kann ich mich genau an alles erinnern.«

Der Seelsorger beugte sich in seinem Sessel ein wenig vor. »Weiter, Bonnie. Was ist dann passiert?«

»Ich bin gesunken. Und dann war da plötzlich ein Mann über mir. Er war ganz in Weiß gekleidet. Er griff ins Wasser, hob mich heraus und setzte mich auf dem Steinweg am Teich wieder ab.«

»Und wohin ist er dann gegangen?«, fragte der Pfarrer.

Bonnie hielt einen Augenblick inne und versuchte, sich diese Szene, die sich vor so langer Zeit abgespielt hatte, noch einmal in Erinnerung zu rufen. »Er hat mich einfach dort abgesetzt und ist dann verschwunden.« Ihr Blick entspannte sich wieder. »Das ist doch unmöglich, nicht wahr?«

»Was sagten Ihre Eltern zu diesem Vorfall?«

»Nun, meine Eltern können sich beide erinnern, dass es keine nassen Fußspuren vom Teich zu der Stelle gab, wo ich stand. Es war nirgends auf den Platten Wasser zu sehen, außer genau an der Stelle, an der ich stand. Aber wie hätte mich denn sonst der Mann in Weiß von dem Teich an die Stelle bringen können, an der er mich abgesetzt hat? Sie glauben doch nicht …«

Der Pfarrer lächelte freundlich. »Ich weiß nicht, ob ich das bis ins Letzte erklären kann, Bonnie, aber meiner Meinung nach hat Gott Ihnen an diesem Nachmittag das Leben gerettet. Und ein bestimmter Schutzengel ist damals mit nassen Flügeln von dem Wasser aus einem Goldfischteich in den Himmel zurückgekehrt.«

Der Herr spricht: »Ich will den erretten, der mich liebt. Ich will den beschützen, der auf meinen Namen vertraut.«

Psalm 91,14

Woche 16

Bibellese: 1. Samuel 1

Träume brauchen manchmal Wunder

Ich werde den Regen schicken, segensreichen Regen, der immer zur rechten Zeit kommt.

Hesekiel 34,26

Jared Winters verliebte sich in Allison Hayes auf den ersten Blick. Er begegnete ihr an einem Nachmittag im August, kurz bevor sein erstes Jahr an der Highschool begann. Allison lief ihre Runden auf der Aschenbahn der Schule, und er trainierte mit der Football-Mannschaft, als ihn ihr Blick traf. Einen Augenblick lang hatte er den Eindruck, als seien sie beide die einzigen Menschen auf dem Sportplatz. Allison war groß, hatte hellblondes Haar, braune Augen und war das schönste Mädchen, das er je gesehen hatte.

Zwei Wochen danach begann die Schule. Flehentlich schickte Jared am ersten Tag immer wieder das eine Gebet zum Himmel: *Lieber Gott, lass mich sie sehen!* Die Antwort kam, als Allison in den Kurs für amerikanische Geschichte hereinspazierte. Nachdem die Schulglocke geklingelt hatte und er gerade an ihr vorübergehen wollte, sagte sie: »Hi. Erster Jahrgang, Football. Hab ich recht?«

Unter Jareds Füßen schwankte der Boden. Sie wusste also, wer er war! Sie unterhielten sich weiter und durch viele Telefongespräche und gemeinsames Lernen wuchsen Allison und Jared mehr und mehr zusammen. Allison war das Mädchen seiner Träume. Das bestätigte sich mehr und mehr. Auch als sie gemeinsam von der Highschool zur Universität wechselten, blieb ihre Freundschaft bestehen.

Jared und Allison hatten während ihrer Zeit an der Highschool aktiv in ihren christlichen Jugendgruppen mitgearbeitet. Sie küssten sich zwar, waren sich aber einig, dass es dabei bleiben sollte. Die Versuchungen wurden während der Zeit an der Universität allerdings größer, sodass sie vor Gott ein Versprechen abgaben: *Gott, wir versprechen, für dich rein zu bleiben. Hilf uns, unser Versprechen zu halten. Und bitte segne unsere Beziehung!*

Es schien, als fließe der Segen auf Jared und Allison herab, und im Sommer vor ihrem vorletzten Studienjahr verlobten sie sich und schmiedeten Hochzeitspläne. Zwei Monate vor ihrer Hochzeit kaufte Jared für sie eine Eigentumswohnung, wo sie wohnen wollten.

»Wie viele Kinder möchtest du einmal haben?«, fragte Jared.

Allison zuckte die Schultern. »Wenigstens zwei, findest du nicht auch?«

»Auf jeden Fall so viele, bis wir ein kleines Mädchen haben, das genauso ausschaut wie du. Ein Mädchen mit blondem Haar und braunen Augen.«

Dann heirateten sie, und nach dem Hochzeitsfest flüsterte Jareds Mutter in Allisons Ohr: »Ich freu mich schon auf meine Enkelkinder.«

»Lass uns dazu bitte noch ein wenig Zeit«, antwortete Allison. »Wir haben noch nicht einmal die Hochzeitsnacht hinter uns!«

Es stimmte schon, dass sie und Jared lieber früher als später Kinder haben wollten. Deshalb legten sie an ihrem ersten Hochzeitstag alle Verhütungsmittel zur Seite. Ein Jahr verging und noch ein weiteres, aber kein Baby war in Sicht.

Dann stellte sich heraus, dass Allison keinen regelmäßigen Eisprung hatte und ihre Eierstöcke nicht voll entwickelt waren. Ein Jahr lang versuchten sie es mit einer medikamentösen Behandlung, aber Allison wurde nicht schwanger. Schließlich gaben sie auf.

Nachdem sie wochenlang getrauert und ihre Not vor Gott gebracht hatten, kamen sie zu dem Entschluss, dass es an der Zeit war, eine Adoption in Betracht zu ziehen. Nach der Besprechung mit einem Anwalt einer Adoptionsvermittlung waren Allison und Jared damit einverstanden, ein Kind aus Russland zu adoptieren.

Bald war es an der Zeit festzulegen, was für ein Kind sie adoptieren wollten. Jared erzählte Allison ganz ehrlich: »Ich wünsche mir eigentlich ein kleines blondes Mädchen mit braunen Augen. Aber irgendwo da draußen hat Gott das Kind für uns, das genau zu uns passt. Ich glaube, ich sollte Gott entscheiden lassen.«

Allison freute sich, dass Jared bereit war, seinen Traum aufzugeben und alles Gott zu überlassen. Sie füllten also das Formblatt aus und ließen spezielle Wünsche offen. Irgendein Kind – ob Junge oder Mädchen, blond oder braun – sollte ihnen willkommen sein.

Nach einem halben Jahr wurden sie von der Adoptionsvermittlung angerufen, die ein Baby für sie hatte. Es war ein Junge. Er war sechs Monate alt, hatte braunes Haar, braune Augen und eine leichte Missbildung an einem Füßchen. Die Frau am Telefon erklärte, dass die meisten Babys aus diesem speziellen Waisenhaus dunkle Haare und Augen hätten, wie es ihrer Region von Russland entspricht. »Ist es ein Problem für Sie, dass das Baby eventuell gesundheitliche Schwierigkeiten haben wird?«

Weil sie Gott um dieses Kind gebeten hatten und nicht auf ein bestimmtes Baby fixiert waren, antwortete Jared: »Wenn dies das Baby ist, das Sie für uns gefunden haben, dann ist das unser Sohn.«

Nach acht Wochen checkten Jared und Allison in ein Flugzeug nach Russland ein. Am nächsten Tag verabredeten sie sich mit einer Angestellten des russischen Waisenhauses.

»Wir freuen uns, dass Sie die kleine Ina adoptieren wollen.« Die Sozialarbeiterin lachte.

Allison runzelte die Stirn. »Ich fürchte, da gibt es eine Verwechslung mit dem Kind.« Sie legte das Foto des Jungen auf den Schreibtisch vor ihr. »Dies ist der Junge, den wir adoptieren möchten.«

Die Frau schüttelte den Kopf. »Ramon ist ein sehr krankes Baby. Er ist bei einem russischen Ehepaar untergekommen, das kranke Kinder betreut.«

Jared spürte sein Herz unter dem Sporthemd klopfen. »Und trotzdem wurde uns gesagt, dass es unser Kind sei. Nun hören wir von Ihnen, Sie haben ein kleines Mädchen für uns?«

»Ja.« Die Angestellte des Waisenhauses lächelte. »Ina ist auch sechs Monate alt. Sie ist ein bildhübsches kleines Mädchen.«

Bestimmt würde es wie die übrigen Kinder dunkeläugig und dunkelhaarig sein. Nur fürchtete sich Allison, die nächste Frage zu stellen: »Und welche Krankheit hat Ina?«

»Inas Eltern starben bei einem Unfall. Soweit wir wissen, ist Ina kerngesund.«

Allison glaubte, nicht richtig zu hören. Jared griff nach der Hand seiner Frau und drückte sie fest. Allison sah die Entschlossenheit in seinen Augen. Das Kind, das Gott ihnen zudachte, war ihr Kind. Ohne Frage.

»Also dann, können wir das Kind sehen?«

Die Sozialarbeiterin ging kurz aus dem Raum, kehrte mit einem Baby in einer zerschlissenen rosa Decke zurück und legte es in Jareds ausgestreckte Arme. Als er das Gesichtchen sehen konnte, flüsterte er: »Sie ist wunderschön!«

Allison zog die Decke ein wenig zur Seite. Ihre kleine Tochter war bildschön. Ja, sie war noch mehr als das. Ina hatte hellblondes Haar und braune Augen.

»Sie sieht …« Jared brach ab und drehte sich zu Allison um. »Sie sieht genauso aus wie du.«

Jared und Allison waren überglücklich mit Ina. Nach einer Woche flogen sie nach Hause und begannen ihr neues Familienleben. Doch die größte Überraschung sollte noch kommen: Im Herbst stellte Allison fest, dass sie schwanger war. Tatsächlich bekamen Allison und Jared insgesamt vier gesunde, dunkelhaarige kleine Jungen. Nur Ina ist hellblond und braunäugig wie Allison – ein Kind, das ein Geschenk von Gott ist und eine Bestätigung, dass Träume erfüllt werden.

Lasst uns Gott danken für sein unsagbar großes Geschenk!

2. Korinther 9,15; GN

Woche 17

Bibellese: Apostelgeschichte 27,13–26

Der kleinste Engel

> *Alle Engel sind nur Wesen, die Gott dienen. Er sendet sie aus, damit sie allen helfen, denen er Rettung schenken will.*
>
> Hebräer 1,14; Hfa

Dr. Deidre Givens war erschöpft. Nach fünfzehn Jahren Arbeit als Neurochirurgin in Boston hatte die alleinstehende Frau einen großen Patientenstamm und einen entsprechend beeindruckenden Ruf. Aber Deidre, die ihre Kraft aus dem Glauben an Jesus Christus bezog, zahlte auch einen hohen Preis für ihren Erfolg, besonders an Tagen wie diesem.

Das Krankenhaus war aufgrund des kalten Winterwetters in jenem Januar und der damit verbundenen Zunahme von Erkrankungen überfüllt. Zusätzlich zu ihrer Hilfe bei der Versorgung der Massen kranker Menschen standen für Deidre mehrere Untersuchungen an und zudem zwei komplizierte Operationen.

Als Deidre an diesem Abend schließlich zu Hause war und sich gerade eine Tasse Kaffee einschenkte, klopfte es an der Tür. *Oh nein, bitte nicht jetzt, Gott. Ich bin so müde.*

Es war schon fast 21 Uhr, draußen war es bitterkalt und es war viel Schnee gefallen. Deidre ging in die Diele.

»Ja?«, sagte sie, während sie die Tür öffnete.

Dort an der Tür stand zitternd ein kleines, etwa fünf Jahre altes Mädchen in einem zerschlissenen Mantel und abgetragenen Schuhen. Die Kleine weinte und blickte mit ihren braunen Augen zu Deidre auf.

»Meine Mutter stirbt«, sagte das Mädchen mit weinerlicher Stimme. »Könnten Sie bitte kommen? Wir wohnen nicht weit weg.«

Deidre spürte, wie sie vor Mitgefühl mit dem Kind innerlich dahinschmolz. Die Kleine hatte eine unglaublich klare, reine Stimme mit einem Klang, der Deidres müdem Körper durch und durch ging und sie dazu veranlasste, sofort zu handeln. Sie griff nach ihrem Mantel und dem Arztkoffer und nahm das kleine Mädchen bei der Hand. Dann traten die beiden hinaus in das Schneegestöber.

Nur zwei Straßen weiter in einer Gegend mit großen Mietskasernen ging das Mädchen auf einen Hauseingang zu und führte Deidre zwei Treppen hinauf.

»Sie ist da drin«, sagte die Kleine und zeigte mit dem Finger auf das Schlafzimmer am Ende des schmalen Flures.

Die Ärztin ging rasch in das Zimmer und fand dort eine sehr kranke Frau vor, die in ihrem Fieber bereits fantasierte und dem Tod sehr nah war. Als sie die Frau abhorchte, war Deidre schnell klar, dass sie eine Lungenentzündung hatte und kaum überleben würde, wenn es ihr nicht gelang, das Fieber zu senken.

Über eine Stunde lang behandelte sie die Frau mit kalten Umschlägen und Wadenwickeln und bereitete sie für den Transport in die nächstgelegene Klinik vor. Schließlich sank das Fieber der Frau, und sie schlug langsam die Augen auf, wobei sie wegen des hellen Lichtes blinzeln musste. Deidre behandelte die Frau unermüdlich weiter, indem sie ihr immer wieder das Gesicht kühlte und die Wadenwickel erneuerte.

Die Frau, die nur mit Mühe sprechen konnte, dankte der Ärztin für ihr Kommen und die Hilfe. »Wie haben Sie mich überhaupt gefunden?«

Deidre lächelte. »Ihr kleines Mädchen hat Ihnen das Leben gerettet. Ohne sie hätte ich nie erfahren, dass Sie hier liegen. Bedanken Sie sich lieber bei ihr statt bei mir. Die süße Kleine ist mutig in den Schneesturm hinausgegangen und so lange gelaufen, bis sie mich gefunden hatte.«

Im Gesicht der Frau waren jetzt Schock und Schmerz abzulesen. »Wovon reden Sie überhaupt?«, fragte sie.

Die Ärztin war verwirrt. »Na, von Ihrer kleinen Tochter«, erklärte sie noch einmal. »Sie hat mich geholt und deshalb habe ich Sie überhaupt hier gefunden.«

Die Frau schüttelte den Kopf und schlug sich eine Hand vor den Mund, als versuche sie, einen Schrei zu ersticken.

»Was ist denn? Was ist los?« Deidre nahm die Hand der Frau in die ihre und versuchte, sie in ihrer plötzlich auftretenden Panik zu beruhigen. »Ihrer Kleinen geht es gut.«

»Frau Doktor …« Tränen liefen der Frau jetzt über das Gesicht und sie kämpfte um genügend Kraft zum Reden. »Meine kleine Tochter ist vor einem Monat gestorben. Sie war wochenlang krank und …«

Deidre trat einen Schritt zurück, denn sie war absolut schockiert über die Geschichte der Frau. »Aber sie hat an meine Tür geklopft und mich hierher geführt! Ich habe selbst ihre Hand gehalten, bis sie mir gezeigt hat, wo Sie sind.«

Die Frau weinte jetzt noch mehr und zeigte auf einen Schrank in ihrem engen, vollgestopften Schlafzimmer. »Da«, sagte sie schluchzend, »dort bewahre ich ihre Sachen auf, seit sie tot ist.«

Deidre ging langsam zu dem Schrank. Der Mantel, den das kleine Mädchen vor etwa einer Stunde angehabt hatte, hing völlig trocken im Schrank, und die abgetragenen Schuhe standen auf dem Boden des Schrankes.

»Sind diese Sachen von Ihrer Tochter?« Deidres Herz raste. Das war doch unmöglich!

»Ja.« Die Frau wischte sich mit dem Ärmel ihres Nachthemdes die Tränen ab.

»Das Mädchen, das mich geholt hat, trug diesen Mantel und auch die Schuhe hier.« Ihre Gedanken überschlugen sich förmlich, während sie gleichzeitig zu begreifen versuchte, und dann endlich kam ihr ein Gedanke. Das kleine Mädchen musste noch irgendwo in der Wohnung sein. Aber nachdem sie einige Minuten alles abgesucht hatte, ging sie zu der Frau im Schlafzimmer zurück. »Sie ist weg.«

Die Frau nickte und wieder traten ihr Tränen in die Augen. »Ich habe es Ihnen doch gesagt. Meine Tochter ist tot.«

Deidres Herz klopfte immer noch heftig und sie suchte immer noch nach einer Erklärung. Aber dann dämmerte es ihr.

»Es ist ein Wunder.« Sie nahm die Hand der Frau in die ihre und sagte achselzuckend: »Ich wüsste nicht, wie man es sonst bezeichnen sollte.«

Die Frau nickte, und plötzlich huschte ein Lächeln über ihr Gesicht und statt der Tränen lag ein unglaublich friedlicher Ausdruck darin. »Ihr Engel ist zurückgekommen, um mir zu helfen. Eine andere Erklärung gibt es nicht.«

Die Ärztin nickte und spürte, wie aufsteigende Tränen in ihren Augen brannten. Nachdem der Krankenwagen ihre Patientin ins Krankenhaus gebracht hatte, ging Deidre langsam durch den Schnee nach Hause zurück, dachte über das Unmögliche nach und staunte über das Leben. Es gab so vieles, was sie nicht wusste und verstand.

Jahre später erzählte Deidre die Geschichte von dem kleinen Kind, das bei ihr vor der Tür aufgetaucht war, obwohl es schon seit über einem Monat tot gewesen war, um seiner todkranken Mutter zu helfen. Und Deidre empfand immer noch dasselbe Staunen darüber wie an jenem Winterabend. Sie ist von ganzem Herzen davon überzeugt, dass die Wege des Lebens nicht immer medizinisch zu erklären sind.

Und bis heute glaubt sie, dass das Mädchen ein Engel gewesen sein muss. Der kleinste von allen.

Er wird Hilfe vom Himmel schicken und mich retten vor denen, die mich verfolgen und verhöhnen. Mein Gott wird mir gnädig sein und treu zu mir stehen.

Psalm 57,4

Woche 18

Bibellese: Sprüche 31,10–31

Bei jedem Spiel

Ich weiß, wie aufrichtig du glaubst; genauso war es schon bei deiner Großmutter Lois und deiner Mutter Eunike. Ich bin überzeugt, dass dieser Glaube auch in dir lebt.

2. Timotheus 1,5; Hfa

In Bakersfield, einer Stadt in Kalifornien, lebte ein siebenjähriger Junge namens Luke, der in einer Mannschaft der Kinderliga Baseball spielte. Luke war sportlich nicht besonders begabt und verbrachte deshalb sehr viel Zeit auf der Ersatzbank. Dennoch kam seine Mutter, eine tiefgläubige Frau, zu jedem Spiel und feuerte ihren Sohn an, egal, was für eine Figur er auf dem Spielfeld machte.

Lukes Mutter hatte es im Leben nicht leicht gehabt. Sherri Collins hatte ihre Jugendliebe geheiratet und mit Mann und Kind das Leben einer Bilderbuchfamilie geführt – bis ihr Mann auf einer vereisten Straße bei einem Frontalzusammenstoß starb, als Luke drei Jahre alt war.

»Ich werde nie wieder heiraten«, hatte Sherri zu ihrer Mutter gesagt. »Niemand könnte mich jemals so lieben wie er.«

»Das brauchst du mir nicht zu sagen.« Die ältere Frau war ebenfalls Witwe. »Manchmal gibt es nur diesen einen ganz besonderen Menschen im ganzen Leben.«

Glücklicherweise zog Sherris Mutter nach der Beerdigung zu ihr und gemeinsam versorgten die beiden Luke. Mit welchen Schwierigkeiten der Kleine auch konfrontiert war, Sherri vermochte immer, das Gute darin zu sehen.

»Mach dir keinen Kopf darum, mein Sohn«, sagte sie, wenn Luke nach Hause kam und wieder von jemandem gehänselt worden war. »Eines Tages wird er schon merken, wie viel Spaß es macht, mit dir zusammen zu sein.« Oder sie machte ihm Mut, wenn er sich mit dem Lesen abmühte. »Du kannst doch üben, indem du mir jeden Abend etwas vorliest. Das wäre doch auch eine tolle Möglichkeit, was miteinander zu machen, oder?«

Tief im Inneren trug Sherri etwas, das viele Mütter mit ihr teilen: das Bewusstsein, dass die Zeit nur so dahinflog, und deshalb wollte sie jeden Augenblick voll auskosten. Sie wusste, wie schnell sich alles ändern kann.

Als Luke sieben wurde und in der Baseballmannschaft der Kinderliga spielte, merkte Sherri, wie er dort zu kämpfen hatte. Deshalb suchte sie nach Geschichten über berühmte Baseballspieler aus der Ersten Liga, die mit dem Spiel ebenfalls Schwierigkeiten gehabt hatten, als sie noch Kinder waren.

»Wusstest du, dass der berühmteste Feldspieler aller Zeiten zum ersten Mal mit dem Ball in Berührung kam, als er schon zwölf war?«, fragte Sherri ihren Sohn. Und dann lachten sie zusammen, während sie überlegten, wie es bei ihm selbst möglicherweise einmal sein würde. »Eines Tages werde ich dich von der Tribüne aus anfeuern und du wirst in einem Spiel der Ersten Liga dabei sein.«

Spiel für Spiel, Woche für Woche kam Lukes Mutter und feuerte ihn an. Selbst wenn er im ganzen Spiel nur wenige Minuten auf dem Platz stand. Eines Tages kam der Junge jedoch allein zum Spiel. »Trainer«, sagte er, »kann ich heute von Anfang an spielen? Es ist wirklich wichtig. Bitte!«

Der Trainer dachte daran, dass Luke wahrscheinlich jedem Ball hinterherhetzen würde. Aber dann fiel ihm auch ein, dass Luke in all den Wochen, in denen er höchstens ein- oder zweimal zum Einsatz gekommen war, immer geduldig und fair gewesen war.

»Klar«, sagte er deshalb und tippte an den Schirm von Lukes roter Baseballmütze. »Du kannst heute von Anfang an spielen. Also geh schon mal und mach dich warm.«

Luke war an diesem Nachmittag begeistert bei der Sache und machte das Spiel seines Lebens. Er hatte zwei Homeruns und fing einen Flugball, der zum Sieg führte.

Der Trainer war absolut verblüfft. »Das war eine klasse Leistung«, sagte er zu dem Jungen, »aber du hast noch nie so gespielt. Was war denn heute anders?«

Da lächelte Luke und seine großen braunen Augen füllten sich mit Tränen. »Wissen Sie, Trainer, vor langer Zeit ist mein Vater bei einem Autounfall gestorben. Meine Mutter war auch sehr krank und außerdem war sie blind. Letzte Woche … ist sie gestorben.« Luke schluckte seine Tränen herunter. »Heute … heute war der erste Tag, an dem meine Eltern mich beide spielen sehen konnten.«

Er wird alle ihre Tränen abwischen, und es wird keinen Tod und keine Trauer und kein Weinen und keinen Schmerz mehr geben. Denn die erste Welt mit ihrem ganzen Unheil ist für immer vergangen.

Offenbarung 21,4

Woche 19

Bibellese: 1. Könige 19,1–9

Der Engel im Streifenwagen

Der Herr behält die ganze Erde im Auge, damit er denen beistehen kann, die ihm mit ungeteiltem Herzen vertrauen.

2. Chronik 16,9; GN

Für Kara Spelling war der Ball traumhaft schön gewesen. Sie und ihr Freund hatten bis spät in die Nacht getanzt, gelacht und geredet. Jetzt war es nach ein Uhr morgens und Zeit, auf der Autobahn bis Campo Verde in Arizona nach Hause zu fahren. Der Ball hatte im eine Stunde entfernten Flagstaff stattgefunden, und weil Karas Freund kein Auto hatte, war sie gefahren.

»Pass gut auf.« Der Vater hatte ihr die Stirn geküsst, bevor sie losgefahren war. »Du siehst sehr hübsch aus, Liebling. Aber sei ja vorsichtig auf dem Nachhauseweg.«

Als Kara ins Auto stieg, schüttelte sie die hochhackigen Schuhe ab und warf sie auf den Rücksitz. Dann lächelte sie ihren Freund Thane an. »Ich bin froh, dass wir nichts getrunken haben.«

»Da hast du recht«, antwortete er. »Ist ein gutes Gefühl, Spaß zu haben und sich nachher daran zu erinnern. Außerdem«, und dabei verschränkte er seine Finger mit ihren, »habe ich ein gutes Gewissen, wenn ich das Richtige tue.«

Kara nickte und sagte: »Ich auch. Bist du müde?«

Thane gähnte. »Ja, ich glaub schon.«

»Dann schlaf ruhig. Immerhin ist es eine Stunde bis nach Hause.«

Fünf Minuten später bog sie auf die Autobahn ab und lehnte sich zurück. Kara schaute zu Thane hinüber, der schon schlief. Er war noch kein Christ, aber er kam mit ihr und ihren Freundinnen zur Kirche. Jeden Tag betete Kara dafür, dass Gott Thane auf sich aufmerksam machen und ihm helfen würde, eine Entscheidung für den Glauben zu treffen. Er stand nahe davor; warum sonst hätte er ihr geholfen, im Obdachlosenasyl Essen auszugeben?

Dieser Abschnitt der Autobahn war Kara so vertraut wie die Straßen ihrer eigenen Stadt. Die Autobahn war breit und sicher, aber sehr abgelegen, monoton und pechschwarz. Kara merkte, wie sie sich entspannte. Sie gähnte einmal, dann noch einmal. Dann stellte sie das Radio an und öffnete das Fenster einen Spalt weit. So schaffte sie es die nächsten zehn Minuten.

Doch schon vor der Hälfte der Strecke fielen ihr die Augen kurz zu und der Kopf sank ihr auf die Brust. Plötzlich riss sie die Augen weit auf. Was hatte sie da fast angerichtet? Sie warf einen Blick auf den Tacho. Sie fuhr mehr als 120! Wenn sie eingeschlafen wäre … *Hilf mir, Herr*, flüsterte sie. *Halt mich wach.*

Kaum eine Minute später merkte Kara, dass sie wieder einnickte. Etwa gleichzeitig sah sie im Rückspiegel ein Blaulicht. Ihr klopfte das Herz, als sie erkannte, dass es das Blaulicht eines Streifenwagens war. *Toll. Ich muss Schlangenlinien gefahren sein. Aber wenigstens bin ich jetzt wach.*

Als Kara auf den Seitenstreifen lenkte, fragte sie sich, woher der Polizist gekommen war. Kilometerweit war die Autobahn ganz ohne Verkehr gewesen, und das Gebiet, durch das sie fuhr, war praktisch unbewohnt. Dann erinnerte sie sich daran, dass sie barfuß fuhr, aber es war zu spät, um sich die Schuhe zu schnappen.

»Guten Abend«, sagte Kara, als der Beamte neben dem offenen Fenster stehen blieb und mit einer Taschenlampe ihr Gesicht anleuchtete.

»Alles in Ordnung mit Ihnen?« Der Polizist beugte sich vor und schaute Kara an. Irgendetwas an seinem Gesicht kam ihr beinahe überirdisch friedlich vor. Sie stellte fest, dass seine Marke die Nummer 37 trug – die gleiche Nummer, die sie in der Basketballmannschaft ihrer Schule hatte.

»Ja, Sir. Es geht mir gut.«

»Ziehen Sie sich mal lieber die Schuhe an. Damit fahren Sie sicherer.«

Karas Herzschlag setzte fast aus. Woher wusste der Polizist von den Schuhen? Thane, der mittlerweile aufgewacht war, langte zum Rücksitz, griff nach den Pumps und reichte sie ihr.

»Sie sind schon lange gefahren«, sprach der Polizist weiter. »Sie sind beinahe eingeschlafen, stimmt's?«

»Woher ... ja!« Wieder war Kara verblüfft. Er konnte anscheinend ihre Gedanken lesen. »Vielleicht können Sie mir sagen, wo der nächste Rastplatz ist.«

»Noch besser wäre es, wenn ich Sie hinbringe.« Der Beamte lächelte und nickte ihr zu. »Sie haben schon so oft anderen Menschen geholfen. Jetzt sind Sie an der Reihe, ein wenig Unterstützung zu bekommen. Folgen Sie mir.«

»Warten Sie!«, rief Kara dem Mann hinterher. »Woher wissen Sie das?«

Der Polizist warf ihr einen Blick zu, der ihr direkt in die Seele ging. »Wir Polizisten sehen es als unsere Pflicht an, so etwas zu wissen.«

Kara schaute zu Thane hinüber und merkte, dass er genauso überrascht war wie sie. Das alles war doch irgendwie nicht logisch, oder?

»Kara«, sagte ihr Freund, »woher hat er das alles gewusst? Das ist unheimlich.«

Sie blieb so dicht wie möglich hinter dem Streifenwagen, bis er eine Abfahrt von der Autobahn nahm. Dahinter bog er gleich rechts ab. Nachdem Kara genauso abgebogen war, konnte sie den Polizeiwagen nicht mehr sehen. »Wo ist er denn hingefahren?«

»Weit kann er nicht gekommen sein. Wir haben ihn hier abbiegen sehen und ...«, Thane sah aus dem Fenster und suchte den Parkplatz, die Tankstelle und das Restaurant ab, »... woanders kann er gar nicht stecken.«

Aber der Wagen blieb verschwunden, obwohl sie nach ihm suchten. Plötzlich wusste Kara Bescheid. Sie spürte, wie sich die Haare an ihrem Arm aufrichteten. »Und wenn er ein ... ein Engel war? Er hat uns das Leben gerettet. Ich war gerade am Einschlafen, als er kam.«

Die beiden waren der Meinung, es gebe nur eine Möglichkeit, das herauszufinden. Kara griff nach ihrem Handy und rief die Polizei an. Sie erklärte ihre Situation und wurde nach der Dienstnummer des Beamten gefragt.

»3–7.«

»Sind Sie sicher? Wir haben keinen Beamten mit einer solchen Nummer. Alle unsere Beamten haben dreistellige Dienstnummern.«

Wieder die Gänsehaut. Kara legte auf und starrte Thane an. »Er muss ein Engel gewesen sein, weil die Beamten alle dreistellige Nummern tragen.«

Eine ganze Weile sagte keiner von beiden etwas. Dann nahm Thane Karas Hände in seine und sprach aus, wofür sie das ganze Jahr schon gebetet hatte: »Ich glaube, es wird Zeit, dass ich mich für Gott entscheide.« Er schaute ihr in die Augen. Aus seinem Blick sprach Ehrfurcht. »Ich glaube an ihn, Kara. Ich glaube.«

Jetzt ist die Zeit der Gnade! Jetzt ist der Tag der Rettung!

2. Korinther 6,2; GN

Woche 20

Bibellese: Prediger 3,1–8

Das Wunder des Abschieds

Als König David im Sterben lag …

1. Könige 2,1

Miranda Thompson saß in dem Sessel neben dem Bett ihrer Mutter im *Clark-County*-Altersheim und beobachtete einen kleinen Vogelschwarm vor dem Fenster.

»Weißt du, was solche Vogelschwärme bedeuten?«, fragte die 67-jährige Miranda leise und wandte sich dabei an ihre Tochter Katy.

»Nein, Mama. Was bedeuten sie denn?«

»Wenn sich Vögel vor dem Fenster eines kranken Menschen scharen, sagt man, dass Gott diesen Menschen heimholen will.«

Miranda hielt die Hand ihrer Mutter und streichelte sanft die faltige Haut. Ihre Mutter Esther war 87 Jahre alt und lag im Koma. Die Ärzte rechneten nicht damit, dass sie das Ende der Woche noch erleben würde.

»Ich liebe dich, Mutter«, sagte Miranda und Tränen liefen ihr über die Wangen. Dann blickte sie auf und schloss die Augen. *Herr, bitte hilf mir, das hier zu akzeptieren. Hilf mir, meine Mutter loszulassen, damit sie heimgehen kann.*

Sie blieben, bis es Zeit fürs Abendessen war, dann standen Miranda und Katy auf, verließen langsam das Zimmer und verabredeten, sich am nächsten Tag erneut zu treffen.

Miranda fuhr in aller Stille nach Hause und dachte daran, wie sehr ihre Mutter abgebaut hatte. Noch vor zwei Jahren war die alte

Dame völlig gesund gewesen. Sie hatte damals noch allein in Seattle gelebt und dort selbstständig ihren eigenen Haushalt geführt. Dann hatten die alltäglichen Aufgaben ihr jedoch zunehmend Mühe bereitet, und schließlich hatte sie sich einverstanden erklärt, bei Miranda und ihrem Mann Bill zu leben.

Esther war stets darauf bedacht, sich nie in Mirandas und Bills Leben einzumischen. Sie war eine ausgeglichene Persönlichkeit und besaß eine ansteckende Fröhlichkeit. So waren zwei Jahre schnell vergangen, und es schien, als könne Esther hundert Jahre alt werden. Aber während Mirandas und Bills zweiwöchigem Urlaub in Boston hatte die alte Dame eine Reihe kleiner Schlaganfälle gehabt und lag nun auf der Intensivstation.

Am zweiten Tag im Krankenhaus hatte eine der Schwestern Esther versehentlich ein falsches Medikament verabreicht, mit der Folge, dass Esthers Herzschlag sich verlangsamt hatte, ihre Hirntätigkeit herabgesetzt wurde und sie in ein tiefes Koma gefallen war. Der Arzt erklärte Miranda, dass die Schwester für ihren Fehler zur Rechenschaft gezogen werden würde.

»Was bedeutet das für meine Mutter?«, fragte Miranda besorgt. »Wann wird sie wieder aus dem Koma erwachen?«

»Mrs Thompson, aufgrund ihres Zustandes und ihres Alters ist es durchaus möglich, dass Ihre Mutter gar nicht wieder aufwacht. Ich rechne eher damit, dass es jetzt ziemlich rasch bergab geht.«

Miranda nickte und gab sich Mühe, nicht zu weinen. »Aber angenommen, sie würde bald wieder aufwachen, dann könnte sie doch wieder ganz gesund werden, oder?«

»Ich will ganz ehrlich sein: Ich halte das für nicht sehr wahrscheinlich.«

Nachdem Esther vier Tage im Koma gelegen hatte, wurde vonseiten der Ärzte entschieden, dass man in der Klinik nichts mehr für die alte Dame tun könne. Daraufhin wurde sie in ein Pflegeheim verlegt.

Inzwischen waren zwei Wochen vergangen, und als Miranda jetzt nach Hause fuhr, fühlte sie sich schrecklich betrogen. Ihre Mutter war gesund und geistig in bester Verfassung gewesen und hätte noch Jahre leben können. Miranda gab sich wirklich Mühe, nicht der Schwester die Schuld an allem zu geben.

Herr, bitte hilf mir zu verstehen, warum das passiert ist, betete sie leise vor sich hin. *Ich finde es so ungerecht, dass Mutter um die letzten Jahre ihres Lebens betrogen wird.*

Als Miranda zu Hause ankam, dämmerte es schon fast, und das Haus fühlte sich kalt und einsam an. Es war nur drei Wochen her, dass ihre Mutter noch da gewesen war. »Ich muss nach draußen, sonst werde ich noch völlig depressiv«, sagte sie zu sich selbst.

Sie holte ihre Gartenhandschuhe und ging in den Vorgarten. Sie arbeitete stetig vor sich hin, als sie eine Männerstimme hörte.

»Ihre Blumen sind aber wirklich wunderschön.«

Miranda blickte auf und sah auf dem Bürgersteig einen großen Mann stehen, der einen hübschen kleinen Hund an einer Leine hatte. Miranda lächelte traurig. Ihre Mutter liebte Hunde.

»Danke«, sagte sie und sah, im Beet kniend, hinauf in das Gesicht des Mannes. Sie lebte schon seit 35 Jahren in der Gegend, aber diesen Mann hatte sie noch nie gesehen.

»Sie sind gar nicht so schön, wie sie sein könnten, wenn ich mehr Zeit hätte, mich um sie zu kümmern«, sagte sie. »Aber meine Mutter ist krank.«

Der Mann sah Miranda freundlich an. Er hatte fast etwas Überirdisches an sich, es umgab ihn eine Art von Schein.

»Ihr ist versehentlich ein falsches Medikament verabreicht worden, und deshalb liegt sie jetzt im Sterben. Ich möchte so oft und so lange wie möglich bei ihr sein.«

Sie merkte, wie ihr Tränen in die Augen stiegen.

»Machen Sie sich keine Sorgen um Ihre Mutter«, sagte der Mann mit ebenso fester wie sanfter Stimme. »Gott hat alles unter Kontrolle.«

Der Mann stand immer noch da und sah Miranda an. Merkwürdig, dass ein Mensch, den sie überhaupt nicht kannte, solch weise Worte zu ihr sagte.

»Wo wohnen Sie denn?«, fragte sie ihn schließlich.

Der Mann sagte nichts, sondern deutete nur mit dem Finger nach oben. Instinktiv schaute Miranda in den Himmel. Als sie wieder nach unten sah, waren der Mann und sein Hund verschwunden.

Miranda war schockiert. Es war unmöglich, dass sie so schnell verschwunden waren. Dann fiel ihr ein, dass sie auch sein Kommen gar nicht bemerkt hatte. Er war einfach aufgetaucht, hatte ihr die ermutigenden Worte gesagt und war wieder verschwunden.

»Gott hat alles unter Kontrolle.« Miranda dachte darüber nach, wie wahr diese Worte doch waren, und sie stellte fest, dass sie sich im Laufe des Abends immer weniger deprimiert fühlte.

Am nächsten Morgen kam ein Anruf vom Pflegeheim. »Mrs Thompson, Ihre Mutter ist heute Nacht im Schlaf ganz friedlich gestorben.«

Miranda schloss die Augen und schlug sich eine Hand vor den Mund. Ihr saß ein Schluchzen in der Kehle. Dann erinnerte sie sich an den Mann am Gartenzaun. Ein Gefühl des Friedens überkam sie, und plötzlich wusste sie, dass ihre Gebete erhört worden waren. Sie neigte den Kopf.

Lieber Gott, jetzt verstehe ich. Es gibt keine Unfälle, wo du im Spiel bist. Mutter ist nicht gestorben, weil die Schwester einen Fehler gemacht hat; sie ist gestorben, weil du sie heimholen wolltest. Du hast alles unter Kontrolle. Jetzt verstehe ich das besser, Herr, und ich danke dir.

Der Herr hat gegeben und der Herr hat genommen. Ich will ihn preisen, was immer er tut!

Hiob 1,21; GN

Woche 21

Bibellese: 2. Mose 17,8–16

Ein Wunder an zwei Schauplätzen

Die größte Liebe beweist der, der sein Leben für die Freunde hingibt.

Johannes 15,13

Ben Wiggins hatte zwei Schwestern, die erste starb schon bei der Geburt und die zweite auf tragische Weise mit zwei Jahren. Er wuchs als Einzelkind auf und war sich immer bewusst, wie viel seine Eltern verloren hatten.

»Mach dir keine Sorgen, Mama«, sagte er eines Tages seiner Mutter. »Ich bleib immer in deiner Nähe. Ich gehe niemals von dir fort.«

Bens Mutter Sarah lächelte traurig und antwortete: »Gott hat zwei von meinen Kindern zu sich geholt. Aber er weiß, was eine Mutter ertragen kann, Ben. Du bist der eine, den er für mich und deinen Vater übrig gelassen hat.«

Doch mit 18 wurde Ben Soldat. Kurz darauf fing der Golfkrieg an und Ben wurde an vorderster Front aufgestellt. Seine Eltern hatten große Angst bei der Vorstellung, Ben zu verlieren, aber sie beteten ständig für ihren Sohn.

Lass es uns bitte spüren, Gott, wenn er besonders auf unsere Gebete angewiesen ist, betete Sarah jeden Abend. *Und bring Ben wieder heil zu uns nach Hause. Er ist doch alles, was uns noch geblieben ist, Herr.*

Der erste Angriff im Golfkrieg galt als der gefährlichste. Während Ben wartete und seine Position bezog, betete er leise: *Gott, sei mit mir. Lass mich dies überleben.*

Schließlich war der Augenblick des Angriffs da und Ben ging Schulter an Schulter mit Hunderten von anderen Soldaten über die Grenze zum Irak. Die Schlacht, die sich ergab, war sehr intensiv. Aus der ersten Stunde wurden zwei und es sah ganz nach einem Erfolg der US-Truppen aus.

Während einer kurzen Pause in den Kampfhandlungen ruhte Ben sich einen Augenblick aus, als ihn jemand am Arm packte. Er schnellte hoch und schaute direkt in die Augen eines irakischen Soldaten, der die Mündung seines Gewehrs mitten in Bens Gesicht hielt.

Mit wütenden, kurzen Silben rief der Iraker irgendetwas in einer Sprache, die Ben nicht verstand. Er stand da und hatte Angst, sich zu rühren. Plötzlich schlug ihm der Mann mit dem Gewehrkolben auf die Wange und zeigte in eine Richtung, die von Bens Einheit wegführte. Er hatte keine Wahl, als den Weg anzutreten.

Gott! Hilf mir! Bitte …

Im Lauf der nächsten Minuten dachte Ben mehrmals daran, um Hilfe zu rufen. Es war eindeutig, dass seine Einheit von seinem Verschwinden nichts bemerkt hatte und er ganz auf sich gestellt war. Die beiden Männer hielten auf einem Sandhügel an und wieder bellte der Soldat einen Befehl. Ben zwinkerte mit den Augen. Er wusste nicht, was er tun sollte. Dann gab der Soldat ihm einen Tritt und zeigte auf den Boden. Voller Todesangst ließ sich Ben auf den staubigen Boden sinken. Wieder trat ihn der Soldat und zwang ihn, sich auf den Bauch zu legen. *Das war's dann, Gott. Ohne ein Wunder ist hier wohl nichts mehr zu machen.* Ein Dutzend Erinnerungen schossen Ben in den Sinn, unter anderem dachte er an seine Eltern, die für ihn beteten.

Seine Eltern! Das war es! Er wusste, dass seine Mutter jeden Tag für ihn betete. Der irakische Soldat bellte wieder einen Befehl und drückte Ben die Gewehrmündung an den Hinterkopf. Ben holte zitternd Luft und befürchtete, dass es sein letzter Atemzug war. Dann schloss er die Augen und betete wie nie zuvor. *Gott, lass meine Mutter bitte wissen, dass ich in Gefahr bin. Sie muss jetzt für mich beten.*

Auf der anderen Erdhälfte in Austin, Texas, setzte sich Sarah Wiggins mit einem Aufschrei im Bett auf. »Al, wach auf!«, schrie sie und ihr Mann schoss aus dem Schlaf hoch.

»Was ist los?«, fragte er verwirrt.

»Es geht um Ben. Er ist verletzt oder in Not. Ich kann es spüren.«

Al Wiggins seufzte und entspannte sich ein wenig. »Sarah, er ist in Kuwait. Du kannst doch gar nicht wissen, ob er in Not ist oder nicht.«

Sarah nickte und ihr Puls raste. »Doch, Al. Ich habe Gott gebeten, mich spüren zu lassen, wenn er unsere Hilfe braucht. Warum sollte ich sonst mitten in der Nacht aufwachen?«

Al dachte darüber nach. Er sprach bedächtig, um seine Frau zu beruhigen. »Was können wir tun, wenn er in Not ist?«

»Wir können für ihn beten.«

»Okay.« Al nickte und nahm Sarahs Hand in seine.

Bens Mutter neigte den Kopf, schloss die Augen und fing laut an zu beten: *Herr, du weißt, wo Ben ist und was er braucht. In welcher Gefahr er auch steckt, bitte hilf ihm. In deinem heiligen Namen, amen.*

Im gleichen Augenblick hörte Ben in Kuwait deutlich, wie eine Stimme ganz nah an seinem Ohr etwas sagte. »Mach dir keine Sorgen. Du wirst heute nicht sterben. Gott ist mit dir.«

Ben sah sich um, doch er und der irakische Soldat waren ganz allein auf dem Sandhügel. Die Stimme hatte ihm eine Gänsehaut verursacht, und er wusste, dass es die Wahrheit war, auch wenn der Soldat ihm immer noch den Gewehrlauf an den Schädel hielt. *Du bist hier, Gott. Ich höre dich, ich spüre deine Gegenwart. Ich bitte dich um ein Wunder, Gott … bitte.*

In dem Augenblick, in dem Ben mit Beten aufhörte, rief der irakische Soldat noch ein paar Sätze. Dann riss er das Gewehr von Bens Kopf fort und rannte aus unerklärlichen Gründen die Sanddüne hinunter.

Ben konnte kaum atmen. Er lebte! Zumindest für den Augenblick war die Gefahr vorüber. *Danke, Gott. Was auch immer da eben passiert ist … danke.* Mit langsamen, vorsichtigen Bewegungen stand er auf und lief quer durch die Wüste. Geduckt rannte er mit aller Kraft, die er noch aufbringen konnte, bis er wieder unter amerikanischen Soldaten und in Sicherheit war.

Erst zwei Wochen später war Ben zur Basis zurückgeschickt worden und bekam die Erlaubnis, zu Hause anzurufen. Als er mit seiner Geschichte herausplatzte, wurde es Sarah abwechselnd heiß und kalt.

»Wann ist das passiert?«, fragte sie. »Ich muss die genaue Zeit wissen.«

»Das müsste bei euch etwa zwei Uhr morgens gewesen sein.«

Sarah riss die Hand an den Mund. »Ich habe in dieser Stunde für dich gebetet, Ben. Gott hat mich aufgeweckt und mich gedrängt, für dich zu beten.«

Tausende Kilometer von der Heimat entfernt wurde Ben das Herz weit, als seine Mutter das sagte. »Ich wusste es. Ich hatte um ein Wunder gebetet, Mama. Ich habe Gott gebeten, dir auszurichten, dass ich in Not bin. Und genau das hat er getan.«

Auch ich werde weiterhin für euch beten. Denn wenn ich damit aufhörte, würde ich Schuld auf mich laden. Auch in Zukunft will ich euch lehren, was gut und richtig ist.

1. Samuel 12,23; Hfa

Woche 22

Bibellese: 5. Mose 24,17–22

Der richtige Platz zur richtigen Zeit

Ich war ein Fremder, und ihr habt mich in euer Haus eingeladen. Ich war nackt, und ihr habt mich gekleidet. Ich war krank, und ihr habt mich gepflegt.

Matthäus 25,35–36

Samuel Sturgell wurde Anwalt für Familienrecht, weil er davon überzeugt war, dass ein Anwalt mit Gottes Hilfe viel Gutes tun und in zerrütteten Familien zu Wundern beitragen konnte. Deshalb betete Sam jeden Morgen, dass Gott seine Gaben nutzen möge, um den Menschen, für die er arbeitete, Gottes Werte nahezubringen.

Eines Nachmittags erhielt er den Anruf von Lucy Manning, einer ehemaligen Kommilitonin während seines Jurastudiums. Lucy hatte das Studium abgebrochen, um ihr großes Hobby Abenteuerreisen auszuweiten und Flugbegleiterin zu werden. Auf diese Weise hatte sie in Portland einen Windsurfer kennengelernt und die beiden hatten sich ineinander verliebt. Alles war wunderbar und herrlich – bis Lucy schwanger wurde und ihr Freund es ablehnte, Vater zu werden.

Lucy war der Meinung, dass eine Adoption das Beste sei. Ja, eine Schwangerschaft würde sie in ihrer Karriere weit zurückwerfen. Aber irgendwo in Portland gab es sicher ein Ehepaar, das sich unbedingt ein Kind wünschte.

Sie rief Sam an und erklärte ihm ihre Situation. Er stellte ihr eine Auswahl von adoptionswilligen Familien vor, von denen Lucy ein Ehepaar mit einem fünfjährigen Sohn auswählte, das keine weiteren

Kinder bekommen konnte. Dabei nahm Lucy jedoch den kleinen Vermerk in der Akte des Ehepaars kaum wahr: *Nur ein gesundes Kind.*

Genau in der Woche, in der Lucy ihren Geburtstermin hatte, erhielten Anthony und Amber Aarons die Zustimmung für eine Adoption. Sie hatten mit Sam Sturgell Kontakt aufgenommen und warteten darauf, dass sie ein Baby zugesprochen bekamen. Aber für sie kam nicht jedes Baby infrage.

Vor einer Woche hatten sich die Aarons ein Fußballspiel ihres Neffen angeschaut, bei dem ihnen ein Junge aufgefallen war, dessen eine Hand keine Finger hatte. Der Junge wehrte einen Torangriff nach dem anderen ab und jedes Mal jubelte ihm seine Familie zu. Diese Szenen ließen Anthony Aarons Gedanken in seine eigene Vergangenheit schweifen.

Anthony war mit einer Hasenscharte geboren worden. Dabei ist die Oberlippe unter der Nase gespalten, sodass sich diese nicht richtig entwickeln kann. Bis er an seiner Lippe operiert wurde, hatten sich die Hänseleien anderer Kinder bereits sehr auf Anthonys Psyche ausgewirkt, und so besaß er fast kein Selbstvertrauen. Am meisten hatte aber sein Vater dazu beigetragen.

Seine Eltern ließen sich scheiden, als Anthony zehn Jahre alt war. Nach der Scheidung besuchte ihn sein Vater höchstens zwei oder drei Mal im Jahr. Einmal hatte Anthony mit anhören müssen, wie sein Vater zu seiner Mutter sagte, dass er schrecklich aussehe und nochmals operiert werden solle. Einige andere Male hatte sein Vater mit verächtlichen Blicken auf Anthonys Oberlippe gestarrt.

Das Einzige, was Anthony aufrecht gehalten hatte, war die bedingungslose Liebe und Akzeptanz seiner Mutter. Sie hatte ihn mit in den Gottesdienst genommen und ihn gelehrt, fest an Gottes Plan für sein Leben zu glauben.

Als er schließlich mit einem Master im Fach Jura seine Ausbildung abgeschlossen hatte, war es seine Mutter gewesen, die als Erste aufgesprungen war und ihm applaudiert hatte. Weil sie immer an ihn geglaubt hatte, würde sein Leben garantiert gelingen.

Diese Erinnerungen waren in Anthony besonders stark, als er den kleinen Jungen Fußball spielen sah. Der Junge strahlte Selbstbewusstsein aus. Er schien davon überzeugt zu sein, dass er alles schaffen konnte, was er sich in den Kopf setzte, weil er offensichtlich durch die Liebe seiner Familie den nötigen Rückhalt hatte.

Auf dem Heimweg sagte Amber: »Ich muss immer wieder an diesen besonderen Jungen denken.«

»Ich auch.«

»Meinst du, Gott möchte uns vielleicht sagen, dass wir ein Kind mit einer Behinderung aufnehmen sollten?«

Diese Frage beschäftigte Anthony sehr. Genau daran hatte er auch gedacht. »Ist das wirklich wahr, dass du auch darüber nachdenkst?«

»Ja. Ich möchte die Mutter sein, die einem Kind zujubelt, dem sonst niemand zujubelt.«

An jenem Montag rief Anthony Sam an und erklärte ihm, dass sich ihre Pläne geändert hätten. »Jetzt müssen wir uns sicher am besten an eine staatliche Stelle wenden. Die meisten privaten Vermittlungsstellen vermitteln wahrscheinlich nur gesunde Kinder, oder?«

Sam antwortete: »In den meisten Fällen ja. Aber hin und wieder hat Gott ein Wunder auf Lager. Und das ist ein Grund, warum ein Paar wie Sie seine Meinung ändert und nicht mehr unbedingt ein gesundes Kind haben will. Rufen Sie eine staatliche Stelle an. In der Zwischenzeit lasse ich Ihre Akte auf meinem Tisch liegen und bete.«

Nun begannen auch Anthony und Amber zu beten, dass Gott ihnen das richtige Kind geben möge. Ein Kind, dessen Leben zu dem ihren passte.

Ein paar Tage später wurde Lucy Manning in den Kreißsaal gefahren. Nachdem das Baby geboren war, erhielt Sam einen Anruf von Lucy, die weinte: »Sam … es gibt ein Problem. Das Kind hat … eine Hasenscharte. Bitte bete für uns.«

Sam taten Lucy und ihr Kind leid, ebenso das Ehepaar, das das Kind adoptieren wollte. Sie wollten nur ein gesundes Kind haben. Ein Anruf bei dem Ehepaar machte das noch einmal deutlich.

Der Anwalt legte den Hörer auf. Da fiel sein Blick auf die Akte von Anthony und Amber Aarons. Natürlich! Sie würden nicht nur ein Kind mit einer Behinderung nehmen, nein, sie wünschten sich exakt ein Kind wie das von Lucy. Sam lachte und wählte mit zitternden Fingern ihre Nummer. Dabei fiel ihm etwas ein, woran er bisher noch gar nicht gedacht hatte. Obwohl die Narbe gar nicht mehr auffiel, musste auch Anthony eine Hasenscharte gehabt haben.

Beim zweiten Klingelton war Anthony am Apparat. »Hallo?«

»Anthony? Hier ist Sam Sturgell. Ich glaube, wir stehen vor einem Wunder nach Maß.«

»Okay, Sam. Um was geht es?«

»Wenn Sie ein Kind mit einer speziellen Behinderung haben könnten, welche würden Sie sich aussuchen?«

Das war eine seltsame Frage, aber Anthony zögerte nicht lange mit seiner Antwort. »Ich selbst bin mit einer Hasenscharte geboren worden. Wahrscheinlich wissen Sie das sogar. Ich denke, ich würde damit am besten umgehen können.«

Sam konnte die Worte nicht richtig aussprechen, die er sagen wollte, ein Kloß im Hals hinderte ihn am Schlucken. Als er endlich wieder reden konnte, sagte er: »Anthony, Gott hat ein Baby auf die Welt gebracht, das garantiert nur für Sie und Amber bestimmt ist.«

Seither sind acht Jahre vergangen. Amber und Anthony haben den kleinen Randall James adoptiert. Er ist ein heller Kopf und der Glaube und die Zuversicht seiner Eltern haben ihn selbstbewusst werden lassen. Am meisten zeigt sich sein Selbstbewusstsein auf dem Fußballfeld, wo Randy zu den Spitzenverteidigern gehört. Und seine Eltern? Sie sind seine besten Cheerleader.

Deine Liebe hat mir sehr viel Freude und Trost gegeben.

Philemon 1,7

Woche 23

Bibellese: Apostelgeschichte 12,1–19

Der Engel auf der Kreuzung

Hütet euch davor, auf ein einziges dieser Kinder herabzusehen. Denn ich sage euch, dass ihre Engel im Himmel meinem himmlischen Vater stets besonders nahe sind.

Matthäus 18,10

Es war der letzte Schultag vor den Sommerferien und Melba Stevens wartete zu Hause auf ihren siebenjährigen Sohn Mark. Sie saß auf einem Stuhl am Fenster und dachte über das Gespräch nach, das sie morgens mit Mark geführt hatte.

»Gibt es wirklich Schutzengel, Mama?«

Melba hatte gelächelt. In letzter Zeit war der Kleine, was geistliche Dinge anging, ungewöhnlich neugierig gewesen, und diese Frage war nur eine von vielen, die er in jüngster Zeit gestellt hatte. »Ja, mein Schatz, die gibt es wirklich.«

»Ich wette, dass mein Engel riesig ist, glaubst du nicht auch?«

Melba hatte es sich verkneifen müssen, laut zu lachen. »Warum?«

»Weil ich zu der Sorte von Kindern gehöre, die einen riesigen Engel brauchen – darum.«

Die Augen ihres Sohnes waren ganz groß und rund geworden, als er von seinem überdimensionalen Schutzengel erzählt hatte. *Verrückter kleiner Kerl,* dachte sie.

Mark war ihr einziges Kind – ein ganz besonderes Geschenk in Anbetracht der Probleme, die Melba gehabt hatte, überhaupt schwanger zu werden. Die Ärzte waren der Meinung gewesen, sie würde nie ein Kind bekommen, und nach Marks Geburt hatte sie sich einer Totaloperation unterziehen müssen. Sie würde also keine weiteren Kinder mehr bekommen, aber das war für Melba und ihren Mann auch in Ordnung so. Mark war ein ganz besonderes Kind, und er reichte völlig aus, um ihr Haus mit Liebe, Leben und Lachen zu erfüllen.

»Nun beeil dich schon und komm nach Hause, Mark … deine Mama wartet«, flüsterte sie.

Zwei Straßen weiter befand sich Mark in besonders übermütiger Stimmung. »Endlich Sommerferien!«, rief er.

»Juhu!«, rief sein Freund und schaute in Richtung der vierspurigen Straße vor sich. »Und jetzt mal alle hergucken!« Im selben Augenblick rannte er quer über alle vier Spuren und sprang auf den gegenüberliegenden Bürgersteig. »Los, komm schon«, schrie der Junge Mark zu. »Sei kein Weichei.«

Mark zögerte. Seine Mutter hatte ihm zwar verboten, allein die breite Straße zu überqueren, aber … Er blinzelte ein paarmal. »Okay, ich komme!« Und ohne weiter auf den fließenden Verkehr zu achten, rannte er auf die Fahrbahn.

Plötzlich hörte Mark, wie die Kinder hinter ihm aufschrien, und er erstarrte mitten auf der Fahrbahn. Ein Auto kam direkt auf ihn zugerast.

»Mama!«, schrie er, und dann war nur noch ein dumpfer Schlag zu hören.

Zu Hause spürte Melba, wie sie langsam in Panik geriet. Mark kam nie zu spät. Sie schlüpfte in ihre Sandalen und schlug den Weg zur Schule ein.

Als sie die Sirenen hörte, beschleunigte sie ihren Schritt. Sie sah einen Krankenwagen, ein Feuerwehrauto und eine Menschentraube, die sich um eine Gestalt am Boden gebildet hatte. *Bitte, lieber Gott, lass es nicht Mark sein!*

Melba begann zu rennen, und sie redete sich unablässig gut zu, dass es unmöglich ihr einziger Sohn sein konnte. Aber während sie so rannte, erinnerte sie sich an einen Albtraum, den Mark kürzlich gehabt hatte.

»Ich habe Angst, Mama, so, als ob mir etwas Schlimmes passieren wird. Ich will nicht alleine sein.«

»Mark«, hatte sie gesagt, »du brauchst dir wirklich keine Sorgen zu machen. Gott hat dir einen Schutzengel zur Seite gestellt, der dich im Schlaf bewacht und dich auch bei Tag beschützt.«

Dieser Dialog musste das Gespräch ausgelöst haben, das ihr Sohn und sie an diesem Morgen geführt hatten.

Melba war jetzt ganz nah am Unfallort, als sie feststellte, dass das Kind auf dem Boden Mark war. »O Gott«, schrie sie und drängte sich durch die Menge nach vorn. Blankes Entsetzen überfiel sie. »Ist er in Ordnung?«

»Er ist bei Bewusstsein«, rief einer der Rettungssanitäter. »Das ist wirklich unglaublich. Das Kind dürfte eigentlich gar nicht mehr am Leben sein.«

Mark konnte die Rettungssanitäter und seine Mutter ganz entfernt hören. Er lag auf dem Boden, bewegte sich nicht und konnte sich nur daran erinnern, dass er durch die Luft geflogen war. Beim Aufschlag auf dem Asphalt hatte er keinen Schmerz gespürt. Es war fast so gewesen, als wäre er von jemandem ganz sanft auf der Straße abgelegt worden. Er blickte auf und sah sich von Menschen umringt.

»Kontrolliert seinen Puls und prüft seine Reflexe«, rief jemand.

»Bewegt ihn noch nicht. Seht nach, ob er Kopfverletzungen hat.«

Mark sah sich um. Plötzlich stockte ihm der Atem. Dort, genau über ihm, schwebte ein riesiger Mann mit goldblondem Haar und sah ihn direkt an. Der Mann lächelte, und Mark war sich sicher, dass mit ihm alles in Ordnung kommen würde. Als der Mann aus seinem Blickfeld verschwand, trat Melba näher heran.

Sie beobachtete, wie sich auf dem Gesicht ihres Sohnes ein Lächeln ausbreitete, und sie kniete neben ihm nieder. »Bist du in Ordnung, Mark?«, fragte sie weinend.

Der Junge blinzelte. Sein Gesicht war zwar blass, ansonsten aber unversehrt. »Mir geht es gut, Mama. Ich habe meinen Schutzengel gesehen und ich hatte recht. Er ist so riesig, du würdest es nicht glauben.«

Hoffnung erfasste Melba, als ein Sanitäter sie sanft vom Geschehen wegzog. »Er hat einen Schock. Er könnte auch Rücken- und Halswirbelsäulenverletzungen und einige innere Verletzungen haben. Wenn Sie möchten, können Sie gern im Rettungswagen mitfahren.«

Melba fing lautlos an zu weinen, als man ihren Sohn in den Krankenwagen schob. Bevor sie losfuhren, hörte sie einen Polizisten zu einem Feuerwehrmann sagen: »Das Auto muss über sechzig Stundenkilometer gefahren sein und der Junge ist durch die Luft geschleudert worden. Er ist auf dem Kopf gelandet und es ist kein Blut zu sehen. So was ist mir noch nie untergekommen.«

Marks Mutter verspürte ein inneres Beben. Kein Blut? Wie war das möglich? Dann erinnerte sie sich daran, was ihr Sohn gesagt hatte: »Ich habe meinen Schutzengel gesehen.«

Im Krankenhaus untersuchten die Ärzte, ob Mark in allen Körperteilen Gefühl hatte. »Sehen Sie sich das an«, sagte einer der Ärzte. »Er hätte eigentlich auf der Stelle tot sein müssen. Aber er hat nicht einen einzigen Kratzer abbekommen.«

Im Laufe der folgenden Stunde bekam der Arzt die Ergebnisse von etwa einem Dutzend unterschiedlicher Tests und alle waren völlig normal. Der Junge hatte keine inneren Verletzungen.

»Mein Schutzengel hat mich gerettet«, erklärte Mark. »Deswegen brauche ich auch einen so riesigen Engel, Mama.«

Heute erinnert sich Melba dankbar an den kostbaren Glauben ihres einzigen Kindes. Nach dem Unfall wurde Marks Glaube sehr lebendig und real. Er war für ihn auch im Teenageralter Antrieb und bewog ihn dazu, Jugendpastor zu werden. Mark arbeitet mit Kindern und Jugendlichen, die ihn mit allen möglichen Fragen zu geistlichen Themen bombardieren, so wie er einst seine Mutter.

Der Engel des Herrn beschützt die, die ihm gehorchen, und rettet sie.

Psalm 34,8

Woche 24

Bibellese: Psalm 23

Papa fehlt mir

Gepriesen sei Gott, der Vater von Jesus Christus, unserem Herrn. Er ist der Ursprung aller Barmherzigkeit und der Gott, der uns tröstet. In allen Schwierigkeiten tröstet er uns.

2. Korinther 1,3–4

Seitdem Tina Ewing ein kleines Mädchen gewesen war, hatte sie ihrem Vater immer nahegestanden. In der Mittelstufe wurde sie in ein All-Star-Fußballteam gewählt und jedes Wochenende begleitete Tinas Vater die Mannschaft und feuerte Tina an. Als sie im Abschlussjahr mit Volleyball und Basketball anfing, begleitete er sie zu jedem Spiel.

Tinas Mutter war leitende Angestellte bei einer Bank und hatte einen langen Arbeitstag. Ihr Vater war selbstständig und konnte sich mit seiner Planung nach Tina richten. Er ging mit ihr segeln, oder sie fuhren zusammen Rollerblade, und oft erzählte ihr der Vater davon, dass Gott Pläne für ihr Leben hatte – bedeutende Pläne.

»Du darfst keine Minute daran zweifeln, wie sehr Gott dich liebt.« Er lächelte ihr zu. »Wenn du das immer vor Augen hast, läuft alles in deinem Leben gut.«

In diesem Jahr ging es in einem Aufsatzwettbewerb darum, den besten Freund zu beschreiben. »Mein Vater ist mein bester Freund. Er versteht mich besser als jeder andere.«

Tina war erst 18, als ihr Vater plötzlich rapide abnahm und zu husten begann. Es dauerte drei Monate, bis ein Arzt der Familie die Diagnose mitteilte, die sie befürchtet hatten: Tinas Vater hatte

Lungenkrebs, der schon Metastasen in der Leber gebildet hatte. Kurze Zeit später kam ihr Vater ins Krankenhaus und bat Tina zu sich ans Bett.

»Mach Gott deswegen keine Vorwürfe, mein Liebling.« Er brachte ein Lächeln zustande, obwohl schon das Reden ihm den Atem raubte. »Gott ruft mich nach Hause. Es gehört zu seinem Plan, warum auch immer.«

Zwei Wochen später starb der Vater. Erst nach der Beerdigung brach Tina zusammen und weinte. Die Mutter setzte sich zu ihr ans Bett. »Er wird immer bei dir sein, Kleines. Immer.«

Doch monatelang schaffte Tina es nicht, die dunkle Wolke abzuschütteln, die seine Abwesenheit bewirkte. Es gab Tage, an denen sie nicht zur Schule ging. Anrufe der Lehrer bei ihrer Mutter schufen keine Abhilfe. Therapeutische Gespräche konnten Tina nicht helfen. Sie wurde immer dünner und dunkle Ringe bildeten sich unter ihren früher so strahlenden Augen.

Tina wusste, dass ihr nur das göttliche Eingreifen, Gottes Macht, Wunder zu tun, helfen würde, aber wie sollte sie ein Gespräch mit Gott anfangen, wenn er doch genau derjenige war, der ihren Vater hatte sterben lassen? Solche Gedanken waren Tina verhasst, aber trotzdem drängten sie sich auf. Und im Lauf der Monate wuchs die Leere in ihr, der sie nicht entkommen konnte. Sie schaffte gerade so den Schulabschluss und verbrachte den Sommer trübselig zu Hause.

Irgendwann im Herbst, um den Todestag ihres Vaters herum, verabredete sich Tina mit zwei Freundinnen, Diane und Lora, zu einer Wanderung an dem See, den ihr Vater besonders gern gemocht hatte. Ihre Freundinnen waren sich sicher, dass ihr diese Wanderung guttun würde, aber Tina hatte Angst vor den Erinnerungen. *Gott, gib mir die Kraft.*

Etwa eine halbe Stunde lang liefen die drei Freundinnen schweigend, jede in ihre eigenen Gedanken versunken. Die Erinnerungen an ihren Vater überfielen Tina eine nach der anderen mit fast physischem Schmerz. Sie gingen weiter, und als sie an den steilsten Anstieg der Wanderung kamen, konnte Tina fast die Stimme ihres Vaters hören. Oben auf dem Hügel stand eine Bank, auf der sie und ihr Vater oft gesessen und sich unterhalten hatten.

Sie weigerte sich, sich der überwältigenden Trauer zu beugen. Dann blickte Tina auf und sah einen großen Mann in Jeans und T-Shirt auf dem Plateau stehen, der auf den See hinausschaute. Er sah genauso aus wie ihr Vater. Sie rang nach Luft, aber ihre Freundinnen schienen ihn nicht zu sehen. Tina starrte den Mann an, und plötzlich spürte sie, wie ihr eine Last von den Schultern genommen wurde. Als sie bis auf zehn Meter an den Mann herangekommen waren, wandte er sich ihr zu und schenkte ihr ein genauso warmes und beruhigendes Lächeln, wie es früher ihr Vater getan hatte.

Ihre Freundinnen übersahen den Mann anscheinend immer noch und gingen ohne Zögern an ihm vorbei. Tina blieb stehen und schaute ihm in die Augen. Er zwinkerte ihr zu, lächelte wieder und drehte sich langsam zum See.

Instinktiv wusste sie, dass es nicht nötig war, den Mann anzusprechen oder sich mit ihm zu unterhalten. Sie fühlte sich von Frieden und Ruhe umspült. Endlich, nach monatelanger Trauer, war sie wieder mit sich selbst im Frieden.

Am Fuß des Hügels bat sie ihre Freundinnen um eine kurze Pause. »Habt ihr den Mann gesehen?«

»Welchen Mann?« Diane war ahnungslos.

»Ja, wer denn?«, fragte Lora. »Wir waren den ganzen Tag als Einzige hier unterwegs.«

»Na, jetzt mal im Ernst. Da hinten auf dem Hügel. Der Mann in den Jeans. Er sah genauso aus wie mein ...« Tina unterbrach sich. Ihre Freundinnen würden sie für verrückt halten, wenn sie es aussprach. Außerdem, wenn sie niemanden gesehen hatten, dann ... Tina spürte schon wieder eine Woge dieses Friedens. »Ach, vergesst es«, meinte sie. »Muss ich mir eingebildet haben.«

Tina behielt die Begegnung erst einmal für sich. Egal, ob andere daran zweifeln mochten, für sie stand von da an fest, dass ihr ein Engel erschienen war, irgendwie in die Gestalt ihres Vaters gehüllt. Vielleicht war er ständig da und wachte über sie.

Diese Eingebung bestätigte sich fünf Jahre später, als Tina in Los Angeles lebte. Während der Mittagspause musste sie an einer Ampel warten und blieb auf dem Bordstein stehen. Plötzlich ergriff eine feste Hand ihre Schulter und zog Tina so kräftig vom Bordstein weg, dass sie fast zu Boden gegangen wäre. Im gleichen Augenblick überfuhr ein Linienbus den Bordstein genau da, wo Tina gestanden hatte. Wenn sie dort stehen geblieben wäre, wäre sie tot gewesen.

Sofort drehte sie sich um, weil sie dem Menschen danken wollte, der sie gerettet hatte, aber im Umkreis von fünfzehn Metern war niemand. Wieder verspürte sie einen überwältigenden Frieden und innere Ruhe.

»In der Bibel steht, dass Gott uns Engel an die Seite stellt, die über uns wachen«, sagt Tina heute. »Er hat es für mich getan, als ich im Teenageralter wegen des Todes meines Vaters am Boden zerstört war. Und er tut es immer noch.«

Fürchte dich nicht, ich stehe dir bei! Hab keine Angst, ich bin dein Gott! Ich mache dich stark, ich helfe dir; ich schütze dich mit meiner siegreichen Hand!

Jesaja 41,10; GN

Woche 25

Bibellese: 2. Könige 4,8–37

Ein Traum wird wahr

Blinde sehen, Gelähmte gehen, Aussätzige werden gesund, Taube hören, Tote werden zum Leben erweckt und den Armen wird die gute Botschaft verkündet.

Matthäus 11,5

Als Angie Bauer nach drei Jungen mit ihrem vierten Kind schwanger war, sagte ihr Mann Ben zu ihr: »Ich wünsche mir ein blondes, blauäugiges Mädchen.«

Angie lachte. Weder in seiner noch in ihrer Familie gab es jemanden, der blond war oder blaue Augen hatte. »Na dann viel Glück.«

»Ich weiß, ich weiß.« Ben zog Angie näher zu sich heran. »Ich träume ja auch bloß.«

Als Angie im vierten Schwangerschaftsmonat war und ihr Arzt eine routinemäßige Ultraschalluntersuchung durchgeführt hatte, bat er Angie in sein Sprechzimmer und schloss die Tür hinter sich. »Es gibt da offenbar ein Problem und ich würde Sie gerne an einen Spezialisten überweisen.«

Angie versuchte, die Miene des Arztes irgendwie zu deuten.

»Unten am Halsansatz des Babys entwickelt sich etwas, das wie ein zervikales Hygrom aussieht. Das ist eine seltene Fehlbildung, die durch eine Ansammlung von Flüssigkeit im Lymphsystem hervorgerufen wird.«

»Und was bedeutet das für das Baby?«

»Lassen Sie uns erst mal abwarten, was der Spezialist dazu zu sagen hat.«

Eine Woche später fuhren Angie und Ben nach Cleveland, wo ihnen dieselbe Diagnose mitgeteilt wurde.

»Sie hat ein zervikales Hygrom, eine sehr seltene Fehlbildung ...«

»Sie?«, unterbrach Ben den Arzt.

»Ja. Es ist ein Mädchen mit einer sehr seltenen Fehlbildung. Ihr Lymphsystem verteilt die Flüssigkeit nicht gleichmäßig im Körper, sondern die Lymphe staut sich an der Schädelbasis, wodurch um ihren Hals eine Kette von Zysten entsteht. An diesen Zysten kann sie möglicherweise ersticken. Ich fürchte, sie wird höchstens ein paar Monate leben.«

»Gibt es denn irgendetwas, das man dagegen tun kann? Ist vielleicht ein chirurgischer Eingriff im Mutterleib möglich?« Ben war verzweifelt.

»Nein, es tut mir leid. Der einzige Vorschlag, den ich Ihnen machen kann, ist ein Schwangerschaftsabbruch.«

Angies Augen wurden ganz groß. »Sie meinen, ich soll das Baby abtreiben?«

»Mrs Bauer, Ihr Baby wird auf jeden Fall sterben. Es ist bestimmt einfacher für Sie, wenn Sie diese Schwangerschaft so schnell wie möglich abbrechen.«

Angie setzte sich jetzt aufrechter in ihren Sessel. »Doktor, wir werden dieses Baby nicht abtreiben. Mein kleines Mädchen wird nicht durch meine Hand sterben.«

»Auch wir sind nicht für Schwangerschaftsabbrüche. In Ihrer Situation gibt es jedoch keinen Grund, der dafür spricht, die Schwangerschaft fortzusetzen.«

»Ist mein Leben in Gefahr, wenn ich die Schwangerschaft fortsetze?«

»Nein, absolut nicht.«

»Dann möchte ich sie fortsetzen.«

»Eines muss Ihnen klar sein: Wenn Ihre Tochter – was äußerst unwahrscheinlich ist – die Schwangerschaft überhaupt überleben sollte, müssten wir während der Wehen Flüssigkeit aus den Zysten am Halsansatz Ihrer Tochter absaugen, bevor sie überhaupt durch den Geburtskanal kommen kann. Das würde eine sehr schwere Geburt für Sie bedeuten. Sobald Ihre Tochter geboren wäre, vorausgesetzt, sie würde die Geburt überstehen, müsste man sie möglichst sofort operieren und die Zysten entfernen. Möglicherweise sind auch andere Organe durch die viele Flüssigkeit in Mitleidenschaft gezogen worden. Wenn sie auch das noch überleben sollte, wäre sie wahrscheinlich geistig behindert. Das ist bei weiblichen Säuglingen mit einem zervikalen Hygrom fast immer der Fall.«

»Dann werden wir dieses Risiko eben eingehen müssen«, sagte Angie. »Manchmal muss man in solchen Angelegenheiten Gott vertrauen.«

Die Heimfahrt war für Ben und Angie wohl die längste ihres Lebens.

»Warum gerade wir, Ben?«, weinte seine Frau. Sie schniefte und war völlig verzweifelt.

»Angie, wir müssen beten und alle, die wir kennen, bitten, mit uns zu beten. Gott kann sie heilen, mein Schatz.«

An diesem Abend sprachen sie mit ihren Jungen darüber, dass es mit dem Baby Probleme gab. Der fünfjährige Bo sagte: »Wir bitten Jesus, uns zu helfen.«

Von da an beteten die Jungen jeden Abend: *Lieber Gott, bitte, bitte mach, dass unsere Schwester gesund wird. Bitte lass sie nicht sterben.*

Der nächste Sonntag kam und Angie und Ben gingen während des Gottesdienstes nach vorn. Sie baten darum, dass die Gemeinde für Heilung betete. Man hörte, wie in den einzelnen Reihen die Gemeindemitglieder mit ihnen weinten, und sie fingen sofort an zu beten. Das Baby der Bauers war das oberste Gebetsanliegen des Großmütterkreises der Gemeinde. Sie setzten sich mit Frauen anderer Gemeinden aus der Gegend in Verbindung und auf diese Weise entstand eine Gebetskette. Außerdem beteten Bens und Angies Eltern ständig, dass Gott ein Wunder tun möge.

Sechs Wochen vergingen und das Paar fuhr zu einem weiteren Untersuchungstermin. Vor der eigentlichen Ultraschalluntersuchung untersuchte der Spezialist zunächst Angie. Als er fertig war, sah sie ihn fragend an. »Wie groß sind die Chancen, dass dieses Kind die gesamte Schwangerschaft überstehen wird?«

»Die Chance liegt bei weniger als einem Prozent. Sollte es trotzdem die gesamte Schwangerschaft überstehen, werden von diesem Punkt an seine Überlebenschancen immer geringer.«

Angie verließ das Büro des Arztes und ging zu dem Raum, in dem die Ultraschalluntersuchungen durchgeführt wurden. Ben wartete, während eine Ärztin seine Frau per Ultraschall untersuchte. Minuten vergingen, und Angie begann sich zu fragen, warum die Sache so lange dauerte.

Endlich sagte die Ärztin: »Ich gebe diese Aufnahmen erst einmal weiter an meinen Chef. Bitte warten Sie hier.«

Während Angie allein in dem Zimmer lag, begann sie zu beten, und sagte sich Bibelverse vor, in denen es um die Verheißungen Gottes und um Hoffnung ging. Zehn Minuten später kam die Ärztin zurück und sagte: »In Ordnung. Es sind keine weiteren Aufnahmen mehr nötig. Der Arzt möchte Sie noch einmal sprechen.«

Angie erklärte Ben, was passiert war, während sie durch lange Korridore zum Sprechzimmer des Arztes zurückgingen. Nachdem sie Platz genommen hatten, kam er herein – strahlend.

»Für das, was hier passiert ist, gibt es keine medizinische Erklärung«, sagte er und seine Worte überschlugen sich beinahe. »Die Zysten sind fast vollständig verschwunden, die Flüssigkeit hat sich wieder verteilt und der Lymphfluss verläuft nun offenbar normal. Ihr Baby wird die Schwangerschaft mit Sicherheit überstehen.«

Angie stieß einen Schrei aus und fiel in die Arme ihres Mannes.

Ben schnaufte. »Hunderte von Menschen haben für dieses kleine Mädchen gebetet.«

Der Arzt zuckte mit den Schultern. »Sie wird wahrscheinlich trotzdem noch am Turner-Syndrom leiden und nach der Geburt operiert werden müssen. Sie wird mit großer Wahrscheinlichkeit geistig behindert sein.«

Angie sah auf. »Gott tut kein halbes Wunder.«

»Erhoffen Sie sich nicht zu viel. Die Schädigung ist ja bereits passiert. Ich schlage vor, dass Sie eine Fruchtwasseruntersuchung durchführen lassen, um mehr Informationen über die Chromosomen des Babys zu bekommen.«

»Aber durch diese Untersuchung steigt doch das Risiko einer Fehlgeburt und dem Kind würde ein genauerer Befund nichts nützen«, antwortete Angie ruhig. »Wir bereiten uns vor, indem wir beten.«

»Also gut. Aber wenn das Baby geboren ist, lassen Sie bitte das Blut des Kindes untersuchen, und schicken Sie mir die Ergebnisse.«

Als sie das Krankenhaus verließen, lächelte Ben. »Gott will mir nun doch einen kleinen, blauäugigen blonden Engel schenken.«

»Liebling, schau einfach mal in den Spiegel, und frage dich, ob deine Tochter etwas anderes haben könnte als dein dunkles Haar und deine dunklen Augen.«

Wochen und Monate vergingen. Am Ende von Angies achtem Schwangerschaftsmonat war das Ergebnis absolut perfekt. »Es wird keine Operation nötig sein«, wurde ihr mitgeteilt. Trotzdem wurde weitergebetet. Schließlich, eine Woche vor dem errechneten Geburtstermin, kam Angie in den Kreißsaal, und Maggie wurde geboren. Es wurden sofort Tests und Untersuchungen an ihr vorgenommen, deren Ergebnisse besagten, dass das kleine Mädchen völlig gesund war.

Zwei Wochen später kamen die Testergebnisse von den Blutuntersuchungen. Maggies Chromosomen waren vollkommen normal. Der Arzt beraumte ein letztes Treffen mit den Eltern an. »Ich möchte, dass Sie etwas wissen«, sagte er mit tränenverschleiertem Blick. »Maggie hat dafür gesorgt, dass ich meine bisherige Praxis bei der Beratung von Eltern, die ein Kind mit dieser Fehlbildung erwarten, ändern werde. Wenn Sie meinen Rat befolgt hätten ... Aber Gott sei Dank haben Sie sich ja anders entschieden.«

Das einzige bleibende Zeichen für Maggies Krankheit im Mutterleib war eine leichte Verdickung am Hals. Einmal, als ihre Tochter fünf Jahre alt war, hatte Angie Probleme, den obersten Knopf von Maggies Bluse zu schließen.

»Du wirst immer ein bisschen Mühe mit dem obersten Knopf haben, weil dein Hals ein bisschen dicker ist als bei anderen«, sagte sie. »Dadurch will Gott dich daran erinnern, dass du ein Wunder bist.«

Maggie nickte. »Papa sagt, ich bin sein Wunderbaby.«

Angie zog ihre kleine Tochter ganz nah zu sich heran. »Ja, mein Schatz. Du bist unser kleines blondes Wunderbaby mit blauen Augen.«

Wir leben im Glauben und nicht im Schauen.

2. Korinther 5,7

Woche 26

Bibellese: Esther 2

Eine zweite Chance

Rein und vorbildlich Gott, unserem Vater, zu dienen bedeutet, dass wir uns um die Sorgen der Waisen und Witwen kümmern und uns nicht von der Welt verderben lassen.

Jakobus 1,27

Christopher Owens blickte in die Gesichter, die auf ihn gerichtet waren. Vor ihm saßen ausschließlich Kinder aus Pflegefamilien. Verlassene Kinder, abgelehnte Kinder oder solche, die man den Eltern hatte wegnehmen müssen. Für die meisten von ihnen war die Ferienwoche im *Second Chances Summer Camp* jedes Jahr im Juli wahrscheinlich das Highlight des Jahres. Er holte tief Luft. »Ich habe eine sehr einfache Botschaft für euch. Egal, was du in diesem Moment fühlst: Gott hat einen Plan für dein Leben.«

Dann erlaubte Christopher es sich, einen Rückblick über zweiundzwanzig Jahre hinweg zu halten bis zu dem Sommer, als er gerade einmal sechs Jahre alt gewesen war. Er war das einzige Kind eines Drogendealers und einer Alkoholikerin gewesen. Für ihn hatten die zwielichtigen Geschäfte seiner Eltern und die merkwürdigen Menschen, die in ihrem Haus ein und aus gingen, zum normalen Lebensalltag gehört.

Von Zeit zu Zeit hatte er mit ansehen müssen, wie sein Vater seine Mutter herumstieß oder ihr ins Gesicht schlug. Manchmal hatte er auch gehört, wie seine Eltern darüber sprachen, ihn loszuwerden. Hin und wieder hatte seine Mutter ihn sogar auf den Schoß genommen und ihn gewiegt. »Vergib mir, Christopher. Ich habe Jesus gebeten, mir zu vergeben. Das ist kein Leben für einen kleinen Jungen. Gott, vergib mir.«

Dann war alles aus dem Ruder gelaufen. Der Vater hatte seine Pistole auf einen seiner Kunden, der nicht zahlen wollte, gerichtet, und irgendwie war Christophers Mutter in die Schusslinie geraten. Sie war direkt zu Christophers Füßen zu Boden gestürzt und nie wieder aufgestanden.

»Mami!« Christopher spürte bis heute, wie die Worte, die über seine Lippen gekommen waren, sich in seinem kleinen Herzen angefühlt hatten. »Mami, wach auf! Bitte, Mami!«

In der ganzen Zeit hatte sein Daddy am Tisch gesessen, den Kopf in die Hände gestützt. Er hatte geweint und gemurmelt, dass sein Leben jetzt endgültig vorbei sei.

Polizisten waren durchs Haus geeilt und ein Rettungswagen war vorgefahren. Seine Eltern sah Christopher nie wieder. Die Sozialarbeiterin hatte ihm abends die Situation erklärt, nachdem er in ein großes Haus gebracht worden war. Seine Mami war tot. Sie war bei Jesus. Sein Vater dagegen war im Gefängnis.

Und Christopher sollte bei der freundlichen Familie in dem großen Haus bleiben. Wenigstens vorerst, bis das Sozialamt jemanden fand, der Christopher adoptierte und ihn zu seinem eigenen Kind machte – das wäre seine endgültige Familie.

Die Owens waren unheimlich nette Leute. Aber Christopher wagte nicht zu hoffen, dass diese Familie ihn eines Tages für immer behalten wollte. Seine Sozialarbeiterin hatte ihm von Anfang an gesagt, dass das nur eine vorübergehende Maßnahme sei.

Im Sommer wollten die Owens ihn zum *Second Chances Summer Camp* in Kansas City in Missouri schicken. Seitdem er das wusste, fürchtete sich Christopher entsetzlich und fühlte sich einsam. Er sehnte sich unsäglich nach seiner Mutter. Bei seinen Eltern war es mehr schlimm als schön gewesen, aber er hatte doch wenigstens eine Familie gehabt, ein Zuhause, das *sein* Zuhause gewesen war.

»Christopher«, hatte Mrs Owens zu ihm gesagt, »Gott hat einen Plan für dein Leben. Während du im Freizeitlager bist, bete darum, dass Gott uns allen seinen Plan für dich klarmacht.«

Im Ferienlager hatte Christopher die Botschaft von der Liebe Gottes kennengelernt und dass Gott allen Menschen eine zweite

Chance gibt. Zum ersten Mal in seinem Leben hatte er keine Angst mehr gehabt, war nicht einsam gewesen und hatte sich nicht vor der Zukunft gefürchtet. Jesus war bei ihm, passte auf ihn auf und ging an seiner Seite. Vielleicht wurde doch noch alles gut für ihn.

Kurz vor dem Ende der Freizeit hatte Christopher sich hingekniet. Der Campleiter hatte ihm geraten, Jesus zu bitten, ihm den schönsten Traum, den er in seinem Herzen hegte, zu erfüllen. Christopher hatte daraufhin zweimal heftig geschluckt und dann das wichtigste Gebet gesprochen, das er je gebetet hatte: *Bitte, Gott, lass die Familie Owens für immer meine Familie werden.*

Als Christopher nach Hause kam, waren im Vorgarten bunte Luftballons aufgehängt und Bänder zwischen den Bäumen gespannt gewesen. Am Haus hatte ein großes Plakat gehangen, auf dem stand: »Willkommen für immer zu Hause, Christopher!«

Er hatte von Mrs Owens zu Mr Owens geschaut und sein kleines Herz hatte Känguru-Sprünge vollführt. »Was bedeutet das?«

»Wir versuchen seit einiger Zeit, dich zu adoptieren.« Mr Owens legte seinen Arm um die Schultern des Jungen.

Christopher hatte daraufhin die Luft angehalten, denn er hatte Angst gehabt, dass er aufwachen könnte, und alles wäre nur ein schöner Traum gewesen.

»Während du weg warst, sind die Papiere eingetroffen.« Mrs Owens hatte ihm einen Kuss auf die Stirn gegeben. »Möchtest du für immer unser Sohn sein, Christopher?«

Er hatte sein »Ja« in den Himmel hinausschreien wollen. Stattdessen hatten Tränen seinen Blick verschleiert und die Worte waren ihm im Hals stecken geblieben. Sein Herz war so glücklich gewesen wie noch nie im Leben, auch ohne Worte. Und so hatte er einfach seine Arme um den Hals von Mrs Owens geworfen und dann um den Hals von Mr Owens.

Von dem Zeitpunkt an war Christophers Leben wie verwandelt. Sein Glaube an Gott wuchs. Das, was der Campleiter gesagt hatte, war tatsächlich wahr. Jesus hatte seine Gebete erhört. Er kümmerte sich um einen verlorenen kleinen Jungen, der kein Zuhause und in dieser Welt keine Hoffnung mehr hatte.

Christopher wuchs heran und Gott segnete ihn. Er war Klassenbester, ein guter Sportler mit einem freundlichen, leidenschaftlichen

Herzen und einer großen Liebe zu seiner Familie. Als er mit der Schule fertig war, sagten seine Eltern, er könne studieren, was er wolle.

Aber er hatte nie das Ziel gehabt zu studieren. Wenige Monate nach seinem Highschool-Abschluss wurde Christopher eine Stelle als Mitarbeiter des *Second Chances Summer Camps* angeboten. Heute leitet er das Camp. Jeden Sommer sagt er hoffnungslosen, einsamen kleinen Jungen dieselbe Botschaft, die ihm einmal gesagt worden ist.

Seine Worte klangen felsenfest, als er am Nachmittag seine Andacht beendete: »Glaubt mir, Jungs, glaubt es mehr als alles, was man im Leben glauben kann. Gott hat einen Plan für euch. Einen guten Plan, um euch Hoffnung und eine Zukunft zu geben. Genauso, wie er einen Plan für mein Leben hatte.«

Samuel wuchs heran. Der Herr stand ihm bei und ließ alle Worte in Erfüllung gehen, die er durch Samuel sprach.

1. Samuel 3,19; GN

Woche 27

Bibellese: Apostelgeschichte 9,36–43

Ein lebensrettendes Dankeschön

Gott ist nicht ungerecht. Er wird nicht vergessen, wie ihr für ihn gearbeitet und eure Liebe zu ihm bewiesen habt und weiter beweist durch eure Fürsorge für andere, die auch zu Gott gehören.

Hebräer 6,10

Rob Garrett lebte mit seiner Frau und den Töchtern glücklich und zufrieden in Thousand Oaks, Kalifornien, wo sie aktive Mitglieder in einer Kirchengemeinde waren. Ein Tag war für sie so schön wie der andere. Dann bekam die sechsjährige Alicia unerklärliche Fieberschübe. Das Ergebnis einer ganzen Reihe von Blutuntersuchungen war schlimmer als geahnt. Alicia litt an Leukämie.

»Die Krankheit schreitet schnell voran«, sagte der Arzt. »Sie wird innerhalb eines Monats eine Rückenmarkübertragung brauchen. Wir werden zuerst Ihre Familienangehörigen untersuchen. Wenn sie nicht als Spender infrage kommen, dann ist es an der Zeit für drastische Maßnahmen.«

Rob schnappte nach Luft. »Drastische Maßnahmen?«

»Ja. Dann ist es an der Zeit, um ein Wunder zu beten.«

Etwa 3200 Kilometer entfernt wohnte Peter Hickman, der der Chef einer großen Abteilung in einer national bekannten biotechnischen Gesellschaft war. Er hatte die Frau seiner Träume geheiratet und sie hatten gemeinsam zwei Kinder. Peter war kein großer Beter, aber in letzter Zeit hatte er Gott immer wieder gedankt und ihn um eine Sache gebeten: Er wollte Rob Garrett wiederfinden.

Vor dreizehn Jahren war Peter Hickman ein unattraktiver Schüler an einer Privatschule in Detroit gewesen. Er trug dicke Brillengläser, und wenn er mit seinen Klassenkameraden über Algebra diskutieren wollte, lachten sie ihn nur aus. Er war der Außenseiter in der Schule.

Aber ein Mädchen – Maryanne Ellis – hatte sein Herz erobert. Sie hatte hellblondes Haar, das ihr fast bis zur Taille reichte, und war das schönste Mädchen, das Peter je gesehen hatte. Leider hatte sie noch nie Notiz von ihm genommen.

Eines Tages kam Rob Garrett, der Star des Footballteams, auf Peter zu und sagte: »Hey, Hickman, ich wollte dich um einen Gefallen bitten. Können wir uns mal treffen und zusammen lernen?«

Sollte das ein Scherz sein? »Warum mit mir?«

»Weil ich in Geschichte in diesem Schuljahr eine Eins brauche, um ein Stipendium zu bekommen. Okay? Hilfst du mir nun oder nicht?«

Peter nickte und sie lernten gemeinsam dreimal die Woche in der Schulbibliothek. Während die Wochen dahineilten, begann Peter, in Rob einen Freund zu entdecken. Jedes Mal, wenn Maryanne zufällig an ihnen vorbeischlenderte, wurde Peter knallrot.

»Eine heiße Braut, Hickman. Ich weiß nicht, ob du ihr Typ bist.«

»Ja, die ist außer Reichweite für mich.«

Eines Tages, als sie sich wieder einmal über Maryanne ausgetauscht hatten, sagte Rob: »Wenn du dir helfen lässt, können wir vielleicht irgendwie mit Maryanne weiterkommen.« Er nahm Peter mit in die Stadt, damit dieser eine neue Frisur und Kontaktlinsen bekam. Dann kauften sie knackige Jeans und Sweaters. Schließlich brachte Rob Peter bei, wie man mit mehr Selbstbewusstsein stets entspannt und kontrolliert auftritt. Die Lektionen über den direkten Augenkontakt und eine langsamere Art der Konversation gehörten zum letzten Schliff. Peter war ein ganz anderer Typ geworden.

Eine Woche später stellte Rob Maryanne seinen Freund vor.

»Hallo«, lächelte Maryanne etwas schüchtern. »Bist du neu?«

Peter wusste nicht genau, was er darauf sagen sollte. »Ja, kann man so sagen.«

Danach fing Rob Maryanne jeden Tag ab, und eines Tages traute sich Peter, sie zu fragen, ob sie mit ihm zum Winter-Ball gehen würde.

Ohne weiter zu zögern, nickte sie. »Ja, ich komme gern.«

Vierzehn Jahre danach waren Peter und Maryanne glücklicher denn je. Aber mindestens einmal in der Woche dachte Peter an Rob Garrett. Gab es vielleicht etwas, womit er ihm danken konnte für all das, was er getan hatte? Eines Abends entdeckte Peter bei einer Internetrecherche Robs E-Mail-Adresse. Peter schickte ihm eine kurze Nachricht und bat um ein Gespräch, falls es sich bei dem Empfänger tatsächlich um Rob Garrett von der *St. Thomas Highschool* handelte.

Am nächsten Tag fand Peter in seinem Posteingang eine Antwort von Robs Frau. Ja, Peter habe die richtige Person erwischt. Aber Rob sei sehr beschäftigt. Sie fügte ihre Telefonnummer und die Adresse an.

Diese Information ließ Peter von seinem Stuhl aufspringen. Er musste übers Wochenende geschäftlich verreisen und der Ort war nur eine Stunde von Robs Zuhause entfernt. »Maryanne!«, grinste er sie an, »ich denke, ich werde während der Geschäftsreise einen kleinen Abstecher machen.«

Rob war am Ende seiner Kräfte. Weder seine Blutgruppe noch die seiner Frau und die ihrer ältesten Tochter stimmten mit der von Alicia überein. Die Chance, dass das Knochenmark eines fremden Menschen mit dem von Alicia übereinstimmte, lag bei eins zu zehntausend. Die Spenderbank hatte nichts für ihre Tochter parat und Alicias Krebs schritt alarmierend voran.

Rob und seine Frau beteten flüsternd, während sie mit der schlafenden Alicia auf dem Rücksitz des Wagens von der Arztpraxis zurückfuhren.

Wir brauchen ein Wunder, Gott.

Als sie vor ihrem Haus hielten, parkte bereits ein Sedan vor ihrem Tor. Während sie aus dem Auto kletterten, öffnete sich die Tür des anderen Autos, und ein Mann stieg aus. Er winkte ihnen zu. »Rob Garrett?«

Rob betrachtete den Mann. »Ja, der bin ich. Kann ich etwas für Sie tun?«

»Rob, ich bin's! Peter Hickman!«

»Peter Hickman? Was machst du in dieser Gegend?«

Peter trat näher und schüttelte herzlich Robs Hand. »Seit vierzehn Jahren suche ich dich, Rob.«

Rob wünschte, er könnte sich lebhafter geben. Aber seine Frau trug in diesem Moment Alicia ins Haus und ihm war eher nach Weinen zumute.

Sie schritten auf das Haus zu, und Peter sprudelte heraus, dass er und Maryanne geheiratet hatten, nun zwei Kinder hätten und gar nicht glücklicher sein könnten. »Die ganzen Jahre wollte ich dir danken. Ich habe mir immer gewünscht, ich könnte dir einmal vergelten, was du damals für mich getan hast.«

»Mach dir deswegen keine Sorgen, Peter.« Sie setzten sich ins Wohnzimmer. »Ich bin froh, dass dir alles so gut gelungen ist.«

»Und du, Rob? Wie sieht es bei dir aus?«

Zuerst wollte Rob ihm nichts erzählen. Je zeitiger Peter wieder ging, umso eher konnte er sich um Alicia kümmern. Plötzlich schoss ihm ein Bibelvers durch den Kopf: *Wo zwei oder drei versammelt sind in meinem Namen, da bin ich mitten unter ihnen.*

»Rob? Alles in Ordnung?«

»Nein.« Das Wort verlor sich in einem Schluchzen. »Nein, eigentlich nicht.«

Peter legte den Arm um Robs Schultern. »Was ist los mit dir?«

Und Rob erzählte ihm alles über Alicias Situation.

Als er geendet hatte, stand Peter auf. »Ich lasse mir eine Blutprobe nehmen, vielleicht passt sie ja. Ich muss es einfach wissen.«

Die Idee schien fast grotesk, aber schaden konnte es ja nicht. Rob fuhr mit Peter zum Krankenhaus. Als man ihm das Blut abgenommen hatte, erklärte Peter, dass er das Ergebnis so schnell wie möglich brauche, da er nicht in dieser Stadt wohne.

Die Schwester versprach, das Ergebnis in einer Stunde telefonisch durchzugeben.

Sie fuhren wieder zu Robs Haus, um Abendbrot zu essen. Kaum hatten sie ihre Mahlzeit beendet, klingelte das Telefon, und Rob nahm den Hörer ab.

»Mr Garrett?« Die Stimme war voller Begeisterung. »Mr Hickman ist als Spender geeignet. Es passt perfekt!«

Rob sank langsam in die Knie und beugte seinen Kopf.

»Was ist los, Rob?« Peter berührte seinen Arm.

Rob konnte nicht sprechen. Er befand sich auf heiligem Boden. Nur wenige Stunden, nachdem er und seine Frau um ein Wunder gebetet hatten, trat ein Mann, den er vierzehn Jahre lang nicht gesehen hatte, auf ihn zu und war der passende Spender für ihre Tochter!

Das Telefon fiel ihm aus der Hand, und er bemerkte nur von ferne, dass seine Frau es aufhob. Es war eine Sache von Sekunden, dass sie die Information an Peter weitergab, und die drei umarmten sich, weinten und dankten Gott.

Die Operation erfolgte noch in derselben Woche, und keiner war erstaunt, dass die Transplantation ein voller Erfolg wurde. Das Wunder, das begonnen hatte, als Rob in Peters Leben trat und ihm half, Maryanne kennenzulernen, vervollständigte sich nun. Nur Gott hatte die Freunde zur rechten Zeit zusammenbringen können. Peter konnte seinem Freund dessen Tat vergelten, indem er einen Teil von sich selbst gab, um das Leben von Robs kleiner Tochter zu retten.

Der Herr vergelte dir, was du getan hast, und belohne dich reich dafür – der Gott Israels, zu dem du gekommen bist, um Schutz zu finden unter seinen Flügeln!

Rut 2,12; GN

Woche 28

Bibellese: Hiob 42,7–17

Ein Wunder kommt selten allein

Bekennt einander eure Schuld und betet füreinander, damit ihr geheilt werdet. Das Gebet eines gerechten Menschen hat große Macht und kann viel bewirken.

Jakobus 5,16

Bis auf eine zerbrochene Freundschaft konnte Tracy Blacks Leben nicht besser sein. Sie und ihr Mann Paul hatten drei Kinder und besaßen ein wunderschönes Haus mit einem großen Garten. Aber die Gedanken an die zerbrochene Freundschaft mit Anna Ritter hatten sie in den letzten fünf Jahren oft verfolgt.

Während Tracy im Garten arbeitete, fragte sie sich, wie sie es hatten zulassen können, dass eine so innige Freundschaft vernachlässigt wurde und schließlich ganz gestorben war. Plötzlich durchfuhr ein schneidender Schmerz ihren Magen und zwang Tracy in die Knie. *Gott, hilf mir!*

Sie konnte Pauls Stimme hören und er brachte sie sofort ins Krankenhaus. Innerhalb von einer Stunde lag sie in der Unfallchirurgie und wurde operiert. Als sie erwachte, war die ganze Familie in ihrem Krankenzimmer versammelt.

Mit Tränen in den Augen nahm ihr zehnjähriger Sohn Skyler Tracys Hand. »Ich hatte solche Angst, dass du sterben würdest, Mama.«

»Alles wird wieder gut, mein Schatz.«

Skyler nickte. Seine Augen waren immer noch geweitet und die Pupillen ganz dunkel.

»Versprochen?« In Skylers Blick lag immer noch Zweifel.

Tracy lächelte trotz der Tränen in den Augen. »Versprochen.«

Aber am nächsten Morgen sagte ihnen der Arzt, dass Tracy einen Tumor im Unterleib hatte. Er hatte die Größe einer Grapefruit. »Die ersten Tests sehen nicht gut aus. Wenn wir Krebs feststellen sollten, wird eine größere Operation notwendig werden und eine Chemotherapie folgen. Morgen wissen wir mehr.«

Tracys erster Gedanke war sofort das Versprechen, das sie Skyler gegeben hatte. Sie war doch erst 38 Jahre alt. Es durfte nicht wahr sein! Tracy und Paul hielten sich bei den Händen und flehten Gott um ein Wunder an.

»Schlaf ein wenig!«, bat ihr Mann. »Wir wollen fest darauf vertrauen, dass Gott etwas mit uns vorhat.«

Seine Frau nickte. Sie war erschöpft und schlief ein, während sie betete. Fast zur selben Zeit begann sie zu träumen und schrie im Traum zu Gott. Dann hörte sie eine Stimme. Sie wusste: Das ist Gott.

Lass Anna kommen und beten.

Als Tracy erwachte, war die Aufforderung noch genauso stark wie im Traum. Die Idee war absurd. Sie und Anna hatten seit fünf Jahren nicht mehr miteinander geredet!

Ihre Gedanken schweiften zurück zu ihrem ersten Jahr an der Highschool, als sie und Anna die besten Freundinnen wurden und sich alles erzählten. Nach dem Studium heirateten beide und wohnten nur wenige Kilometer voneinander entfernt. Sie luden sich gegenseitig zur Hochzeit ein, erlebten mit, wie sie beide Eltern wurden, tauschten sich über Erfolge und Misserfolge ihrer heranwachsenden Schulkinder aus.

Aber dann kam Anna auf einen kleinen Plausch zu Tracy. Ihre »Familienkutsche« hatte den Geist aufgegeben. Annas arbeitsloser Mann sah jedoch keine Möglichkeit, sich Geld von der Bank zu leihen. Da ihre Freundin offensichtlich in Nöten war, prüfte Tracy die Sache mit Paul und versprach zu helfen. Anna gab ihr Wort, ihnen das Geld zurückzubezahlen, sobald ihr Ehemann Ken eine neue Arbeitsstelle hätte. Dank des Darlehens in Höhe von fünftausend Dollar kaufte Ken einen gebrauchten Wagen und erhielt eine neue, besser bezahlte Stelle. Nach etwa fünf Monaten luden Tracy und Paul Anna und Ken zum Essen ein. Nach der ausgezeichneten

Mahlzeit sagte Paul: »Ihr erinnert euch sicher noch an das Geld, das wir euch geliehen haben. Wir haben uns gedacht, dass es an der Zeit ist, gemeinsam einen angemessenen Rückzahlungsplan aufzustellen.«

Anna und Ken tauschten erstaunte Blicke aus. Anna schaute Tracy nicht an, sondern richtete ihren Blick nur auf Paul. »Sag mal, wovon sprichst du eigentlich?«

Das Gespräch verlief sehr befremdend und angespannt. Ken wollte angeblich nichts von dem Geld wissen. Plötzlich keifte er Paul an, dass er das Geld zurückbezahlen werde, aber dass damit ihre Freundschaft ein für alle Mal erledigt sei. Tracy und Paul erhielten allerdings keine Rückzahlungen.

Schließlich beschlossen sie, das geborgte Geld zu vergessen und es Anna und Ken zu schenken. Sie benötigten dieses Geld nicht unbedingt. Aus Wochen wurden Monate. Gelegentlich rief Tracy bei Anna an und lud sie zum Mittagessen oder zum Kaffee ein. Aber Anna hatte immer eine Entschuldigung. Etwa ein Jahr später sagte sie zu Tracy: »Es ist an der Zeit, dass jeder seiner Wege geht.«

Tracy war erschüttert und wütend und traurig zugleich. Sie und Anna waren sich näher als Schwestern gewesen. Nun war alles vorbei – und das aus Gründen, die überhaupt keinen Sinn ergaben!

Das war nun genau fünf Jahre her. Warum sollte sie Anna jetzt anrufen? *Vater, bestimmt bist es nicht du, der mich drängt, sie anzurufen, stimmt's?*

– Doch, mein Kind. Ruf an! Anna soll für dich beten.

Der Gedanke schien zwar völlig absurd, aber Tracy griff zum Telefon und wählte eine Nummer, die sie noch im Gedächtnis hatte.

Mit tränenerstickter Stimme sagte sie: »Anna? Hier ist Tracy. Ich bin im Krankenhaus, und ich bin sehr krank und ... ich glaube, Gott will, dass ich dich bitte, zu kommen und für mich zu beten.«

Nach einer langen Pause antwortete Anna: »Ich bin gleich bei dir.«

Eine Stunde später betrat Tracys Freundin weinend das Krankenzimmer. Während sie sich umarmten, sagte Anna: »Es tut mir so leid, Tracy. Ich wusste einfach nicht, was ich machen sollte. Ken hat mich vor einem Jahr verlassen.« Die Nachricht über den Zerbruch der Ehe gab Tracy eine Erklärung für das Sterben ihrer Freundschaft.

Nachdem sie eine Stunde lang miteinander geredet hatten, waren sie wieder mireinander im Reinen.

»Du möchtest, dass ich für dich bete? Was ist passiert, Tracy?«

»Ich habe hier einen Tumor in der Größe einer Grapefruit.« Tracy legte ihre Hand auf ihren Unterleib. »Man glaubt, dass ich Krebs habe.«

Anna nickte und legte ihre Hand auf die Stelle, wo Tracys Tumor saß. *Gott, meine beste Freundin braucht ein Wunder. Bitte entferne den Tumor aus ihrem Körper und mache sie wieder gesund.* Annas Stimme brach. *Du weißt, Herr, wie sehr ich darunter gelitten habe, dass etwas zwischen mir und Tracy gestanden hat. Aber jetzt bin ich geheilt. Darum, bitte, mach auch Tracy gesund.*

Sie redeten noch eine Stunde miteinander. Anna verließ das Krankenzimmer mit dem Versprechen, am nächsten Tag wieder anzurufen. »Ich glaube ganz fest, dass die Ärzte morgen feststellen werden, dass ein Wunder geschehen ist.«

Am nächsten Tag besuchte Paul sehr früh seine Frau. Er war ganz erstaunt über den Besuch von Anna und über ihre Gebetszeit und wie die Freundinnen sich versöhnt hatten.

Als der Arzt ins Zimmer trat, sagte er: »Das sieht nach einem aggressiven Krebstyp aus. Wir müssen heute noch einige Untersuchungen vornehmen.«

Seine Worte trafen Tracy stärker, als sie es sich vorgestellt hatte. Die ganze Nacht hatten Annas teilnehmende Worte in ihr nachgeklungen, dass Gott ein Wunder wirken und sie heilen möge. Und jetzt dieses Todesurteil!

Im Laufe des Vormittags wurden Untersuchungen vorgenommen und zwei Stunden später war der Arzt wieder in ihrem Zimmer. Er betrat den Raum mit einem seltsamen Blick und befühlte vorsichtig Tracys Unterleib. »Er ist weg!«

»Was soll das heißen?« Paul war verwirrt.

»Die Untersuchungen ergeben absolut keine Anzeichen für einen bösartigen Tumor. Ich habe soeben genau dort gefühlt, wo der Tumor gestern noch saß. Aber er ist komplett verschwunden! Tumore in dieser Größe verschwinden nicht einfach so ohne Weiteres.« Einige andere Tests bestätigten den Befund.

Tracys Herz begann zu hüpfen. Gott hatte ein Wunder an ihr

getan! Als Tracy nach Hause kam, hießen sie ihre Kinder und Anna willkommen. Als die beiden Freundinnen einen Augenblick für sich allein hatten, dankte Tracy Anna, dass sie den Glauben aufgebracht hatte, für ein Wunder zu beten.

»Nun sind wir beide geheilt«, sagte Anna. »Du von deinem Tumor und ich von meiner Schuld und Scham.« Ihre Augen glänzten. »Gott hat nicht nur ein Wunder an uns getan. Es sind zwei Wunder.«

Da erkrankte der Vater des Publius auf einmal an Fieber und Ruhr. Paulus ging zu ihm hinein, und als er für ihn betete und ihm die Hände auflegte, wurde er gesund.

Apostelgeschichte 28,8

Woche 29

Bibellese: Prediger 4,9–12

Laufen und fliegen

Überlass dem Herrn die Führung deines Lebens und vertraue auf ihn, er wird es richtig machen.

Psalm 37,5

Steven Sanders und Jimmy Rowden wuchsen Tür an Tür auf und waren dicke Freunde. Beide Jungen waren Scheidungskinder und ihre Mütter mussten mit jeweils zwei Jobs ihr Geld verdienen. Deshalb machten sie nicht nur alles gemeinsam, sondern sie brauchten einander sogar.

Die Jungen hatten beide große Träume. Steven wollte »der beste Pilot der Welt« werden. Jimmy war der schnellste Läufer in seiner Klasse. Er wollte einmal Olympiasieger im Laufen werden. Das Traurige an ihren Träumereien war: Niemand wollte ihnen glauben, dass sie ihre Ziele erreichen würden, besonders nicht ihre Mütter!

Trotzdem glaubten Steven und Jimmy felsenfest, dass nichts auf der Welt sie von ihren Zielen abbringen könnte. Manchmal rannten sie durch nahe gelegene Felder. Steven hatte dabei seine Arme wie Flügel weit ausgebreitet und rief: »Ich will fliegen!«, während Jimmy so schnell wie der Wind rannte und schrie: »Ich will laufen!«

In dem Sommer, bevor sie ins fünfte Schuljahr kamen, änderte sich mit einem Schlag alles. Jimmys Vater fuhr mit seinem Sohn und seinen Neffen an einen nahe gelegenen See. Dort war durch Balken ein Bereich zum Schwimmen abgeteilt und in der Mitte befand sich eine Holzplattform. Jimmy und seine drei Vettern veranstalteten auf der Plattform ein Fangspiel. Jimmy, der immer schneller als die anderen war, konnte nicht gefangen werden. Als die Jungen sich schließlich gegen Jimmy verbündeten, rannten alle drei auf der Plattform auf einmal auf ihn zu.

Jimmy schlug die Warnung seines Vaters, keinen Kopfsprung zu machen, in den Wind und sprang mit dem Kopf zuerst in das trübe Wasser. In der nächsten Sekunde berührte sein Kopf den Grund des Sees und er spürte einen krachenden, brennenden Schmerz in seiner Wirbelsäule. Er bekam keine Luft und konnte nicht an die Oberfläche gelangen, er konnte gar nichts mehr tun.

Die Leute eilten zu Hilfe, und Jimmy wurde ins nahe gelegene Krankenhaus gebracht, aber die Ärzte konnten ihm dort nicht helfen. Später am Tag erhielt Jimmy die schlimmste Nachricht seines Lebens: Er war von der Taille an querschnittsgelähmt.

Steven wusste erst zwei Tage später, dass etwas passiert war. Jimmy hätte von dem Ausflug mit seinem Vater schon längst wieder zurück sein müssen. Da Steven seitdem weder Jimmy noch dessen Mutter begegnet war, lief er schließlich zu Jimmys Haus und klopfte an die Tür. Eine alte Frau mit roten, verweinten Augen öffnete.

»Ist Jimmy zu Hause?«

»Er hatte einen Unfall. Ich bin seine Großmutter.« Sie erzählte ihm, dass Jimmy sich einen Halswirbel gebrochen hatte und von der Taille an querschnittsgelähmt war. Er würde nie wieder laufen können.

Nachdem Jimmy wieder zu Hause war und in einem Rollstuhl saß, dauerte es vier Tage, bis Steven in der Lage war, ihn zu besuchen. Als er vor Jimmy stand, wusste Steven nicht, was er sagen sollte. Schließlich brach Jimmy das Schweigen. »Ich will immer noch laufen.«

Steven nickte. »Und ich will immer noch fliegen.«

Im Laufe der nächsten Wochen verbrachten die beiden noch mehr freie Zeit miteinander als zuvor. Eines Tages schob Steven Jimmy im Rollstuhl einen Fußweg an einem abgeernteten Feld entlang, bis sie zu einer asphaltierten Straße kamen, die im Acker endete. Das war die Stelle, an der sie davon geträumt hatten, dass ihre Ziele eines Tages Wirklichkeit werden würden. Aber jetzt schienen alle Träume zu sterben.

Jimmy schaute zu Steven hoch. »Glaubst du, dass ich je wieder laufen kann?«

Selbst ein kleiner Junge wie Steven hätte es besser wissen müssen, aber er hatte eine Idee: »Vielleicht können wir uns unseren Traum heute genau hier erfüllen!«

Noch bevor Jimmy etwas sagen konnte, schob Steven den Rollstuhl schneller und immer schneller die Sackgasse entlang. Als die beiden genug Fahrt hatten, sprang Steven auf einen Holm des Rollstuhls und jubelte laut: »Ich fliege, Jimmy.«

Als der Rollstuhl zum Stehen kam, ging Steven nach vorn zu Jimmy. »Jetzt bist du an der Reihe.« Dann bückte sich Steven, warf Jimmys lahme Beine über seine Schultern und rief: »Halt dich fest!«

Jimmy schlang seine Arme um Stevens Hals.

Mit dem Freund auf den Schultern rannte Steven die Straße hinunter. Jimmys Lachen wurde vom Wind davongetragen. »Ich laufe wieder!«

In diesem Augenblick erschienen ihnen ihre Träume so real wie die Wirklichkeit.

Aber Jimmy lernte nicht wieder laufen. Doch die Freunde beteten unbeirrt zu Gott und baten ihn, dass Steven eines Tages fliegen und Jimmy an seiner Olympiade teilnehmen könnte.

Im siebten Schuljahr wurde ihre enge Freundschaft jäh unterbrochen, weil Jimmy und seine Mutter nach Kalifornien umzogen. Am Anfang schrieben sich die Jungen noch, doch schließlich hörte der Briefwechsel eines Tages ganz auf.

Es vergingen siebzehn Jahre. Steven hatte sich über die *Air Force Academy* zum Piloten der zivilen Luftfahrt hochgearbeitet. Er dankte Gott oft, dass sein Traum Wirklichkeit geworden war. Aber immer wieder musste er an Jimmy denken.

Eines Morgens schritt Steven routinemäßig durch den Mittelgang seines Flugzeuges, als ihm beim Anblick eines Mannes der Atem stockte. »Jimmy Rowden?«

Der Passagier traute seinen Augen nicht. »Steven?«

»Das ist doch nicht möglich! Ich hatte schon befürchtet, dass wir uns nie mehr wiedersehen würden!«

»Das ist zu schön, um wahr zu sein. Dein Traum hat sich erfüllt, Mann! Nun sieh dir das an: Da fliegst du diesen Riesenbrummer!«

Sie unterhielten sich kurz über ihre Familien – beide waren verheiratet und hatten zwei Kinder –, aber eigentlich wollte Steven vor allem wissen, ob Jimmys Traum auch in Erfüllung gegangen war. Dann entdeckte er zwei Krücken, die neben seinem alten Freund lagen.

Jimmy griff nach seinen Gehhilfen und schwang sich auf die Füße. Er gab Steven einen kräftigen Schubs. »Hast du für mich gebetet?«

»Ja, die ganze Zeit.« Steven wusste nicht, was er sagen sollte. Warum hatte Gott seinen Freund nicht geheilt? »Und ich tue es immer noch.«

Dann lächelte Jimmy. »Wie es aussieht, hat Gott uns beide erhört. Ich fliege zur Qualifikation für die Olympiade, Mann!«

»Olympiade?«

»Die Rollstuhl-Olympiade! Ich habe gute Chancen bei der 100-Meter-Staffel! Kurz bevor du diesen Gang entlangkamst, erinnerte ich mich daran, wie wir damals auf den Feldern herumgeschrien haben: ›Ich will laufen!‹«

»Ich will fliegen!«

»Jetzt ist es so weit!« Er versetzte Steven noch einmal einen Stoß.

Steven begriff. Er und Jimmy waren im selben Flugzeug, genau an jenem Tag, an dem Jimmy zur Olympiaqualifikation flog. »Es ist ein Wunder!«

Steven und Jimmy blieben weiter im Kontakt. Jimmy qualifizierte sich für die Rollstuhl-Olympiade. Einige Monate später flog Steven zur Olympiade, bei der Jimmy die Goldmedaille gewann. Die Freunde erkannten erneut, welche Kraft dahintersteckt, wenn man einen Traum hat und Gott ihn Wirklichkeit werden lässt.

Endloses Hoffen macht das Herz krank; ein erfüllter Wunsch schenkt neue Lebensfreude.

Sprüche 13,12; Hfa

Woche 30

Bibellese: Psalm 72

Nicht gesucht und doch gefunden

Er wird für die Unterdrückten eintreten und sich zum Anwalt der Armen machen.

Psalm 72,4; Hfa

Angie Wilcox half als Sozialarbeiterin in Manhattan leidenschaftlich gern verwaisten Kindern, eine passende Familie zu finden. Jede Woche lernte sie hier neue Jungen und Mädchen kennen. Es waren lauter Kinder, die sich sehnlichst eine neue Familie wünschten und für die sie Adoptions- oder Pflegeeltern suchte. Angie hatte einen ganz persönlichen Grund für ihr Engagement. Sie war als Baby selbst adoptiert und in eine liebevolle Familie mit sechs Kindern aufgenommen worden. Für sie war eine Adoption das größte Geschenk, das ein Erwachsener einem verlassenen Kind machen kann.

Obwohl es Tage gab, an denen ihr New York City zu hektisch, zu aufreibend war, hatte Angie beschlossen, in dieser Stadt zu bleiben. Die Anmeldeliste war übervoll und die Kinder brauchten sie. Sie wollte so lange in Manhattan wohnen, bis Gott ihr etwas anderes zeigte.

Eines Morgens führte Angies Chefin bereits ein Gespräch mit jemandem im Wartezimmer, als Angie ins Büro trat. Neben den Erwachsenen stand ein reizendes kleines Mädchen mit braunen Augen und dunkelbraunen Locken. Angie ging direkt auf das Mädchen zu und kniete sich behutsam zu ihm nieder. »Hallo!«

Nach einigen Sekunden schaute das Mädchen Angie kurz an und winkte ihr ganz verhalten. Angie liebte es, mit einem Kind Kontakt aufzunehmen, das wahrscheinlich am untersten Punkt seines kurzen Lebens angelangt war – einsam und verlassen, ohne einen Menschen, der für es sorgte.

Sie sprach ein leises Gebet für das Mädchen und erfuhr dann, dass es Karli hieß und fast drei Jahre alt war. Angies Vorgesetzte informierte sie, dass die Eltern des Mädchens bei einem Autounfall in der vergangenen Nacht ums Leben gekommen waren. Karli hatte hinten im Kindersitz gesessen und war deshalb unverletzt geblieben. Angie wurde der Fall übertragen und sie sollte überprüfen, ob es Verwandte gab.

Sie betete erneut und bat Gott, diesem einmaligen Kind Hoffnung zu geben und eine neue Familie zu schenken. Sie ging auf das Kind zu und bückte sich wieder zu ihm herunter. »Karli, komm zu mir, du Süße.«

Das Kind blinzelte vorsichtig und streckte dann die Hand aus. Während Karli auf sie zulief, wurde Angie von den seltsamsten Gedanken bewegt: Was wäre, wenn sie Karli mit zu sich nach Hause nähme und ihr die Mutter würde, die sie dringend brauchte? Ihre Idee verblasste so schnell, wie sie aufgeleuchtet war. Sie hatte sich geschworen, nicht alles und jeden in ihrem Beruf so dicht an sich herankommen zu lassen. Doch dieses Kind hatte Angies Herz im Sturm erobert.

Das Mädchen hatte nur eine einzige lebende Verwandte – eine Tante, die Amy hieß und außerhalb von Denver wohnte. Angie rief die Frau an und erfuhr, dass Amy sechsundzwanzig Jahre alt war. Ihre verstorbene Schwester war acht Jahre älter gewesen als sie. Seit Jahren hatten sie nicht mehr miteinander gesprochen, und Amy hatte bis zu diesem Telefonanruf gar nicht gewusst, dass sie überhaupt eine Nichte hatte.

»Ich bin die einzige Verwandte des Kindes?«, fragte Amy geschockt.

»Ja«, antwortete Angie. »Ich würde Ihnen Karli gern so schnell wie möglich vorstellen.«

»Sie können mich gern jederzeit besuchen, aber ich kann Ihnen nichts versprechen. Es kommt so plötzlich.«

»Natürlich. Ich würde mit Karli gern am Wochenende zu Ihnen kommen, wenn Ihnen das passt.«

Angie spürte eine seltsame Nervosität in sich. Von Karli hatte Amy bisher überhaupt nichts gewusst? Wie konnte sie ihrer Nichte Geborgenheit schenken, wenn Familie ihr nichts bedeutete? Aber Angie schob ihre Bedenken beiseite und blieb so sachlich, wie sie es gelernt hatte. Für ein Kind war es in jedem Fall besser, bei einer gesunden, lebenstüchtigen Verwandten unterzukommen als bei fremden Leuten.

Karli blieb über Nacht bei Angie. Am nächsten Morgen frühstückten die beiden zusammen und fuhren anschließend zum Flughafen. Während sie nebeneinander im Flugzeug saßen, fühlte sich Angie so eng mit dem kleinen Mädchen verbunden, wie sie es normalerweise gar nicht zuließ.

Kurz vor Denver schlief Karli fest ein. Angie nutzte diese Zeit, um zu beten: *Lieber Gott, tu ein Wunder für Karli. Sie ist so mutterseelenallein auf der Welt. Falls diese Amy sie nicht unbedingt will, dann mache mir das heute bitte absolut klar.* Sie unterbrach ihr Gebet und wartete ab. Sie spürte die Gegenwart des Herrn ganz nah. So nah wie ihren nächsten Atemzug. *Ich spüre eine besondere Zuneigung zu diesem Kind. Falls Amy sie nicht haben will, lass mich Teil von Karlis Leben werden. Bitte, lieber Gott.*

Als sie ihr Gebet beendet hatte, lief ihr ein Schauer über den Rücken. So etwas hatte sie noch nie für ein Kind, das sich in ihrer Obhut befand, gebetet. Was es mit Karli auf sich hatte, wusste Angie nicht. Aber es war anders als sonst. Und sie hatte das seltsame Gefühl, dass Gott etwas Ungewöhnliches tun wollte.

Als Angie und Karli bei Amy ankamen, trat diese aus dem Haus heraus und blieb wie angewurzelt auf der Stelle stehen. Angie schaute die Frau an und ihr Herz schlug auf einmal schneller. Die Frau glich ihr wie ihr eigenes Spiegelbild.

»Sind Sie … sind Sie Amy?«

»Ja.« Ihre Stimme klang geschockt. »Sie sehen genauso aus wie ich. Sind Sie adoptiert worden?«

Angie begann zu zittern. »Ja. Als Säugling.«

»Tatsächlich?« Amy schnappte nach Luft. »Ich auch.«

Angie war unsicher, was sie sagen sollte. Sie schaute auf das Kind an ihrer Seite. »Das ist Karli.«

»Okay, lassen Sie uns ins Haus gehen und dort weiterreden.«

In der folgenden Stunde erfuhr Angie die unvorstellbare Wahrheit. Amy und sie waren tatsächlich am selben Tag in derselben Stadt geboren worden. Ihre leibliche Mutter – eine Frau, von der beide nichts Weiteres wussten – musste eineiige Zwillinge geboren und sie an zwei Adoptivfamilien weitergegeben haben. Als sie die Wahrheit aufgedeckt hatten, fielen sich die jungen Frauen lachend und weinend in die Arme.

Schließlich lehnte sich Angie im Sessel zurück und blickte ihre neu entdeckte Schwester an. »Du bist also eine Tante. Hast du darüber mal genauer nachgedacht?«

»Hast du das schon getan?« Amy lachte kurz auf. Es dauerte ein wenig, bis Angie verstanden hatte.

»Wenn du ihre Tante bist«, grinste Angie, »dann bin ja auch ich Karlis Tante! Adoptionsfamilien sind immer für Überraschungen gut. Es sind ›wunderbare‹ Familien.«

»Ja, das stimmt.«

Die jungen Frauen wurden sich schnell einig. Da Angie ihre gleich aussehende Zwillingsschwester gefunden hatte, von deren Existenz sie bislang nichts ahnen konnte, zog sie nach Denver um. Hier kann sie sich an dem Wunder ihres Lebens freuen und so viel Zeit mit Karli verbringen, wie sie will. Wie es Karli geht? Sie fühlt sich wohl bei ihrer heiß geliebten Mami Amy.

Du bist ein großer und mächtiger Gott; dein Name ist »Herr, der Allmächtige«. Du besitzt alle Weisheit und vollbringst große und mächtige Wunder.

Jeremia 32,18–19

Woche 31

Bibellese: Psalm 29

Rettung von der Rückbank

> *Ob dein Weg nach rechts oder links führt, wird eine Stimme hinter dir herrufen und dir ansagen: »Das ist der richtige Weg, den geh!«*
>
> Jesaja 30,21

Lachen war schon immer der Stoff gewesen, der die Freundschaft zwischen Donna West und Vicki Cutter ausmachte. Sie kannten sich schon seit der ersten Klasse, und ihre beiden Mütter hatten oft genug gesagt: »Ihr beiden seid eher Schwestern als Freundinnen.«

Das stimmte. Besonders galt das für den Sommer, den sie mit 15 erlebten. Die Mädchen freuten sich auf das zweite Jahr an ihrer Highschool in Phoenix, die nicht weit von zu Hause weg war. An jedem Tag in den Sommerferien sah man sie als unzertrennliches Paar. Am liebsten hingen sie im Haus von Donnas Tante herum. Tante Kerry war erst 24 und mit einem supercoolen Mann verheiratet. Das Paar wohnte nur eine Querstraße von Donnas Haus entfernt und in ihrem Garten hatten sie einen der schönsten Swimmingpools der ganzen Nachbarschaft.

Außerdem hob sich Kerry ganz klar vom Durchschnitt ab. Sie und ihr Mann glaubten an Gott und redeten davon auch ständig bei ganz alltäglichen Gesprächen.

Eines Tages im Juli, als die Mädchen zu Kerrys Haus spazierten, sagte Donna: »Was Tante Kerry hat, das will ich auch haben. Ich weiß bloß nicht so recht, ob ich es jetzt schon möchte.«

Vicki dachte ein Weilchen darüber nach. »Wovon hat deine Tante letztens noch geredet? Irgendwas mit *Young Life*?«

»Stimmt«, antwortete Donna. »Das ist eine Gruppe, die sich in der Schule trifft. Vielleicht sollten wir mal reinschauen, wenn die Ferien vorbei sind.«

Kerry begrüßte sie an der Haustür. »Hey, ihr! Ich wollte gerade zum Einkaufen. Kommt doch einfach mit. Wenn wir zurück sind, können wir ja noch schwimmen gehen.«

Donna und Vicki schauten sich an und zuckten die Schultern. Mit Tante Kerry wurde jeder Ausflug witzig. Sie hatte jede Menge Humor und kam auch gut mit der Albernheit zurecht, die typisch für Donnas und Vickis Freundschaft war.

Auf dem Weg zum Geschäft erzählte Vicki eine witzige Geschichte vom gestrigen Baseballspiel. »Da sitzen wir also auf der Tribüne, und das Spiel ist schon halb vorbei, als Donna aufsteht, zum Mannschaftsstand rübergeht und durch den Zaun einen von den Typen schubst, weil sie ihn fragen will, ob nicht bald die Halbzeit kommt.«

»Ich dachte, wir hätten sie verpasst.« Donnas Stimme klang halb jammernd, halb kichernd. »Kann ich wissen, dass es im Baseball keine Halbzeit gibt?«

Tante Kerry auf dem Fahrersitz lachte und Donna und Vicki stürzten sich gleich in die nächste Geschichte. Als sie am Einkaufszentrum ankamen, waren sie ganz atemlos, weil sie so gelacht hatten.

Nachdem Kerry einen Parkplatz in der Nähe des Geschäftes gefunden hatte, entschieden sich die Mädchen, im Auto zu bleiben und sich zu unterhalten.

»Bin gleich wieder da«, sagte Donnas Tante.

Kurz nachdem Kerry in das Geschäft gegangen war, leuchteten Donnas Augen auf. »Hey … lass uns Tante Kerry einen Streich spielen, über den sie wirklich lachen wird.«

Keine zehn Minuten später kam Kerry aus dem Geschäft und eilte zum Auto zurück. Fast sofort merkte sie, dass etwas nicht stimmte. Die Mädchen waren nicht mehr im Wagen. Während sie ins Auto einstieg, erinnerte sie sich an Streiche, die ihr die Mädchen gespielt hatten und die meistens wirklich witzig gewesen waren.

Aber das hier war auf keinen Fall mehr witzig. Sie schaute durch das Seitenfenster, ob sie sie irgendwo sehen konnte. »Donna! Vicki!«, rief Kerry laut und wartete ab. »Ich fahre jetzt. Ich finde das nicht witzig.«

Mein Gott, wo stecken sie bloß? Vor Panik schlug Kerrys Herz heftiger. Vielleicht war es gar kein Scherz? Vielleicht war ihnen etwas zugestoßen? Im gleichen Augenblick entschied sie sich, sofort zur Polizei zu fahren und um Hilfe zu bitten. Falls etwas passiert war, konnten die Beamten die Suche schneller aufnehmen. Falls nicht, würden die Mädchen ja bestimmt angelaufen kommen, wenn sie sahen, dass ihr Auto losfuhr.

Kerry steckte den Schlüssel ins Zündschloss, ließ den Motor an und legte den ersten Gang ein. Als sie gerade den Fuß von der Kupplung nehmen und Gas geben wollte, hörte sie vom Rücksitz eine Stimme, klar und deutlich: »Fahr rückwärts!«

Die Stimme war tief und so gebieterisch, wie Kerry es noch nie gehört hatte. »Fahr rückwärts!« Ohne zu zögern setzte sie anderthalb Meter zurück. Dann sah sie die beiden, die sich vor ihr Auto gekauert hatten und kicherten. Kerry wurde ganz schlecht und eine Welle von Schwäche überkam sie. Wäre sie vorwärts aus der Lücke gefahren, dann hätte sie die beiden überfahren und womöglich getötet.

Ohne jedes Bewusstsein der Gefahr, in der sie gesteckt hatten, kamen die Mädchen kichernd zum Auto und stiegen ein. »Ganz schön reingelegt haben wir dich, was?«, meinte Donna.

Ihre Tante drehte sich um und sagte: »Das war kein Spaß, Mädels.« Sie war auf dem ganzen Nachhauseweg schweigsam und entschloss sich, den Mädchen nicht zu erzählen, was beinahe passiert wäre, bis sie in ihre eigene Einfahrt hineinfuhren. Dann erklärte sie, dass sie eigentlich vorwärts aus der Parklücke hatte fahren wollen.

»Aber eine Stimme hat mich aufgehalten. Eine laut hörbare Stimme sagte mir, ich solle rückwärtsfahren.«

»Wow.« Donna hatte ein richtig schlechtes Gewissen. »Eine echte Stimme? Aber wie kann jemand mit dir reden, wenn keiner da ist?«

»Tja … ich würde sagen, das war ein Wunder.« Kerry lehnte sich zurück und erklärte den Mädchen, woran sie glaubte. »Ich habe eine persönliche Beziehung zu Gott, nicht nur so was Religiöses. Würdet ihr gern mehr darüber wissen?«

Beide nickten. Und zum ersten Mal in diesem Sommer war das, was Kerry ihnen erzählte, nicht nur Anlass zum Kichern. Tante Kerry hatte etwas Reales, eine Beziehung zu Gott, und Donna und Vicki begriffen, dass sie das auch haben konnten.

Noch bevor der Tag zu Ende ging, trafen die beiden Mädchen die wichtigste Entscheidung ihres Lebens, als sie mit Kerry beteten. Nicht nur, dass sie Gott für die Stimme dankten, für das Wunder, das ihnen das Leben gerettet hatte, sondern sie baten Gott auch darum, in ihr Leben zu treten, genau wie er es bei Kerry getan hatte.

Heute sollt ihr auf seine Stimme hören. Verschließt eure Herzen nicht gegen ihn.

Hebräer 4,7

Woche 32

Bibellese: 1. Samuel 18,1–4

»Ich brauche einen Freund«

Manche sogenannten Freunde richten sich gegenseitig zugrunde, doch ein wahrer Freund ist treuer als ein Bruder.

Sprüche 18,24

Bonner Davis wusste, dass er nicht mehr lange zu leben hatte. Er litt an fortschreitendem Kehlkopfkrebs. Der Berg seiner Arztrechnungen wurde immer höher. Für eine kostspielige Versuchsbehandlung, die vielleicht sein Leben retten konnte, hatte er kein Geld.

Bonner lebte als Forstwirt im Ruhestand und hatte mit seiner Frau Angela nur eine kleine Rente, dafür aber einen großen Glauben. Von Zeit zu Zeit erzählte er ihr, dass er sich zwar auf den Himmel einstellen, sie aber nicht gern allein zurücklassen wollte.

Angelas Antwort war immer dieselbe: »Gott weiß, was wir brauchen. Irgendwie wird Gott ein Wunder wirken.«

Im nahe gelegenen Spartanburg feierte der Millionär Olsen Matthews seinen sechzigsten Geburtstag. Er lebte allein und hatte sich deshalb entschieden, den Tag über mit seinem Sportflugzeug durch die Lüfte zu fliegen. Nach zwanzig Minuten Höhenflug schwächte sich das Hochgefühl allmählich ab. Was machte das Leben wirklich aus? Er war sehr vermögend, aber er hatte keine Freunde. Was, wenn es Gott tatsächlich gab? Was, wenn er bei seinem Tod noch nicht mit diesem Gott im Reinen war? Diese Gedanken machten ihn nervös, und er wünschte sich wieder einmal einen Freund, der sich etwas mit Gott auskannte.

Plötzlich hörte Olsen einen lauten Knall und der Motor setzte aus. Olsen blieb ruhig. Er drückte auf eine Reihe von Knöpfen, die anweisungsgemäß den Motor erneut starten sollten. Doch nichts passierte. Seine einzige Hoffnung war nun, mit dem Flugzeug ruhig dahinzugleiten, es nach unten zu bringen und notzulanden. Dass das Flugzeug in eine falsche Luftströmung geriet und abstürzte, war dabei allerdings nie ganz auszuschließen.

Gott!, hörte er sich laut sagen. *Wenn es dich wirklich gibt, dann hilf mir! Ich bin aufs Sterben nicht vorbereitet.*

Zwei Minuten lang verlief alles glatt. Doch plötzlich erfasste eine starke Luftströmung einen Flügel des Flugzeugs und die Maschine begann zu trudeln. Olsen hatte noch einige Tausend Meter zu bewältigen, bevor er notlanden konnte. Dann entdeckte er einen See. *Das ist meine einzige Chance.*

Wasser, Gott! Lotse mich zu dem Wasser!

Jetzt kam die Erde in Windeseile näher. Plötzlich drehte die Maschine nach links und klatschte auf den See. Eiskaltes Wasser flutete in seine Kabine.

Dann wurde es stockdunkel um Olsen.

Bonner beobachtete, wie das Flugzeug im freien Fall in den See am Ende seines Grundstücks stürzte. »Angela, schnell! Wähl die Notrufnummer! Ein Flugzeug ist in den See gestürzt!«

Angelas Mann war durch seine jahrelange körperliche Arbeit an der frischen Luft immer gut in Form gewesen. Allerdings hatte die Krebsbehandlung ihren Tribut gefordert. Während er zum See eilte, rang er nach Luft.

Die Situation war schlimm. Ein Flugzeugflügel ragte aus dem Wasser. Allerdings steckte das Flugzeug dort fest, wo das Wasser tiefer als drei Meter war, und lag etwa siebzig Meter vom Ufer entfernt im See.

Bonner war noch nicht wieder zu Atem gekommen. Wer auch immer in diesem Flugzeug steckte, er würde ganz sicher ertrinken.

Bevor Bonner ins Wasser sprang, stieß er ein leises Gebet aus und schwamm dann so schnell er konnte. Nach fünf Minuten erreichte er den Flügel des Flugzeugs. Obwohl seine Lungen wie Feuer brannten, holte er tief Luft und tauchte in die Tiefe. Er versuchte zweimal, die Tür des Flugzeugrumpfes zu öffnen. Beim dritten Mal öffnete sie sich endlich.

Da Bonner keine Luftreserven mehr hatte, schwamm er an die Oberfläche. Ihm war speiübel vor Anstrengung. Noch einmal holte er tief Luft und tauchte erneut ab. Diesmal fand er den Piloten und tastete sich so lange vor, bis er sicher war, dass der Pilot allein gewesen war. Mit dem Gefühl, seine Kräfte könnten ihn jeden Moment verlassen, zerrte Bonner den bewusstlosen Mann an die Wasseroberfläche. Angelas Mann hatte keine Kraft mehr und der Pilot atmete nicht mehr.

Hilf mir, Gott. Bonner hauchte diese Worte immer und immer wieder, während er mit dem Mann zum Ufer schwamm. Mit Kräften, die nicht seine eigenen waren, zog er den Piloten ans Ufer. Obwohl er völlig erschöpft war, versuchte er drei Minuten lang, den Mann wiederzubeleben. Dann traf der Rettungsdienst ein und übernahm den Fall. Bonner versuchte aufzustehen, brach dann aber zusammen.

Angela sah, wie ihr Mann zu Boden sank. Sie winkte einen Arzt der Rettungsmannschaft herbei und klärte ihn über Bonners Erkrankung auf. »Helfen Sie ihm! Bitte!«

Der Unfallarzt beeilte sich und verabreichte Bonner rasch ein Medikament. Dann wurde er ins Krankenhaus transportiert. Nach vier Stunden war er in der Lage, wieder nach Hause zu fahren. Bevor er das Krankenhaus verließ, erfuhr er, dass die Wiederbelebungsmaßnamen dem Piloten das Leben gerettet hatten.

Am nächsten Tag bekamen Bonner und Angela Besuch.

»Ich heiße Olsen Matthews. Sie haben mir das Leben gerettet!« Der Mann schüttelte Bonner die Hand. »Die Leute vom Rettungsdienst haben mir erzählt, dass Sie laut gebetet und Gott öffentlich gedankt haben.«

»Ja, meine Frau und ich haben für Sie gebetet.«

Olsens Augen füllten sich mit Tränen. »Ich danke Ihnen dafür.« Er schritt auf Bonners Haustür zu. »Darf ich reinkommen?«

Die Männer sprachen fast eine Stunde miteinander. Olsen erklärte, dass er von den Ärzten im Krankenhaus von Bonners Krankheit erfahren habe. »Ich habe Ihnen einen Scheck ausgestellt. Vielleicht reicht er ja für die medizinische Hilfe, die Sie noch benötigen.«

Anschließend stellte Olsen seinem Retter einige Fragen über Gott. Bonner und Angela sprachen daraufhin über ihren Glauben. Am Ende des Gesprächs beteten Olsen und Bonner miteinander.

»Bonner, wollen Sie mein Freund werden? Ein Freund, den ich hin und wieder besuchen darf? Ein Freund, der mir von Gott erzählt?«

Bonners Mund verzog sich zu einem Lächeln. »Natürlich! Jederzeit.«

»Vielen Dank!« Olsen erhob sich. »Ich habe Gott um einen Freund gebeten, kurz bevor ich abstürzte. Und schon hat er mich erhört … und Sie wird er auch erhören.«

Als Olsen gegangen war, fiel Bonner der Scheck wieder ein. Er war sprachlos. Der Scheck war auf eine Million Dollar ausgestellt! Als Verwendungszweck stand nur: »Zur Genesung«.

Angelas Mann verwendete das Geld für die kostspielige Versuchsbehandlung. Als er und Olsen drei Jahre später wieder einmal wie so häufig zusammensaßen, waren sie sich einig, dass Gott nicht nur ein Wunder bei Olsens Rettung und Bonners Krankheit gewirkt hatte. Sie waren außerdem von Gott mit dem Wunder einer herzlichen Freundschaft beschenkt worden.

Auf einen Freund kann man sich immer verlassen, und ein Bruder ist dazu da, dass man einen Helfer in der Not hat.

Sprüche 17,17

Woche 33

Bibellese: 2. Mose 2,1–10

Ein Wunder im Doppelpack

Kinder sind ein Geschenk des Herrn, mit ihnen belohnt er die Seinen.

Psalm 127,3; GN

Bob und Sarah Williams waren sich bei ihrer Hochzeit einig: Kinder kamen für sie nicht infrage. Seitdem sie an der Universität von *Illinois* Stars in Leichtathletik gewesen waren, lebten sie vor allem für den Sport. Sie zogen an die Pazifikküste im Nordwesten von Amerika und arbeiteten beide bei der Firma *Nike*. In ihrer Freizeit joggten sie, spielten Tennis oder waren im Fitnessstudio. Eines Tages kam Sarah ganz aufgelöst von ihrem Frauenarzt nach Hause. Sie war völlig fassungslos, weil sie trotz sorgfältiger Verhütungsmethoden schwanger geworden war.

Sarahs Mutter, eine Christin, besuchte sie häufig und betete für sie. »Gott hat mit euch und eurem Kind einen Plan. Sonst wärst du nicht schwanger geworden. Denk nicht daran, was ihr durch eine Schwangerschaft verlieren könntet. Denk daran, was ihr gewinnt.«

Sarah hatte bisher nicht oft gebetet, doch im Hinblick auf die nahe Zukunft, die ihr und Bob eine wohlüberlegte Entscheidung in Bezug auf das Kind abverlangte, wusste sie nicht, an wen sie sich sonst wenden sollte. *Gott, wenn es dich gibt, was sollen wir tun?*

Selbst Bob begann zu beten. *Dass Sarah schwanger geworden ist, ist ein Wunder. Darum, Gott, mach uns klar, ob wir dieses Kind behalten sollen.*

Während Sarah im Bett lag und über ihre Möglichkeiten nachgrübelte, fühlte sie leichte Bewegungen in ihrem Unterleib. Stießen da Schmetterlingsflügel an ihre Bauchdecke? Das war ihr Kind!

»Wach auf, Bob! Du wirst es nicht glauben!«

Bob öffnete die Augen und blinzelte zu seinem Wecker hinüber. »Es ist mitten in der Nacht. Hat es nicht Zeit, bis der Wecker klingelt?«

»Nein. Ich habe das Baby gespürt, Bob. Ich habe es richtig gespürt!«

»Du meinst … du spürst, dass es sich bewegt?«

»Ja! Es fühlt sich an wie der Flügelschlag von Schmetterlingen in meinem Bauch.«

Sarahs Begeisterung war ansteckend, und als sie im sechsten Monat schwanger war, freuten sie und Bob sich darauf, Eltern zu werden. Gemeinsam gingen Bob und Sarah zum Frauenarzt und erfuhren die größte Überraschung ihres Lebens: Sarah trug Zwillingsjungen in ihrem Bauch.

In den folgenden Tagen schwankten Bob und Sarah zwischen Vorfreude und Fassungslosigkeit. Was würde das für ein aufregendes Leben werden mit Zwillingen! Sie nutzten das kommende Wochenende zum Einkaufen, um das Gästezimmer zu einem Kinderzimmer umgestalten zu können, das sie ganz im Sinne ihrer Sportbegeisterung dekorierten und mit den dazu passenden Bettchen ausstatteten.

Am Sonntagabend dieses Wochenendes wurde Sarah plötzlich von heftigen Schmerzen im Unterleib überrascht. Gegen elf Uhr nachts war sie am Ende ihrer Kräfte. Jetzt hatten auch noch Blutungen eingesetzt. Die Ärzte bestätigten Sarahs Befürchtungen. Die Plazenta war gerissen und darum blutete sie stark. Die Babys befanden sich in Lebensgefahr und Sarah musste sofort operiert werden.

Während sie versuchte, dem Arzt zuzuhören, spürte sie, dass sie ohnmächtig wurde. Als Sarah nach fast zwei Tagen wieder aufwachte, brauchte sie nicht zu fragen, was geschehen war. Ihr Bauch war nicht mehr so dick wie zuvor. Und Bob weinte. Die Babys hatten nicht überlebt.

Der Trauerprozess übertraf alles, was Sarah sich bis dahin hatte vorstellen können. Niemals würde sie ihre Söhne zu Gesicht bekommen. Niemals würde sie ihre Kinder im Arm halten dürfen.

Am schlimmsten war, dass ihre Sportsfreunde gelegentlich gutmütig meinten, dass Bob und Sarah im Grunde doch nicht zum Kinderkriegen geschaffen seien.

Im Laufe der nächsten Monate erfuhr Sarah, dass ihre Gebärmutter so geschädigt worden war, dass sie keine weiteren Kinder bekommen durfte. Aber Bob und Sarah konnten sich nicht mehr vorstellen, ein Leben ohne Kinder zu führen. Deshalb setzten sie sich ein Jahr nach dem Tod der Babys mit der Möglichkeit einer Adoption auseinander. Es brauchte Monate, bis ihre häuslichen Verhältnisse überprüft worden waren und eine Sozialarbeiterin das Gespräch mit ihnen aufgenommen hatte. Sie besuchten Abendkurse über Kinder aus Risikofamilien und über elterliche Bindungen. Aber auch neun Monate später war immer noch kein Kind in Sicht.

Nach dem Tod ihrer Kinder hatten Bob und Sarah nicht mehr gebetet, weil sie sich nicht mehr sicher gewesen waren, ob auf einen Gott, der ihre Babys hatte sterben lassen, Verlass sei. Aber sie begannen wieder zu beten, nachdem ihnen Sarahs Mutter erklärt hatte: »Gott macht keine Fehler. Er hat gesagt, dass wir in dieser Welt mit Schwierigkeiten rechnen müssen. Und das stimmt. Aber er bittet uns trotzdem, anhaltend zu beten.«

Eines Tages wurden sie tatsächlich von ihrer Sozialarbeiterin angerufen. »Ich habe einen kleinen Jungen für Sie.«

Sarahs Herz machte einen Freudensprung. Gott schenkte ihnen einen Sohn. Ein Kind, das den Platz, den die Zwillinge in ihren Herzen geschaffen hatten, ausfüllen würde. »Wie alt ist er?«

»Er ist genau genommen noch gar nicht geboren. Aber wenn Sie in der nächsten Stunde ins Krankenhaus kommen können, werden Sie wahrscheinlich gerade rechtzeitig zur Geburt da sein.«

Die Sozialarbeiterin erklärte ihnen, dass die Mutter bis vor einer Woche noch auf der Straße gelebt habe. Bei einem Telefonat des Mädchens mit der Sozialarbeiterin hatte ihr diese versprochen, dass sie eine liebevolle Familie finden werde, die ihr Baby adoptieren werde.

Bob und Sarah griffen nach einer Decke und der Babyschale fürs Auto. Beides hatte schon zu der Ausstattung ihrer verstorbenen Zwillinge gehört. Schnell eilten sie damit zum Krankenhaus und bereits nach einer Stunde erschien ein Arzt im Wartezimmer.

»Die Geburt ist sehr gut verlaufen. Mutter und Kinder sind wohlauf.«

Bob wandte sich an den Arzt. »Sie sprachen von *Kindern*? Dann sind wir sicher leider das falsche Paar.«

»Aber Sie sind doch Bob und Sarah Willams, oder?«

»Ja, das ist richtig, aber …«

»Die Mutter wusste nicht, dass sie Zwillinge erwartete.«

In diesem Augenblick trat die Sozialarbeiterin ins Wartezimmer. In ihren Augen standen Tränen. »Sie sind offensichtlich nicht dazu bestimmt, nur ein einziges Kind großzuziehen. Es sind zwei Jungen. Wenn Sie beide nehmen wollen, gehören sie Ihnen.«

Sarahs Knie zitterten, und sie griff nach Bobs Arm, um nicht umzukippen. Zwei neugeborene Jungen, die ein Zuhause brauchten? Das Kinderzimmer sah noch genauso aus, wie sie es damals eingerichtet hatten – mit zwei Bettchen und zwei Wickelkommoden. Alles stand bereit für zwei frisch geborene Jungen.

Bob legte seinen Arm um Sarah. »Es ist ein Wunder, für das wir gebetet haben.«

Und so war es auch. Die beiden waren davon überzeugt, dass die lange Verzögerung in ihrem Adoptionsverfahren ein Teil von Gottes Plan gewesen war. Denn nur er konnte bei diesen wunderbaren Zwillingssöhnen seine Hand im Spiel gehabt haben, damit sie die Leere füllen konnten, die ihre verstorbenen Zwillinge bei Bob und Sarah hinterlassen hatten.

Kein Auge hat je gesehen, kein Ohr je gehört und kein Verstand je erdacht, was Gott für diejenigen bereithält, die ihn lieben.

1. Korinther 2,9

Woche 34

Bibellese: 1. Mose 16,7–14

Ein Engel im Kleintransporter

Petrus dachte noch immer über die Vision nach, als der Heilige Geist zu ihm sprach: »Es sind drei Männer zu dir gekommen. Geh hinunter und reise mit ihnen. Du brauchst keine Bedenken zu haben, denn ich habe sie gesandt.«

Apostelgeschichte 10,19–20; Hfa

Die beiden Ärzte waren seit zwanzig Jahren Partner und Freunde zugleich. William Sutter und Harry Bateman waren so »seelenverwandt«, dass sie oft scherzhaft sagten: »Selbst unsere Frauen können uns kaum auseinanderhalten!«

Die beiden Männer fanden Bauland in einem abgelegenen Canyon außerhalb von Cottonwood, Arizona, bauten dort nahe gelegene Häuser und zogen mit ihren Familien hinaus in die Wüste. Die Fahrt dorthin war weit und kurvenreich, aber die Freunde fanden diesen Aufwand die Mühe wert.

Eines Abends im August sahen sich Harry und seine Frau einen Kinofilm in Sedona an. Plötzlich überfiel Harry ein seltsamer Gedanke: »Will ist in Gefahr.« Er war sich vollkommen sicher. Etwa zur gleichen Zeit donnerte es über dem Kino. Harry fuhr in seinem Sessel erschrocken zusammen.

»Warum bist du so schreckhaft?«, fragte seine Frau ihn flüsternd.

»Will ist in Schwierigkeiten. Ich habe es im Gefühl. Komm, lass uns gehen.«

Etwa dreißig Kilometer entfernt befand sich Will Sutter auf dem Heimweg. Als er auf die Canyon-Straße abbog, die zu seinem Haus führte, brach ein Monsunregen los, wie Will ihn bislang noch nicht erlebt hatte. Entlang des Canyons warnten Schilder vor Überschwemmungen und Erdrutschen, aber in den vergangenen zehn Jahren war so etwas noch nie passiert. Doch jetzt schüttete es wie aus Kübeln, und es sah so aus, als ob die Erde an den Abhängen stellenweise abgerutscht war.

Plötzlich kam ein Kleintransporter aus der Gegenrichtung. Beim Heranfahren blendete der Fahrer auf und hupte. Will hielt an und ließ die Scheibe herunter, sodass er den Fahrer erkennen konnte. Es war ein weißhaariger Mann mit hellen Augen, die fast glühten.

»Da können Sie nicht durch«, rief der Mann ihm zu. »Die halbe Straße ist weggerissen.«

Will sank das Herz in die Hose. Er musste da durch und nach Hause kommen. Außerdem konnte die Straße ja gar nicht so schlimm sein.

»Danke schön!«, schrie er. »Ich werde es trotzdem versuchen.«

Der Mann sah ihn sehr streng an. Will schaute zur Seite und trat aufs Gaspedal. *Komischer Kerl. Was tut der überhaupt hier draußen? Ich habe ihn noch nie gesehen.*

Will wurde vor jeder Kurve langsamer. Plötzlich, ohne Vorwarnung, schlug ein Wasserschwall, vermischt mit Matsch, krachend gegen seinen Suburban und drückte ihn an den Abgrund des Canyons. Von dort aus ging es steil etwa dreihundert Meter abwärts, und Will konnte nichts tun, um sein Fahrzeug anzuhalten.

Gott! Hilf mir! Will schrie diese Worte laut hinaus. Es blieben ihm nur wenige Sekunden, bevor er in den Canyon rutschen würde.

Und plötzlich blieb sein Suburban stehen.

Der Arzt schaute aus seinem Seitenfenster und sah, dass das Wasser immer noch gegen sein Auto strömte, nur nicht mehr so stark wie zuvor. Alle paar Sekunden konnte er fühlen, wie seine Vorderreifen ein wenig mehr an den Abgrund rutschten. Aber noch konnte sich sein Fahrzeug auf der Straße halten. Als der Wasserstrom nachgelassen hatte, versuchte Will, die Tür zu öffnen. Aber seine Bewegung trug nur dazu bei, dass sein Suburban ein paar Zentimeter weiter an den Abgrund rutschte. *Okay, Gott. Tu ein Wunder, Herr, bitte. Bring mich hier heraus!*

Harry und seine Frau waren gerade aus dem Kino gekommen und in ihren Explorer gestiegen, als ein Kleintransporter neben ihrer Fahrertür anhielt. Harry zitterte inzwischen, so große Sorgen machte er sich um Will. Er kurbelte seine Scheibe herunter und schaute den Mann an. Sein Haar war strahlend weiß und seine Augen hatten einen hellen, übernatürlichen Glanz. »Kann ich Ihnen helfen?«

»Haben Sie eine Winde?«, fragte der Mann. »Dort hinten steckt einer auf dem Old Canyon Highway im Matsch. Er braucht eine Winde.«

Der Old Canyon Highway war doch ihre Straße! »Ich muss genau dorthin. Ich werde sehen, was ich machen kann.«

Auf dem ganzen Weg wurde das Gefühl, dass Will in Gefahr war, in Harry immer stärker. »Findest du das alles nicht ein bisschen verrückt?«, fragte Harrys Frau. »Will ist doch heute Abend zu Hause.«

»Das interessiert mich nicht. Solch ein Gefühl habe ich noch nie gehabt. Er ist in Schwierigkeiten, und Gott will, dass ich ihm helfe.«

Sie fuhren weiter an Straßenabschnitten vorbei, die ganz mit Schlamm bedeckt waren. Inzwischen hatte der Regen nachgelassen, aber Schäden hatte er überall angerichtet. »Blitzfluten«, sagte er zu seiner Frau. »Das muss hier sein, wovon der Typ gesprochen hat.«

Noch eine Kurve weiter und Harry stockte der Atem. Dort stand Wills Auto und die Frontscheinwerfer blinkten. Der Wagen war seitlich von der Straße an den Abgrund des Canyons gerutscht. Eine Mauer aus Schlamm drückte weiterhin gegen die Fahrertür. Doch an der Beifahrerseite befand sich ein Baumstumpf, der den Suburban daran hinderte, endgültig in den Abgrund zu rutschen.

Harry hielt an. »Will! Bist du da drin?«

»Ja!« Wills Stimme klang erregt. »Bleib stehen! Ich habe keinen Halt. Eine falsche Bewegung und ...«

In diesem Moment rutschte Wills Auto wieder ein paar Zentimeter weiter.

»Ich habe eine Winde dabei. Halt durch!« Als Harry diese Worte sagte, überlegte er, wie der Mann in dem Kleintransporter von der Stelle, wo Will feststeckte, zum Kino-Parkplatz gekommen war, um jemanden mit einer Winde zu suchen. Er hatte keine Zeit, die Lage zu analysieren. Handys hatten auf diesem Straßenabschnitt keinen Empfang. Darum musste Harry in dieser Situation selbst handeln.

So schnell er konnte, holte er die Winde heraus und befestigte den Suburban an sechs Stellen an einem nahe stehenden Baum. Gerade, als er das letzte Seil befestigte, glitt der Suburban am Baumstumpf vorbei bis an die äußerste Kante des Canyons. Aber Harrys Seile hielten und das Fahrzeug blieb wenige Zentimeter vor dem Abgrund stehen.

»Preist den Herrn!«, rief Will, während er aus dem Suburban kletterte und sich an den Seilen bis an Harrys Wagen heranzog.

Dort verglichen die Männer ihre Erfahrungen und stellten etwas Merkwürdiges fest. Beide waren sie dem Mann mit weißem Haar und glühenden Augen im Kleintransporter begegnet.

»Glaubst du, dass es vielleicht …«, sagte Harrys Frau. »Könnte es ein Engel gewesen sein?«

Lange sprach niemand ein Wort. Das war auch nicht nötig. Wirklich nicht. Gott hatte durch sein Wunder bereits genug zu jedem von ihnen gesagt.

Deshalb fürchten wir uns nicht, auch wenn die Erde bebt und die Berge ins Meer stürzen, wenn die Ozeane wüten und schäumen und durch ihre Wucht die Berge erzittern!

Psalm 46,3–4

Woche 35

Bibellese: 1. Mose 19,12–29

Das war knapp!

Ich lasse dich entkommen, damit du nicht getötet wirst. Du sollst am Leben bleiben, weil du mir vertraut hast. Darauf gebe ich, der Herr, mein Wort!

Jeremia 39,18; Hfa

Während Taylor Evans auf einen neun Meter hohen Laternenmast mit einer defekten Lampe kletterte, beschäftigten ihn zwei Gedanken: Seit sechs Monaten hatte er nichts mehr von seinem besten Freund Aaron gehört. Und er konnte jetzt auch keine Nachricht mehr erwarten.

Er sah zu den dunklen Wolken über sich auf und betete im Stillen ein häufiges Gebet: *Lieber Gott, bring mich hier wieder heil runter.*

Bei jedem Schritt, den er hinaufstieg, sah er Aaron vor sich. Sie hatten sich während der Highschool-Zeit noch besser verstanden als Brüder und gemeinsam Football und Basketball gespielt. Während dieser Zeit hätte Aaron leicht ein Stipendium gewinnen können.

Das erste Semester lief besser als gedacht. Doch dann bekam Aaron einen heftigen Schlag direkt aufs Knie und stürzte zu Boden. Sein Knie war zertrümmert. Etliche Operationen und eine lange Reha-Zeit folgten, doch seine Footballkarriere war ein für alle Mal vorbei.

Das war der Anfang vom Ende, dachte Taylor, während er weiter den Laternenmast hinaufkletterte. Jahrelang hatte er für Aaron gebetet, ihn von Partys, wo er sich sinnlos betrank, heimgeschleppt, ihn wegen seiner Depressionen zu Psychologen begleitet. Unermüdlich hatte Taylor ihm von Gott erzählt.

Aber Aaron wollte keine Hilfe. Stattdessen zog er sich jedes Jahr mehr von Taylor zurück. Im letzten Frühjahr hatte Aaron dann gesagt: »Lass mich in Ruhe, Taylor. Unsere Freundschaft ist vorbei.« Es schien, als hätte sich sein bester Freund endgültig von ihm verabschiedet.

Aaron Grant trat aus der Kirche ins Freie. Er hatte erkannt, dass er um ein Haar seine Seele an den Football verkauft hätte.

Vor zwei Monaten, als Aaron wieder einmal in einer Bar herumgehangen hatte, war sein früherer Coach zu ihm getreten und hatte gefragt, wie es ihm gehe. Aaron war zu betrunken gewesen, um eine vernünftige Antwort zu geben. Der Mann, der mit ihm geträumt und an ihn geglaubt hatte, ging achselzuckend und angewidert davon.

Bei Aaron schlug es wie ein Blitz ein. Am nächsten Tag war er am Boden zerstört. Es tat ihm von Herzen leid, wie er seinen besten Freund behandelt hatte. War Taylor nicht immer für ihn da gewesen? Hatte Taylor ihn nicht zu seinen Rehabilitationsmaßnahmen gezwungen und mit ihm trainiert?

Aaron traf eine Entscheidung: Er wollte sich ändern. Zunächst wollte er seine Vergangenheit bereinigen, herausfinden, was es mit diesem Gott auf sich hatte, von dem Taylor so oft sprach. Und vor allem wollte er vom Alkohol frei werden. In einigen Monaten würde er dann Taylor anrufen und ihm sagen, dass er der beste Freund der Welt sei.

Die nächsten zwei Monate vergingen wie im Flug. Aaron suchte Beratungsstellen auf, um seine Depression zu überwinden und vom Alkohol frei zu werden. Auch eine Arbeit in einem Supermarkt nahm er an. Abends besuchte er wieder das College und dreimal in der Woche ging er zu Gottesdiensten und Bibelstunden.

Es war an einem Nachmittag, als sich dicke Wolken zusammenzogen, an dem Aaron den Eindruck hatte, dass jetzt der richtige Zeitpunkt war. Er fuhr durch die Stadt, und es waren nur noch zehn

Minuten, bis er Taylor anrufen und alles wieder in Ordnung bringen würde. Aaron konnte es kaum erwarten.

Taylor war inzwischen an der Spitze des Laternenmastes angelangt. Er wusste, was von ihm gefordert war: Bei Gewitter verlasse sofort den Mast! Doch ihm war auch klar, dass ihm noch mindestens zehn, wenn nicht fünfzehn Minuten blieben. Er war nicht leichtsinnig.

Er öffnete die Glashaube der Straßenlaterne und sah die durchgebrannten Drähte. Taylor machte sich gleich an die Arbeit und behielt dabei immer den Sturm im Blick. *Noch drei Minuten, lieber Gott.*

In dem Augenblick klingelte sein Handy. Sein Telefon hatte einen Klingelton für allgemeine Anrufe und einen mit kurzen, abgehackten Tönen für Notfälle. Dieses Mal waren es die kurzen, abgehackten Ruftöne. Taylor dachte daran, den Anruf zu ignorieren, aber es könnte jemand einen Stromschlag erlitten haben oder sonst wie verletzt worden sein. Er zog sein Telefon aus der Tasche und brummte ein kurzes »Hallo?«

Am anderen Ende ertönten ein paar unverständliche Worte. Wie das nervte! Das passierte hin und wieder, wenn die Versorgungsleitung den Telefonempfänger störte.

Er begann den mühsamen Abstieg vom Mast. Auf dem Boden angekommen, stieg er ins Auto, um zu telefonieren. Genau in diesem Augenblick sträubten sich Taylors Nackenhaare. Noch bevor er richtig hinschauen konnte, fuhr ein Blitz in den Laternenmast, genau an der Stelle, an der er noch vor einer Minute gearbeitet hatte!

Sekundenlang starrte Taylor nur auf die rauchende Spitze des Mastes. Er wäre sofort tot gewesen. Als der Schock allmählich nachließ, schloss Taylor die Augen. *Gott, du hast mich vom sicheren Tod errettet. Danke, Herr … und danke für den, der mich angerufen hat …*

Er hatte ja noch gar nicht auf den Anruf reagiert! Schnell ermittelte er den letzten Anrufer, drückte auf den Rückruf-Knopf und wartete ab.

Beim dritten Klingeln meldete sich Aaron Grant. »Hallo?«

»Aaron?« In Taylors Kopf drehte sich alles.

»Taylor, du wirst es nicht glauben. Ich habe mich verändert. Ich musste dich anrufen und es dir sagen.«

Taylor schüttelte leicht den Kopf und versuchte, auf diese Weise seine wirren Gedanken zu ordnen. Irgendetwas schien hier nicht zu stimmen. »Hast du nicht soeben meine Notrufnummer gewählt?«

»Nein, deine normale Handynummer.«

»Das ist nicht möglich.« Plötzlich setzte sich das Puzzle zusammen. Der Anruf war als Notruf durchgedrungen. Es war ein von Gott gewirktes Wunder. Wie erstaunlich, dass Gott ausgerechnet Aaron auf seine Weise für ihn eingesetzt hatte! »Weißt du was, Aaron? Ich glaube, du hast mir das Leben gerettet.«

»Nein, nein. Nun übertreib mal nicht. Ich rufe dich an, um dir zu danken, dass du *mir* das Leben gerettet hast. Ich hoffe, du kannst mir vergeben.«

»Weißt du was?« Taylor steckte seinen Schlüssel in die Zündung. »Komm, wir treffen uns jetzt sofort zum Essen. Du wirst es nicht glauben, was gerade passiert ist.«

Weißt du, wie er die Wolken lenkt und wie er seine Blitze zucken lässt?

Hiob 37,15; Hfa

Woche 36

Bibellese: 2. Könige 5,1–14

Ein Kind wird sie leiten

Dann werden der Wolf und das Lamm einträchtig zusammenleben; der Leopard und die Ziege werden beieinander lagern. Kalb, Löwe und Mastvieh werden Freunde und ein kleiner Junge wird sie hüten.

Jesaja 11,6

Kathy Hester freute sich auf den Campingausflug in die Berge, aber der viele Stress bei der Arbeit hatte dafür gesorgt, dass sie am Morgen des Ausflugs fix und fertig war. Zu ihrem Mann sagte sie: »Ich muss mich ständig daran erinnern, dass es eigentlich Spaß machen soll.«

Jason nickte. »Manchmal liegt es ganz bei uns, was wir aus einer Situation machen.«

Wenig später hörte Kathy, wie er Lieder schmetterte und die Kinder fröhlich zum Packen antrieb. *Warum ist er nur so fröhlich?*, überlegte sie.

Eine Stunde später waren sie dann unterwegs, und Jason versuchte, Kathys Stimmung etwas anzuheben. »Sieht ja ganz so aus, als bekämen wir super Wetter.«

Kathy spürte, wie ihr Tränen in die Augen schossen. »In meinem Inneren sind nur Gewitterwolken. Am liebsten würde ich Gott darum bitten, mir zu helfen, dass ich wieder die Sonne sehen kann.«

»Na, dann tu's doch«, sagte Jason lächelnd.

»Das geht doch nicht.« Kathy starrte aus dem Fenster. »Es interessiert ihn bestimmt nicht, dass ich gerade einen Ausflug mache.«

Vier Stunden später bogen sie auf den Campingplatz hoch oben in den White Mountains in Arizona ein. Die Kinder und Jason plauderten munter miteinander, obwohl am Himmel dicke Wolken aufzogen. Es war fünf Uhr nachmittags, als sie ihre Zelte aufgeschlagen und sich darin eingerichtet hatten.

»Sollen wir noch ein bisschen angeln gehen?«, schlug Jason vor. Die Kinder stimmten jubelnd zu.

»Klar.« Kathy rang sich ein Lächeln ab.

Es wurde ein schöner Abend. Sie lachten und redeten viel miteinander. Als sie dann jedoch zu ihrem Lager zurückkehren wollten, war der Himmel bedrohlich finster. Eine Stunde später zuckten Blitze drohend am Himmel, Donnerschläge krachten und über ihrem Zeltplatz schüttete es wie aus Kübeln.

»Jason«, flüsterte Kathy. »Ich glaube, wir müssen irgendwo Schutz suchen.«

Ihr Mann drehte sich auf seinem Feldbett um. »Liebling, das Zelt ist wasserdicht. Es ist alles in Ordnung.«

»Man soll sich bei Gewitter nicht in der Nähe von Bäumen aufhalten.«

»Kathy, hier in den Bergen gibt es im Sommer fast jede Nacht Gewitter. Wieso versuchst du nicht einfach zu schlafen?«

Sie verdrehte resigniert die Augen. In diesem Augenblick steckte die fünfjährige Megan ihren Kopf aus dem Schlafsack.

»Mama, wenn du Angst hast, warum betest du dann nicht?«

Kathy streckte den Arm aus und streichelte Megan über das blonde Haar. »Ja, mein Schatz, das ist wirklich eine gute Idee.« In Wirklichkeit war sie der Meinung, dass diese Situation nur eine kleine Unannehmlichkeit war, mit der man Gott lieber nicht belästigte.

Als sie am nächsten Morgen aufwachten, regnete es zwar nicht mehr, aber der Himmel war grau verhangen und fast so düster wie Kathys Laune. Sie fingen an, auf dem nassen Campingtisch das Frühstück zuzubereiten. Nach dem Frühstück machten sich die Hesters auf den Weg zu dem nahe gelegenen Fluss. Während sie angelten, begann es erneut zu gewittern, und es regnete noch stärker als zuvor.

Auf dem Weg zurück informierte sie ein Förster über die Wetteraussichten: »Es wird noch den ganzen Tag regnen.«

»Echt ein schöner Urlaub«, murmelte Kathy.

Es regnete drei weitere Stunden, in denen sie im Zelt blieben, Karten spielten und versuchten, sich irgendwie warm zu halten. Schließlich streckte Jason seine Hand zum Zelt hinaus. »Der Regen hat ein bisschen nachgelassen. Wir könnten doch jetzt versuchen, ein kleines Feuerchen zu machen, damit wir wieder trocken werden.«

Kathy und Jason mühten sich ab, das nasse Holz mit Zeitungspapier anzuzünden. Aber nach einer Stunde hatte das Paar nicht mehr dabei herausbekommen als unheimlich viel Qualm und noch mehr Frust. Sie spannten sogar einen Regenschirm auf und hielten ihn über das Holz. Schon bald war eine weitere Stunde mit vergeblichen Versuchen vergangen.

Während dieser Zeit waren Megan und auch der siebenjährige Luke aus dem Zelt geschlüpft und sahen ihnen zu.

»Wenn wir das Feuer nicht anbekommen, können wir das Abendessen vergessen«, sagte Kathy.

Luke und Megan sahen einander an, und dann machte Luke seiner Schwester ein Zeichen, dass sie ihm folgen solle.

»Wohin wollt ihr denn?«, fragte ihre Mutter.

»Wir haben was zu erledigen«, antwortete Luke. »Wir sind gleich wieder da.«

Kathy nickte. »In Ordnung, aber lauft nicht zu weit weg.«

»Machen wir nicht.« Megan lächelte. Fünf Minuten später kamen sie zurück und setzten sich in die Nähe des Feuerplatzes. Sie grinsten sich an und schauten nach oben.

Ungefähr zu diesem Zeitpunkt hörte es auf zu regnen. Kurz darauf knisterte ein Feuerchen, und die Hesters scharten sich darum herum, um sich zu wärmen. Plötzlich erinnerte sich Kathy an das kurze Verschwinden der Kinder.

»Megan, warum sind Luke und du eigentlich vorhin in den Wald gegangen?«

Das Mädchen lächelte sie strahlend an. »Na ja, wir wollten schließlich nicht verhungern. Also hat Luke vorgeschlagen, dafür zu beten, dass der Regen aufhört.«

Kathy wurde es ganz flau im Magen. Wieder war es passiert. Zwei Erwachsene, beide fest im Glauben an Gott und an die Macht des Gebets, hatten alles getan, außer zu beten – der einen Sache, die ihre Kinder dann getan hatten.

»Er hat uns gehört, Mama«, sagte Megan mit großer Bestimmtheit. »Du und Papa, ihr sagt immer, dass man, wenn man ein Problem hat, es zu Gott bringen soll. Stimmt doch, oder?«

Jasons Frau dachte daran, wie bedrückt sie gewesen war und dass sie geglaubt hatte, ihre Probleme wären für Gott unwesentlich. »Das stimmt, Megan. Danke, dass du mich daran erinnert hast.«

Obwohl der Himmel grau war, regnete es erst abends gegen neun wieder. Danach regnete es erneut die ganze Nacht hindurch und hörte am nächsten Morgen gerade so lange auf, dass die Familie zusammenpacken und sich auf den Heimweg machen konnte. Beim Verlassen des Campingplatzes sprachen sie den Förster auf das Wetter an.

»Das hat ja gestern den ganzen Tag nicht aufgehört zu regnen«, sagte der Mann.

Kathy warf Jason von der Seite einen Blick zu. »Wir hatten aber am frühen Abend fünf Stunden ohne Regen.«

Der Förster kratzte sich am Kopf. »Das ist ja das Verrückteste, was ich jemals gehört habe. Ich war doch nur ein paar Hundert Meter von Ihnen weg und bei mir hat es den ganzen Tag pausenlos geregnet.«

Als sie losfuhren, erzählte Kathy ihrem Mann von Megans und Lukes Gebet, dass der Regen aufhören möge. Jason lachte. »Siehst du … für Gott ist nichts zu klein.«

»Wahrscheinlich hast du recht«, lachte Kathy. Gott interessierte sich tatsächlich für all die kleinen Einzelheiten ihres Alltags.

Hört nicht auf zu beten.

1. Thessalonicher 5,17

Woche 37

Bibellese: Daniel 6

Auf Engelsflügeln getragen

Der Herr ist allen nahe, die ihn anrufen, allen, die ihn aufrichtig anrufen. Er erfüllt die Wünsche derer, die ihn achten, er hört ihre Hilfeschreie und rettet sie.

Psalm 145,18–19

Jackie Connover war die gefährliche Straße schon unzählige Male gefahren. Sie und ihr Mann Michael arbeiteten seit sieben Jahren als Seelsorger und Lebensberater in einer Art Rüstzentrum, dem *Mountaintop Christian Camp*, das aus einer Reihe von Hütten bestand, die hoch in den Bergen in der Nähe von Colorado Springs lagen. Die zweispurige Straße, die vom Camp in die Stadt im Tal führte, war einfach in den Berg gehauen worden, und an manchen Stellen gab es steile Abgründe von mehreren Hundert Metern.

Am Nachmittag des 10. August schnallte Jackie ihren einzigen Sohn Cody in seinem Kindersitz auf der Rückbank ihres nagelneuen Ford Ranger fest und überprüfte noch einmal, ob der Sitz auch richtig befestigt war.

Sie hatte ihre Einkäufe auf der Ladefläche hinten im Auto verstaut und war wieder unterwegs in den Bergen, als sie das Gefühl hatte, dass ihre Einkäufe verrutschten. Sie fuhr langsamer. Jackie wusste, dass durch eine verrutschte Ladung schwere Unfälle verursacht werden konnten.

Als sie einen Blick in den Rückspiegel warf, bemerkte sie hinter sich einige ungeduldige Autofahrer, aber es war zu gefährlich, zu beschleunigen. Es gab auch keine Haltebucht und überall war nur ein ganz schmaler Streifen zwischen Straße und Abgrund vorhanden. *Hilf mir, Gott. Bitte beschütze uns.*

Jackie machte sich Sorgen, dass einer der Fahrer hinter ihr versuchen könnte zu überholen – auf diese Weise passierten die meisten Unfälle auf dieser Straße. Deshalb lenkte sie den Wagen auf eine schmale Ausbuchtung und trat langsam auf die Bremse. Die anderen Autos fuhren schnell vorbei und Jackie stieß einen lauten Seufzer aus. Aber dann gab der Boden unter dem rechten Vorderreifen ohne jegliche Vorwarnung nach, und im selben Augenblick begann der Wagen in den Abgrund zu trudeln.

»Halte dich fest«, schrie sie dem weinenden Jungen zu. Der Wagen stürzte in schnellem Tempo abwärts und Jackie wurde von einer unkontrollierbaren Kraft gegen die Schulterhalterung ihres Sicherheitsgurtes geschleudert und dann bei jeder neuerlichen Umdrehung des Wagens gegen das Chassis. *Ich sterbe*, dachte sie.

»Cody!«, schrie sie, aber es kam keine Reaktion.

Nachdem der Wagen über 150 Meter tief in eine Schlucht hinabgestürzt war, blieb er auf dem Dach liegen. Jackie war auf dem Fahrersitz eingeklemmt, aber sie war bei Bewusstsein. Eine warme Flüssigkeit breitete sich über Augen, Mund und Ohren aus.

»Cody!«, rief sie erneut und versuchte verzweifelt, sich aus dem zerstörten Auto herauszuarbeiten. Dann erst konnte sie sehen, dass Codys Kindersitz sich immer noch an Ort und Stelle befand und sogar der kleine Gurt noch geschlossen war. Aber ihr Sohn war weg.

»Cody!« Tränen liefen Jackie über das Gesicht, während sie den steilen Abhang hinaufschaute und nach ihrem kleinen Sohn Ausschau hielt. Dann fiel sie auf die Knie und betete zu Gott, dass er ihr helfen möge, Cody zu finden.

Plötzlich sah sie oben am Straßenrand Leute stehen, die ihr zuwinkten. »Ist mit Ihnen alles in Ordnung?«, schrie ein Mann ihr zu.

»Ja! Aber ich kann meinen Sohn nicht finden!«

Jackie versuchte mühevoll, sich den Berg hinaufzuarbeiten. Sie hustete Blut, und ihr Kopf fühlte sich an, als würde er jeden Moment explodieren. Aber immer noch rief sie Codys Namen. Als sie schließlich etwa 15 Meter von der Straße entfernt war, hörte sie seine Stimme. »Mami! Mami!«, rief er. »Ich bin hier.«

In diesem Augenblick kletterten drei Leute den Abhang hinunter zu einem kleinen Plateau, das von der Straße aus nicht einzusehen war. Die Leute erreichten das Kind ungefähr gleichzeitig mit Jackie.

Cody saß im Schneidersitz auf einem weichen, von Farn gesäumten Busch. Seine Augen waren schwarz und blau umrandet und er hatte dunkelviolette Blutergüsse am Hals. Sein kleiner Körper zitterte vor Angst und er schluchzte laut.

Lieber Gott, hilf uns!, betete Jackie.

Ungefähr zu diesem Zeitpunkt kam der Rettungshubschrauber und landete auf der Straße. Sanitäter rannten zu Jackie und Cody und innerhalb von Minuten waren Mutter und Sohn auf Tragen festgeschnallt und wurden ins Krankenhaus geflogen.

Jackies Kopf war beinah auf die doppelte Größe angeschwollen. Auch ihre Lunge war durch den Druck der Sicherheitsgurte schlimm verletzt. Sie wurde auf die Intensivstation gelegt und man rechnete sich kaum Überlebenschancen für sie aus.

Inzwischen stellten die Ärzte fest, dass Codys Wirbelsäule trotz der starken Verletzungen an seinem Hals völlig in Ordnung war und er keine inneren Verletzungen hatte.

Als Michael einige Stunden später an Jackies Bett saß, war sie ohne Bewusstsein. Ihr Kopf war so geschwollen und ihr Gesicht so voller Schürfwunden, dass er sie kaum wiedererkannte. Er betete angestrengt, dass sie am Leben bleiben möge. Dann ging er, um nach Cody zu sehen.

Der kleine Junge fing an zu weinen, als sein Vater das Zimmer betrat. Cody begann zu erzählen, was geschehen war: »Dann war ich in dem Gebüsch, aber Mama ist immer weiter runtergerollt und immer weiter und immer weiter.«

»Wie bist du denn eigentlich in dem Gebüsch gelandet, mein Schatz?«

Unter Tränen flüsterte Cody: »Die Engel haben mich aus dem Auto geholt und mich genau dorthin gesetzt. Genau in den Busch, damit ich mir nicht wehtue. Sie waren nett.«

Plötzlich durchfuhr Michael ein eiskalter Schauer.

»Kennst du meine Engel, Papa?«

Sein Vater schüttelte den Kopf. »Nein, Cody, aber sie haben gute Arbeit geleistet, als sie dich aus dem Auto herausgeholt haben.«

Im Laufe der folgenden Tage verbesserte sich Jackies Zustand langsam, aber stetig, und die Polizei fand das Heckfenster des Rangers in einem Stück und unbeschädigt ein paar Meter unterhalb der Straße. Die Scheibe musste in Sekundenbruchteilen schon beim ersten Aufprall des Autos herausgefallen sein, und Cody musste irgendwie aus den Sicherheitsgurten seines Kindersitzes herausgerutscht und durch das hintere Fenster hinaus direkt in das weiche Gebüsch geflogen sein.

»Das ist praktisch unmöglich«, sagten die Sachverständigen. »Wir werden nie erfahren, wieso Cody überlebt hat.«

Für Cody war die Erklärung ganz klar.

Ein paar Monate später war die Familie in ihrer Hütte mit Weihnachtsvorbereitungen beschäftigt, als Cody mit einem Christbaumanhänger in Form eines Engels zu Jackie kam und sagte: »In Wirklichkeit sehen Engel gar nicht so aus. Sie sehen aus wie nette Papas, aber es sind Engel, denn sie haben selbst gesagt, dass sie das sind.«

Weil es keine andere Erklärung gibt, glauben Jackie und ihr Mann nach wie vor, dass ihr Sohn die Wahrheit gesagt hat über das, was an jenem Augustnachmittag geschah.

Gott hat seinen Engeln befohlen, dich zu beschützen, wohin du auch gehst. Sie werden dich auf Händen tragen, damit du nicht über Steine stolperst.

Psalm 91,11–12; GN

Woche 38

Bibellese: Daniel 8,15–27

Ein Engel in der Dunkelheit

Rufe zu mir, dann will ich dir antworten und dir große und geheimnisvolle Dinge zeigen, von denen du nichts weißt!

Jeremia 33,3; Hfa

Julie und Bryan Foster, beide gut aussehend und sportlich, lebten ein glückliches Leben. Sie waren Mitte zwanzig, teilten ihre Leidenschaft für Countrymusic und Aktivitäten in der freien Natur und erfreuten sich dabei an der Gesellschaft des jeweils anderen.

Aber dann wurde Bryan krank. Schließlich stand die Diagnose fest: Er hatte lymphatische Leukämie, die tödlichste aller Krebsarten. Im Laufe der folgenden drei Monate erfuhr Bryan eine Remission seines Krebses und er sah bei einer Größe von 1,90 Meter und fast 100 Kilo Gewicht aus wie das blühende Leben.

Die Ärzte stellten fest, dass Bryans Bruder ein perfekter Knochenmarkspender war. Aber noch bevor alles für die Operation vorbereitet werden konnte, kam der Krebs bei Bryan zurück, und er wurde zu schwach für eine Knochenmarktransplantation.

Der Arzt riet ihm, sich ins *Vanderbilt Medical Center* einweisen und dort stationär behandeln zu lassen, um auf diese Weise zu versuchen, wieder eine Remission zu erreichen. Bryan und Julie ließen sich an ihren Arbeitsstellen beurlauben und zogen in die Klinik. Julie schlief auf einer Liege neben dem Bett ihres Mannes während seiner intensiven Chemo- und Strahlentherapie.

»Es wird dir bald wieder gut gehen«, meinte seine Frau zu ihm.

Bryan war auf der Krebsstation von vielen anderen Menschen

umgeben, die mit dem Tod kämpften, und er fing an, einen Großteil seiner Zeit betend zu verbringen und Gott zu bitten, sich um Julie zu kümmern, was auch immer mit ihm selbst passieren mochte. Er betete um eine weitere Remission, bat Gott aber auch um die Kraft, den Tod akzeptieren zu können, falls er sterben musste.

Monate vergingen und die Ärzte bekamen Zweifel daran, ob Bryan überhaupt noch einmal eine Remission erfahren würde. Etwa ein Jahr nach der Diagnose wog er nur noch knapp fünfzig Kilo. Er konnte nicht mehr gehen und schaffte es nur mit großer Mühe, sich im Bett aufzusetzen.

»Ich glaube, er hat nicht mehr lange, Julie«, sagte einer der Ärzte. »Ich möchte nur, dass Sie darauf vorbereitet sind.«

Julie nickte und Tränen liefen ihr die Wangen hinab. Sie war noch nicht bereit, dem einzigen Mann, den sie je geliebt hatte, Lebewohl zu sagen.

Dann wurde sie mitten in der Nacht von einer Schwester geweckt. »Mrs Foster! Ihr Mann ist nicht mehr da.«

Weil sie dachte, ihr Mann sei im Schlaf gestorben, setzte sich Julie aufrecht hin. Bryans Bett war leer. »Wohin haben Sie ihn gebracht?«

»Wir haben ihn nicht weggebracht. Wir sind reingekommen, um den Puls und den Blutdruck zu messen, und da war er nicht in seinem Bett.«

»Aber er kann schon seit zwei Monaten nicht mehr laufen. Außerdem hätte ihn jemand bemerkt.«

Während Julie zu den Aufzügen rannte, nahm sie aus dem Augenwinkel eine Bewegung in der Kapelle wahr. Sie lief zur Tür, um hineinzuschauen, und war verblüfft, Bryan in einer der Bänke sitzen und mit einem weißhaarigen Mann reden zu sehen, dem sie noch nie zuvor begegnet war. Julie spürte, wie Zorn in ihr aufstieg. Warum hatte Bryan das Zimmer verlassen, ohne etwas zu sagen? Und wer war dieser Mann? Woher war er um drei Uhr morgens gekommen?

Nachdem ein paar Minuten vergangen waren, betrat sie die Kapelle. Der Mann trug ein rot kariertes Arbeitshemd aus Flanell, Bluejeans und Arbeitsschnürstiefel. Seine Haut war so weiß, dass sie fast durchsichtig schien.

»Bryan? Wo bist du denn gewesen?«

Er sah auf und lächelte. Bryan schien kräftiger zu sein als in den gesamten vergangenen Monaten. »Hallo, Schatz. Ich komme gleich wieder aufs Zimmer.«

Julie wandte sich dem Fremden zu und er sah zu ihr auf. Ihr fiel auf, wie strahlend seine blauen Augen leuchteten.

Wer ist dieser Mann?, fragte sie sich. »Was ist los?«

»Bitte, Julie.« Bryans Stimme war sanft, aber bestimmt. »Ich bin gleich wieder auf dem Zimmer!«

Zögernd kehrte Julie in das Zimmer ihres Mannes zurück und wartete, bis Bryan endlich kam. Sie erkannte ihn kaum wieder. Er hatte ein breites Lächeln im Gesicht, wirkte vital und kam mit einer Kraft auf sie zu, die einfach nicht sein konnte. Ganz offensichtlich hatte er seinen Frieden gefunden.

»Okay, wer war das? Was ist passiert?«

»Julie, er war ein Engel.«

Bryan sagte das mit einer solchen Überzeugung, dass sie sofort wusste, dass er das tatsächlich glaubte. Einen Augenblick lang sagte sie nichts.

»Ich glaube dir«, meinte Julie leise. »Erzähl mir davon.«

Bryan erzählte, dass er ganz plötzlich aufgewacht sei und den unwiderstehlichen Drang verspürt habe, in die Kapelle zu gehen. Die Schläuche von seinem Tropf waren bereits abgenommen gewesen, auch wenn sich später auf Anfrage keine der Schwestern daran erinnern konnte, die Schläuche entfernt zu haben. Als Bryan aus dem Bett stieg und losging, konnte er sich plötzlich ohne das übliche Schwächegefühl bewegen. In der Kapelle angekommen, fing er an zu beten und hörte dann eine Stimme.

»Sind Sie Bryan Foster?«

»Ja.« Bryan hatte sich umgedreht und ein Mann war da gewesen.

»Brauchen Sie Vergebung oder haben Sie sonst irgendwas auf dem Herzen?«

Schon seit Jahren hatte Bryan mit Bitterkeit gegen einen Verwandten zu kämpfen. Ganz langsam hatte er dem Mann von seinem Hass berichtet.

Der Mann hatte Bryan versichert, dass Gott ihm vergeben habe. »Was bedrückt Sie sonst noch?«

»Julie. Meine Frau«, hatte er geantwortet. »Ich mache mir Sorgen, wie es mit ihr weitergehen soll.«

Der Mann hatte gelächelt und dabei tiefen Frieden ausgestrahlt. »Es wird ihr gut gehen.« Dann hatte der Fremde sich neben Bryan niedergekniet und gemeinsam mit ihm gebetet. Schließlich hatte der Mann zu ihm gesagt: »Ihre Gebete sind erhört worden. Sie können jetzt gehen.«

Bryan war sich ganz sicher, dass der Mann ein Engel war.

»Und dann bin ich wieder hergekommen«, schloss er lächelnd.

Julie wollte unbedingt selbst mit dem Mann sprechen. Sie rannte zur Kapelle, aber er war nicht mehr da. Als Nächstes fragte sie bei den Wachleuten nach, die an jedem Aufzug und am Haupteingang postiert waren. Niemand hatte einen Mann gesehen, auf den die Beschreibung passte. Niedergeschlagen kehrte Julie in Bryans Zimmer zurück.

»Du hast ihn nicht gefunden, stimmt's?«, fragte er grinsend.

»Wohin ist er gegangen? Ich möchte unbedingt mit ihm reden.«

»Ich nehme an, er ist dahin gegangen, wo er hergekommen ist, mein Schatz.«

Langsam begriff Julie. Wenn er ein Engel gewesen war, dann war er natürlich auch wieder verschwunden. Ihr Mann hatte recht.

Am nächsten Tag fühlte Bryan sich noch kräftiger. Viele körperliche Erscheinungsformen seiner Krankheit schienen sich gebessert zu haben oder waren sogar ganz verschwunden. Julie und Bryan dachten beide, dass der Krebs auf wunderbare Weise in eine Remissionsphase getreten war. Einen großen Teil des Tages verbrachte er damit, andere Patienten zu ermutigen und mit ihnen zu beten.

Zwei Tage später erwachte Julie mit einer Vorahnung, dass Bryan bald sterben würde. Das ergab aber keinen Sinn. Er sah wieder lebendig aus und war auch wieder zu Kräften gekommen. Und wenn seine Gebete erhört worden waren, dann musste er auf dem Wege der Genesung sein.

An diesem Nachmittag fing Bryan an, aus Mund und Nase zu bluten, und sofort waren Dutzende von Ärzten und Schwestern zur Stelle. Während die Ärzte sich bemühten, Bryan doch noch zu retten, sank Julie auf den Boden nieder und fing an zu beten. Fast augenblicklich spürte sie, wie sie von dem Gefühl unendlichen

Friedens umgeben wurde, und ihr war klar, dass dies alles ein Teil des Planes Gottes war. Bryan hatte gebetet, dass es ihr gut gehen möge, und in dem Augenblick wusste sie, dass es so war. Was auch immer passieren mochte.

»Julie!« Bryans Stimme war klar und ruhig. Julie sprang auf die Füße und nahm die Hand ihres Mannes.

»Es ist okay, mein Schatz«, flüsterte sie unter Tränen und sah ihn dabei an. »Es ist alles okay.«

Zwei Minuten später war Bryan tot.

Heute, über zehn Jahre später, glaubt Julie, dass Bryans Gebete wirklich erhört wurden. Ihr Mann hatte das Geschenk des Friedens bekommen, das Geschenk, sein Schicksal akzeptieren zu können, anstatt aus Angst dagegen anzukämpfen. Außerdem war er von der Bindung an Bitterkeit und Hass befreit worden und hatte das Geschenk der Vergebung Gottes erhalten. Und schließlich hatte er die Gewissheit geschenkt bekommen, dass Julie auch ohne ihn überleben würde. Eine Gewissheit, die Julie bis heute Halt gibt.

Ich lasse euch ein Geschenk zurück – meinen Frieden. Und der Friede, den ich schenke, ist nicht wie der Friede, den die Welt gibt. Deshalb sorgt euch nicht und habt keine Angst.

Johannes 14,27

Woche 39

Bibellese: Psalm 46

Der beste Freund

Steh immer wieder auf in der Nacht und bring deine Klage vor den Herrn! Geh und suche seine Nähe, schütte dein ganzes Herz bei ihm aus!

Klagelieder 2,19; GN

Tami Boltons Vater brauchte nur drei Worte auszusprechen, um ihr ganzes Leben auf den Kopf zu stellen. »Wir ziehen um!«, verkündete er eines Tages. Dann erklärte er, dass er eine Arbeit in Südkalifornien angenommen hatte, bei der er sich beruflich mit Sonnenenergie befassen würde.

Seit einem Jahr hatte Tami gewusst, dass dieser Tag kommen konnte. Aber mit ihren 16 Jahren war sie einfach nicht bereit, Missouri zu verlassen, vor allem deswegen nicht, weil sie über 3000 Kilometer von ihrer verheirateten Schwester und ihren Freundinnen entfernt sein würde.

»Ich kann nicht umziehen.« Tami stiegen die Tränen in die Augen. »Alle wohnen hier, Papa. Kannst du nicht noch ein Jahr warten? Wenigstens so lange, bis ich mir eine eigene Wohnung nehmen kann?«

Auf diesen Job hatte ihr Vater jahrelang gewartet, er hatte einfach keine Wahl. Aber das ließ Tamis Schmerz nicht geringer werden. In Kalifornien würde alles anders sein. Sie würde auf alles verzichten müssen, was sie und ihre Freundinnen gemeinsam geplant hatten: der Ball, die Abschlussfeier, das College. Und sie würde die Beziehung zu ihrer sechs Jahre älteren Schwester Mari vermissen.

Als Tami endlich mit ihren Gefühlen etwas besser zurechtkam, sagte sie zu ihrer Mutter: »Wenigstens habe ich dich und Misty.«

Bei der Erwähnung von Tamis Katze verspannte sich der Körper der Mutter. »Ach, Liebling, es ist nicht möglich, sie mitzunehmen. Wir werden in einer Mietwohnung leben. Dort kann Misty keine Mäuse jagen. Das wäre doch kein Leben für sie. Mari hat uns angeboten, Misty zu übernehmen. Versuch wenigstens, es zu verstehen.«

Tami weinte noch stundenlang in ihrem Zimmer. Sie konnte das alles nicht verstehen. Doch ihr blieb keine Wahl, als sich damit abzufinden, auch wenn sie das Gefühl hatte, dass ihre Welt damit völlig zu Bruch ging.

Als die Boltons in Kalifornien ankamen, mieteten sie eine kleine Wohnung mit zwei Zimmern. Obwohl Tami sich zu einer positiven Einstellung entschlossen hatte, litt sie im Lauf der Wochen immer mehr an Heimweh. Sie schaffte es einfach nicht, das Gefühl der Verlassenheit abzuschütteln. Zwei Monate vergingen. Die Eltern kauften ein schönes Haus mit Swimmingpool, aber selbst das half nicht. Am schlimmsten war, dass Tami sich ganz weit weg von Gott fühlte. Es war fast so, als kümmerte er sich nicht um ihre Situation.

Einen Monat später entschuldigte sich Tami bei ihren Eltern dafür, dass sie immer so traurig war. »Ich freue mich für euch. Wirklich. Bloß fühle ich mich manchmal so einsam, als ob ich ersticke.«

Zwei Wochen später überreichten Tamis Eltern ihrer Tochter zum Geburtstag ein winziges graues Kätzchen. Zum ersten Mal seit dem Umzug war Tami wirklich glücklich.

»Oh, wie süß!«, quietschte sie und nahm das kleine Wollknäuel in die Arme. »Ist das niedlich! Vielen, vielen Dank.«

Tami nannte das Kätzchen Chloe und mit dieser Gesellschaft änderte sich ihre Haltung über Nacht. Sie lernte ihre Mitschüler kennen und hatte mehr Interesse am Unterricht. Im Lauf der nächsten Monate spielte sie stundenlang mit dem Kätzchen, erzog es und brachte ihm die Hausregeln bei.

Da Chloe in erster Linie eine Hauskatze war, brachten die Boltons sie zum Tierarzt, um die Krallen stumpf schneiden zu lassen.

Danach waren sie umso vorsichtiger, dass sie nicht aus dem Garten entwischte. Ohne Krallen wäre sie nicht in der Lage, sich zu verteidigen. Wenn Chloe manchmal doch über den Zaun kletterte, bellten die Hunde von Boltons Nachbarn wie die Wilden.

Tamis Dankbarkeit dafür, dass Chloe in ihr Leben getreten war, ließ sich gar nicht in Worte fassen. Ganz oft flüsterte sie Gott vor dem Einschlafen ein besonderes Dankeschön zu, weil er ihr das Kätzchen als Gegenmittel gegen die dunkle Wolke über ihr geschickt hatte.

Eines Morgens aber passte Tami nicht gut genug auf Chloe auf und das Kätzchen verschwand. Erschrocken fragte sie bei den Nachbarn nach Chloe, aber niemand hatte sie gesehen. Tami redete sich ein, dass Chloe wahrscheinlich spätestens in ein paar Stunden zurückkommen würde, wenn sie Hunger bekam. Aber am Abend war Chloe noch immer nicht zurückgekehrt. Tami und ihre Eltern suchten die Straßen der Umgebung stundenlang ab. Zwei Tage vergingen und Tami suchte nach dem Unterricht immer weiter und rief nach ihrem Kätzchen.

Am dritten Nachmittag verlor sie allmählich die Hoffnung, während sie von der Bushaltestelle nach Hause ging. Tränen tropften auf den Boden. Wie hatte das nur geschehen können? Warum? *Herr, du schenkst mir eine neue Katze und jetzt lässt du sie verschwinden. Könntest du mir nicht Chloe wiederbringen? Bitte!*

Die Tatsachen aber sprachen eine deutlichere Sprache, als Tami sich eingestehen wollte. Die Chancen, dass Chloe jetzt noch wiederkam, standen fast gegen null. Entweder war dem Kätzchen etwas passiert oder es war von jemandem mitgenommen worden.

Als Tami in den Garten ging, rief sie: »Chloe. Komm, Chloe!«

Sie wartete auf eine Reaktion, bis schließlich Angst und Einsamkeit sie überwältigten. Tami ging zurück ins Haus und rannte in ihr Zimmer. Dort warf sie sich auf das Bett und schrie zu Gott: *Gott, ich komm damit nicht klar! Ich bin so einsam, und Chloe war alles, was ich hatte. Jetzt ist sie weg! Mir reicht es jetzt.*

Sie machte so lange weiter, bis Wut und Enttäuschung etwas verraucht waren. Dann erinnerte sie sich daran, dass Gott denen nahe ist, die verzweifelt sind. Plötzlich verspürte Tami Gottes Gegenwart. Der Abgrund zwischen ihr und Gott verschwand in einem

Augenblick. *Du bist ja auch mein Freund, Gott, stimmt's? Ist es das, was du mir zu sagen versuchst?* Eine Woge der Hoffnung überflutete sie. Ja, das war es. Gott war ihr Freund, jetzt und für immer. Er konnte ihr noch viel mehr geben als Chloe.

Tami schaute hoch und flüsterte noch ein Gebet. *Bitte, Gott, erhöre mein Gebet. Ich brauche nur dich. Aber ich möchte so gern, dass auch meine Katze nach Hause kommt. Ich gehe jetzt in den Garten und bitte dich, Chloe zu mir zurückzubringen, wenn es dein Wille ist.*

Ihr war klar, dass sich ihre Bitte kindisch anhörte, aber sie vertraute von ganzem Herzen darauf, dass Gott sie gehört hatte. Sie ging wieder zurück in den Garten – und dort am Swimmingpool saß Chloe. Sie schaute Tami ganz beiläufig an, als hätte sie die ganze Zeit dort gehockt.

»Miau«, sagte sie. Dann kam sie auf Tami zugelaufen.

Tami fiel auf die Knie und senkte den Kopf vor lauter Dankbarkeit. Nicht, weil ihre Katze wieder zu Hause war. Sondern, weil sie einen ganz anderen besten Freund wiederentdeckt hatte. Den allerliebsten Freund.

Der Herr ist allen nahe, die verzweifelt sind; er rettet die, die den Mut verloren haben.

Psalm 34,19

Woche 40

Bibellese: Daniel 3

Göttliche Starthilfe

Was menschlich gesehen unmöglich ist, ist bei Gott möglich.
Lukas 18,27

Krista Barrows ging für ihr Leben gern im Einkaufszentrum bummeln. Umso toller war es, dass sie inzwischen selbst zum Einkaufszentrum fahren konnte. Kurz nach ihrem 17. Geburtstag* kaufte sie sich von ihren Ersparnissen einen gebrauchten Toyota und hatte jetzt mit der Erlaubnis ihrer Eltern die Freiheit, jederzeit shoppen zu gehen.

Krista suchte gerade einen handgeschnitzten Bilderrahmen für ihren Freund, als der nahende Geschäftsschluss durch einen Gong angekündigt wurde. Sie eilte zur Kasse und überlegte, warum die Zeit so schnell vergangen war. Dabei erinnerte sie sich an die Warnung ihrer Mutter: »Wenn es spät werden könnte, nimm lieber eine Freundin mit. Auf den Parkplätzen von Einkaufszentren ist es nach Geschäftsschluss gefährlich.«

Mach schnell, Krista, sagte sie sich. Warum hatte sie das Handy nicht mitgenommen? Damit hätte sie wenigstens Bescheid sagen können, dass sie unterwegs war.

Draußen eilte Krista über den dunklen, kalten Parkplatz und kramte zwischen drei Tüten nach ihrem Schlüssel. Sie war so mit der Suche beschäftigt, dass sie nicht bemerkte, wie sich dicht bei ihrem

* In vielen Bundesstaaten der USA kann man bereits mit 16 Jahren den Führerschein machen.

Auto irgendetwas bewegte. Schließlich schlossen sich ihre Finger um den Schlüsselbund und sie schaute auf. Der Parkplatz war leer. Krista schaute sich um und ihr Herz schlug schneller als sonst. Daraufhin beeilte sie sich noch mehr, trat schnell auf den Toyota zu, schloss die Tür auf und stieg hinein.

Plötzlich tauchte ein maskierter Mann ein paar Schritte vor dem Fenster auf. Seine Augen blickten sie wild an und er hielt eine Pistole auf sie gerichtet. Er lief auf das Auto zu und machte ihr Zeichen, die Tür zu öffnen. Mit zitternden Händen verriegelte Krista ihre Tür und versuchte, den Motor anzulassen. Nichts passierte. Der Mann schlug mit der Waffe gegen das Fenster, als sie wieder den Schlüssel drehte. Nichts als Stille. Der Motor rührte sich überhaupt nicht.

Bitte, Gott!, flüsterte sie. *Ich brauche deine Hilfe!*

Der Mann schlug die Waffe wieder gegen das Fenster. Diesmal bekam das Glas einen Sprung. Mit geschlossenen Augen versuchte Krista noch einmal, das Auto zu starten, und schließlich sprang es an. Blitzschnell legte sie einen Gang ein und raste los. Der Mann blieb im Dunkeln zurück.

Krista weinte auf dem ganzen Heimweg. Was hatte der Mann von ihr gewollt? Und wie lange hatte er schon am Auto gewartet? Noch seltsamer: Warum war der Motor nicht angesprungen? Erst kürzlich hatte sie das Auto zur Inspektion in die Werkstatt gebracht und alles war in bester Ordnung gewesen. *Danke, Gott, dass du mir geholfen hast, egal, was vorhin passiert ist.*

Als sie zu Hause in die Einfahrt fuhr, zitterte sie immer noch. Sie stellte den Wagen ab und eilte zum Haus. Es schauderte sie, als sie sich vorstellte, was dieser Mann ihr hätte antun können, wenn er es geschafft hätte, das Fenster zu zerbrechen und in das Auto zu steigen. Mit wackligen Beinen ging sie ins Haus. Dort erzählte sie ihren Eltern unter Tränen, was passiert war.

Sofort rief ihr Vater die Polizei an. Nachdem er dem Beamten alles berichtet hatte, drehte er sich zu Krista um. »Jetzt bist du in Sicherheit«, sagte ihr Vater und drückte sie fest an sich.

»Aber ich dachte …« Aus Kristas Weinen wurde ein Schluchzen.

»Gott hat auf dich aufgepasst, Liebling.« Die Mutter hielt ihr die Hand. »Er hat dir geholfen, dort wegzukommen … daran habe ich gar keinen Zweifel.«

Kristas Vater legte den Kopf auf die Seite. »Du sagst, der Motor ist nicht angesprungen?«

»Genau. Es war unheimlich, Papa. Er war vollkommen tot!«

»Gehen wir mal nachsehen.« Der Vater nahm sich eine Taschenlampe und ging zu Kristas Toyota, der in der Einfahrt stand. »Ich verstehe gar nicht, warum so etwas passieren konnte. Die Werkstatt hat ihn doch erst vor ein paar Wochen überprüft.«

»Ich weiß. Deshalb fand ich es ja auch so komisch.« Krista stand neben ihm. Immer noch zitterten ihr die Knie.

Der Vater öffnete die Motorhaube und leuchtete mit der Taschenlampe hinein. Eine Weile blieb er so stehen und sagte nichts. Dann trat er einen Schritt zurück und ließ den Arm mit der Taschenlampe sinken. Seine Augen waren weit aufgerissen, der Mund stand ihm offen.

»Stimmt was nicht?« Krista schaute von ihrem Vater zum Auto und wieder zurück.

»Das ist doch ganz unmöglich«, murmelte er.

»Was?« Sie kam näher und schaute unter die Haube.

»Da.« Ihr Vater beleuchtete noch einmal mit der Taschenlampe den Motorraum. »Die Batterie ist weg.«

»Was?« Krista war verwirrt. »Wie kann ein Auto denn ohne Batterie fahren?«

Ihr Vater gab ein nervöses Kichern von sich. »Das ist es ja gerade. Das ist unmöglich.«

»Wie bin ich denn …«

Der Vater schüttelte den Kopf und schaute ihr in die Augen. »Verstehst du nicht? Jemand hat dir eine Falle gestellt. Während du einkaufen warst, hat er die Batterie ausgebaut und dann auf dich gewartet. Er wusste, dass du das Auto nicht anlassen konntest und …« Er brach ab, und Krista vermutete, dass er sich vorstellte, was der Maskierte von ihr gewollt hatte. »Das ist unmöglich«, sagte er wieder.

»Ich versteh das nicht«, meinte Krista. Sie war noch nie so durcheinander gewesen. »Wenn die Batterie weg ist, wie hab ich dann das Auto gestartet?«

»Das meine ich ja. Es ist unmöglich, den Motor ohne Batterie anzulassen.«

Ihr lief es kalt den Rücken hinunter und sie griff nach der Hand ihres Vaters. »Was willst du damit sagen?«

»Ich weiß nicht. Ich kann's mir nicht erklären. Irgendwie hast du es ohne Batterie nach Hause geschafft. Obwohl es unmöglich ist.«

Krista spürte eine Welle von Ehrfurcht in sich aufsteigen. »Könnte es sein, dass Gott das bewirkt hat?«

Der Vater schaute sie groß an und ein wissender Ausdruck legte sich auf sein Gesicht. Langsam schaute er in den sternenklaren Himmel hoch. Krista tat es ihm nach und einige Minuten lang starrten sie in die Nacht. Schließlich brach ihr Vater das Schweigen. *Gott, wir werden vielleicht niemals verstehen, was heute Abend passiert ist,* flüsterte er. *Aber wir sind dir auf ewig dankbar. Danke.*

Durch den Glauben verstehen wir, dass die Welt auf Gottes Befehl hin entstand und dass alles, was wir jetzt sehen, aus dem entstanden ist, was man nicht sieht.

Hebräer 11,3

Woche 41

Bibellese: Sprüche 2

Ich habe jeden Tag für dich gebetet

Das eine aber wissen wir: Wer Gott liebt, dem dient alles, was geschieht, zum Guten. Dies gilt für alle, die Gott nach seinem Plan und Willen zum neuen Leben erwählt hat.

Römer 8,28; Hfa

Cindy Henning war erst sechzehn, als sie die niederschmetternde Nachricht erfuhr: Sie war schwanger. Ihre Eltern hatten sie vor dem Studenten gewarnt und dann war alles aus dem Ruder gelaufen. Als Cindy ihren Freund anrief, sagte er nur: »Treib das Kind ab! Andernfalls brauchst du mich nicht mehr anzurufen.«

Sie rief ihn nie mehr an.

Als Cindy im vierten Schwangerschaftsmonat war, beschloss sie, ihr Kind zu behalten. Was in ihr heranwuchs, war ihr eigenes Kind. Als sie ihren Zustand nicht länger verbergen konnte, vertraute sie sich ihren Eltern an. Trotz ihrer Tränen und Proteste konnte Cindy ihre Eltern nicht davon überzeugen, ihr zu erlauben, das Kind selbst großzuziehen.

Einige Tage später wurde ihr klar, dass sie zu jung war, um ihr Elternhaus zu verlassen. Zu jung, um für sich und ihr Kind allein zu sorgen. Ohne die Unterstützung ihrer Eltern konnte sie nichts anderes tun, als sich ihren Anordnungen zu beugen. Als Cindy begriff, dass sie ihr eigenes Kind einer anderen Frau übergeben würde, rannen Tränenströme über ihr Gesicht.

Lieber Gott, bitte, was immer mit meinem Kind geschehen mag, hilf uns, später einmal einander wiederzufinden.

Ihre Eltern schickten sie zu Freunden, die drei Staaten von ihnen entfernt wohnten. Die Monate eilten dahin. In ihrem siebenten Schwangerschaftsmonat teilte ihr der Frauenarzt mit, dass ihr Kind ein Mädchen war. Cindy nannte ihre Tochter einfach nur *Baby Girl* und betete oft für sie.

Obwohl die Geburt ihres Kindes seltsam emotionslos verlief, brannten sich die Bilder trotzdem so stark in ihr Gedächtnis ein, dass sie sie nie mehr vergessen konnte. Es war der 13. März 1983. Nach dem ersten Schrei des Kindes legte Cindy ihr Kind an ihre Brust, schaute es an und sah vor ihrem inneren Auge das Krabbelkind, das kleine Mädchen und den Teenager, der ihr Baby eines Tages sein würde. Es war der schönste Augenblick ihres Lebens. Cindy genoss das Gefühl in vollen Zügen.

Das Kind hatte die Augen geöffnet. Sie schienen ihr die Fragen zu stellen, die sie ein Leben lang verfolgen sollten: *Warum? Warum willst du mich weggeben?*

»Cindy?« Die Sozialarbeiterin trat an ihr Bett. »Es wird Zeit.«

Es handelte sich um eine »geschlossene« Adoption, sodass Cindy die neuen Eltern ihres Babys nie kennenlernen würde. Cindy atmete den leicht süßlichen Geruch ihrer Tochter ein. Sie spürte die Wärme des Kindes an ihrer Brust. Dann küsste sie ihre Tochter auf die Wange und flüsterte: »Ich hab dich sooo lieb, mein Baby Girl.« Sie schaute die Frau an und sagte ihr die größte Lüge, die sie je ausgesprochen hatte: »In Ordnung.«

Der Verlustschmerz entfaltete sofort seine Wirkung und wurde in Cindy zum Dauerbrenner. Auch als sie wieder bei ihren Eltern wohnte, vermisste sie ihre Tochter mit einer Intensität, die ihr Angst machte.

Nach fünf Jahren verliebte Cindy sich in einen Mann, der alles hatte, was ihr erster Freund nicht gehabt hatte: Er war ehrlich und treu. Integrität und Charakterbildung waren für ihn wichtige Werte, an denen er arbeitete. Zwei Jahre später heirateten sie. Gleich zu Beginn ihrer Freundschaft hatte Cindy ihm von ihrer Tochter erzählt und wie sehr sie sich danach sehnte, sie eines Tages wiederzusehen.

»Ich werde dafür beten«, sagte ihr Mann. »Eines Tages wirst du dein Kind wiederfinden, so Gott will.«

Die Jahre eilten dahin. Cindy und ihr Mann bekamen drei Töchter, und jede Geburt erinnerte die Mutter daran, wie viel sie mit ihrer ersten Tochter verloren hatte. Weitere Jahre gingen ins Land. Cindy hoffte immer wieder neu, dass Gott irgendwie und irgendwann ihr Gebet erhören würde, obwohl die Adoptionsakte geschlossen blieb. Jedes Jahr dachte sie bewusst an den Geburtstag ihrer Tochter und stellte sich vor, wie sie inzwischen aussehen und was sie gerade machen würde. Ihre drei jüngeren Töchter waren ihr eine gute Hilfe dabei.

Eines Nachmittags, nachdem sie sich wieder einmal mit den Gedanken an ihre Erstgeborene beschäftigt hatte, eilte Cindy zu einem Termin beim Elternsprechtag mit Mrs Barnett, der Lehrerin ihrer Jüngsten, die in die fünfte Klasse ging. Mrs Barnett hatte gerade erklärt, dass eine neue Referendarin bis zum Jahresende ihren Unterricht begleiten werde, als sich die Tür des Klassenraumes öffnete und eine hübsche junge Frau eintrat. Cindy schaute sie an und erstarrte.

Langsam erhob sich Cindy. Ihre Augen blieben an der jungen Frau haften. Alles an der neuen Referendarin war ihr so vertraut wie die Gesichter, die Abend für Abend um ihren Familientisch saßen. Cindy sprach den einzigen Satz aus, den sie in diesem Augenblick noch denken konnte: »Sind Sie einmal adoptiert worden?«

Die anfängliche Verwirrung im Blick der jungen Dame verschwand mit einem Schlag. Für Sekunden blieb ihr Mund offen stehen und langsam nickte sie: »Ja, ich wurde am 13. März 1983 geboren.«

Ein Freudenschrei löste sich aus Cindys Kehle. »Ich glaube … ich glaube, Sie sind meine Tochter!«

Die junge Frau sagte nichts. Aus der Frage in ihrem Gesicht wurde Gewissheit. Und anstatt sich nach irgendwelchen Einzelheiten zu erkundigen, sprang sie auf Cindy zu, und die beiden Frauen fielen einander in die Arme. Es war eine Umarmung, die die vielen Jahre in einem einzigen Moment vergessen ließ. Dieser Augenblick ließ Cindy wissen, dass sie auf heiligem Land stand, weil hier ein unglaubliches Wunder passierte!

»Baby Girl«, flüsterte Cindy, »ich habe jeden Tag für dich gebetet.«

»Ich bin Anna.« Tränen blitzten in den Augen der jungen Frau. »Ich habe bisher ein unvorstellbar schönes Leben gehabt. Auch ich habe für diesen Augenblick gebetet. Ich wollte dir persönlich dafür danken, was du für mich getan hast.«

Das Elterngespräch war längst vergessen. Cindy und Anna gingen die zweiundzwanzig Jahre durch, die sie voneinander getrennt gewesen waren. Anna berichtete, dass sie von einer liebevollen Familie aufgenommen worden war. Ihre Familie hatte auch dafür gebetet, dass Anna eines Tages ihre leibliche Mutter kennenlernen möge.

Die junge Frau nahm Cindys Hand. »Ich habe immer daran geglaubt, dass wir uns eines Tages begegnen würden. Das war mir ganz wichtig, weil ich befürchtet habe, dass du dir Vorwürfe machst.« Sie schaute ihre Mutter fest an. »Ich hätte dir niemals Vorwürfe gemacht. Gott hat mir ein großartiges Leben bei meinen Adoptiveltern ermöglicht.«

Cindy nahm ihre Tochter noch einmal in die Arme und hielt ihre Tränen nicht länger zurück. Sie weinte nicht über die verflossenen Jahre. Sie weinte vor Freude, weil Gott Gutes aus allem hatte werden lassen.

»Darf ich dich um etwas bitten?« Anna trat einen Schritt zurück.

»Natürlich – was du willst.«

»Ich würde so gerne meine Schwestern kennenlernen.«

Eine zweite Gewissheit brach sich in Cindys Herzen Bahn. Sie würde sich nie mehr sorgen müssen, wo ihre Tochter war, wer sich um sie kümmerte und was sie gerade machte. Von nun an würde auch sie ein sichtbarer Teil ihres Lebens sein.

Und das war das allergrößte Wunder.

Seht euch einmal unter den Völkern um! Ja, schaut genau hin, und ihr werdet aus dem Staunen nicht mehr herauskommen! Was ich noch zu euren Lebzeiten geschehen lasse, würdet ihr nicht für möglich halten, wenn andere es euch erzählten.

Habakuk 1,5; Hfa

Woche 42

Bibellese: Apostelgeschichte 19,1–22

Ein Gesicht wie Jesus

Ich bin ganz sicher, dass nichts uns von seiner Liebe trennen kann: weder Tod noch Leben, weder Engel noch Dämonen noch andere gottfeindliche Mächte (...). Nichts in der ganzen Welt kann uns jemals trennen von der Liebe Gottes, die uns verbürgt ist in Jesus Christus, unserem Herrn.

Römer 8,38–39; GN

Seit der achten Klasse hatte Steve Getz sich immer mal wieder auf Drogen eingelassen. In dem Sommer, als er 16 wurde, konsumierte er sie ständig. Eine Stunde vor dem Einkauf hatte Steve einen Drogencocktail genommen und jetzt schienen die Wände des Supermarkts plötzlich zu schmelzen. Das Obst und Gemüse verwandelte sich in tropfenartige Substanzen, die auf ihn zukamen.

»Hilfe!«, schrie er. Dann rannte er blitzschnell durch den Laden, den einen Gang hinauf, den anderen hinunter, bis der Geschäftsführer und ein Kunde ihn zu Boden zwangen. Steve strampelte, um sich zu befreien. Die Halluzinationen waren so heftig wie noch nie.

Steve schloss die Augen. Als er sie wieder öffnete, brüllte er entsetzt los. Furchtbare, dunkle Dämonen kamen auf ihn zu. Sie sahen total bedrohlich aus und von den Reißzähnen tropfte Blut. Es gab auch kleine Dämonen, die um sein Gesicht herumflatterten und ihn auslachten, während die monströsen ihn umkreisten. Sie strahlten extreme Bosheit, Tod und Vernichtung aus. Steve konnte sich nicht dagegen wehren.

Der Kunde, der Steves Arme festhielt, beugte sich zu ihm hinunter. »Es wird dir bald wieder gut gehen.«

»Helft mir!«, rief Steve.

»Mach die Augen auf, Steve.« Die Stimme des Mannes war ganz ruhig und klar. Mit aller Konzentration, zu der Steve noch fähig war, zwang er sich, dem Mann zuzuhören und die Stimmen der umherstehenden Menschenmenge zu ignorieren. »Steve, du kannst mir vertrauen.«

Steve schlug langsam die Augen auf. Als das Bild deutlicher wurde, waren die Dämonen zwar immer noch da, aber sie zogen sich zurück. In der Mitte seines Sichtfeldes war etwas, das wie das Gesicht von Jesus Christus aussah. Es war dasselbe Bild, das er aus seiner Kinderbibel kannte. Voller Ehrfurcht hörte Steve auf, sich zu winden und zu strampeln, und wurde plötzlich ganz ruhig. Während er hinschaute, fing die Stimme der christusähnlichen Erscheinung an zu reden: »Möchtest du von den Dämonen frei werden, Steve?«

Da fing Steve an zu weinen. »Ja«, sagte er leise. Er musste von den Drogen loskommen, bevor es zu spät war. »Bitte hilf mir!«

Der Mann im Bild lächelte. »Keine Drogen mehr, Steve. Mit ihnen kommen die Dämonen. Du hast die Wahl.«

»Aber ich schaffe das nicht allein!«, schrie Steve und versuchte noch einmal, sich dem Griff des Fremden zu entwinden. Doch der Mann besaß anscheinend übermenschliche Kräfte. »Hilf mir, bitte!«

Die Dämonen waren allesamt verschwunden. Nur das Bild eines reinen und strahlenden Christus' erfüllte das Zentrum seines Sichtfeldes. »Steve, du musst es nicht alleine schaffen. Wenn du die Dämonen loswerden willst, dann wende dich an mich. Ich werde immer an deiner Seite sein, um dir zu helfen. Ruf mich einfach und ich bin bei dir.«

Herr. Steve flüsterte das Wort. Er war nicht sicher, ob er immer noch halluzinierte, aber er genoss den Frieden, den er verspürte. *Bist du das, Gott? Bist du wirklich hier bei mir und redest mit mir?*

Langsam verblasste die Erscheinung. Doch bevor sie ganz verschwand, hörte er die Stimme noch einmal. »Ja, Steve. Ich bin es. Ich werde für dich da sein.«

Plötzlich verspürte Steve eine tiefe Müdigkeit. Er schloss die Augen und seine Gliedmaßen wurden schlaff.

Der Kunde, der leise mit Steve geredet hatte, stand auf und sprach den Geschäftsführer an. »Ich glaube, jetzt kommen Sie mit ihm klar. Das Schlimmste ist vorüber.«

»Danke«, sagte der Geschäftsführer und schüttelte die Hand des Kunden. Dann drehte er sich wieder zu Steve und hielt dessen Arme fest. Als der Geschäftsführer sich dann umsah, war der Mann verschwunden, und Sanitäter und die Polizei trafen ein.

Bevor ihn die Polizei abführte, bemerkte Steve, dass der Kunde, der ihm geholfen hatte, nicht mehr da war. »Bitte sagen Sie mir doch, wie der Mann aussah, der Mann, der mit mir gesprochen hat.«

Der Geschäftsführer antwortete: »Er hatte kurzes blondes Haar, einen muskulösen Körperbau und ein sehr glatt rasiertes Gesicht. Das ist alles, woran ich mich erinnere.«

Steve schüttelte den Kopf. »Nein, ich meine den Mann, der mir geholfen hat. Er hatte dunkles Haar, einen Bart und braune Augen.«

Der Geschäftsführer starrte ihn ratlos an. »Vielleicht waren es die Drogen, mein Junge. Der Mann, der dir geholfen hat, war blond.«

Nachdem Steve von der Polizei verwarnt und freigelassen wurde, brachte ihn seine Mutter nach Hause. Seit er 13 war, hatte er zwei Aufenthalte in einer Entzugsklinik hinter sich, und jetzt das hier. Sie und ihr Mann beteten täglich für ihn, aber Steve glaubte schon seit Jahren nicht mehr an Gott. Woher sollte er die Kraft nehmen, mit den Drogen Schluss zu machen?

Normalerweise war Steve immer sauer und trotzig, wenn er sich wegen seines Drogenkonsums Schwierigkeiten eingebrockt hatte. Doch als er jetzt seiner Mutter detailliert beschrieb, was geschehen war, hatte er Tränen in den Augen. Als er ihr erzählte, was der Mann zu ihm gesagt hatte, flüsterte sie: »Steve, das ist ja wunderbar.«

»Ich weiß, dass der Typ von Gott gesandt worden ist, um mich zu warnen. Wenn ich jetzt nicht auf Gottes Hilfe eingehe und mein Leben verändere, dann kriegen mich die Dämonen.«

»Mein Junge, es ist bestimmt ein Wunder. Du hast deine Botschaft von Gott genau so bekommen wie die Menschen früher zu biblischen Zeiten – von Engeln. Vielleicht war der Mann, der mit dir geredet hat, ein Engel. Er hat dir ausgerichtet, was Gott dir sagen wollte.«

Ihr Sohn dachte einen Moment nach. »Ich rühre nie wieder Drogen an, Mama. Ich halte mich in Zukunft an Gott und gebe ihm den Raum in meinem Leben, der ihm zusteht. Das alles wird mein Leben verändern, Mama. Das verspreche ich dir.«

Steve rief noch ein paarmal beim Supermarkt an, um nach dem Mann zu forschen, der ihm an jenem Nachmittag geholfen hatte. Doch der Mann wurde nie wieder gesehen. Aber sein Eingreifen war nicht vergeblich gewesen.

Steve hielt Wort. Seit zwanzig Jahren hat Steve Getz keine Drogen mehr angerührt, bis heute. Und er pflegt eine lebendige Beziehung zu Gott, eine, die auf dem kalten Boden des Supermarkts im festen Griff eines Mannes begann, der vielleicht ein Engel gewesen ist.

Sie sahen den Mann, den die vielen Dämonen gequält hatten. Er war ordentlich angezogen und saß ganz ruhig neben Jesus. Da wurde ihnen unheimlich zumute.

Markus 5,15; Hfa

Woche 43

Bibellese: Apostelgeschichte 23,12–35

Wiedergefunden

Herr, rette mich vor bösen Menschen. Beschütze mich vor denen, die Gewalt anwenden.

Psalm 140,2

Als alleinerziehender Vater kam sich Scott Miller minderwertig vor. Seine Frau hatte ihn, ihre Tochter und ihren Sohn vor fünfzehn Jahren verlassen, und aus den Kindern waren mittlerweile Teenager geworden.

Es war Freitagabend und seit Jahren war dies ein Familienabend. Doch seitdem Laura sechzehn geworden war, schienen ihre Freunde und Freundinnen jeden Abend in Partystimmung zu sein. Aber Scott hielt die Zügel fest in der Hand. »Ausgang nur einmal in der Woche, Laura. Nicht öfter.«

Meistens gab sie sich damit zufrieden. Doch an diesem Freitag fragten ihre beiden besten Freundinnen Laura, ob sie mit ihnen für die Party am nächsten Abend shoppen gehen würde.

»Bitte, Papa, sag Ja! Es wäre doch nur für ein paar Stunden!«

»Du kennst die Regeln, Laura. *Ein*mal in der Woche.«

»Ja, Papa! Aber das Einkaufen ist ja kein Ausgehen.«

Scott spürte, wie die Mauer seiner Grundsätze zu wanken begann. Bei solchen Gelegenheiten fragte er sich, warum er nicht wieder geheiratet hatte – jemand, der Laura eine Mutter sein konnte. Für den Bruchteil eines Augenblicks dachte er an Becky Olsen, seine erste Liebe. Becky hätte ihn nie verlassen. Sie wäre jetzt bei ihm gewesen. »Wer fährt?«

»Susis Mutter kann mich abholen und wieder nach Hause bringen.«

»In Ordnung«, sagte Scott. Laura würde schon nichts passieren. Schließlich wohnten sie in Mill Creek, Washington. Die Kriminalitätsrate war hier so niedrig wie sonst nirgendwo im Land.

»Danke, Papa. Ich verspreche dir, es dauert nicht lang.«

Becky Olsen war Verkaufsleiterin bei der größten Pharmaziegesellschaft des Landes. Obwohl sie für Bezirke in Südoregon und Kalifornien zuständig war, hatte sie zugestimmt, am Wochenende an Meetings in Seattle teilzunehmen.

Sie lebte allein und die Arbeit ließ sie ihre Einsamkeit vergessen. Vor sechs Jahren waren ihr Mann und ihre beiden Söhne bei einem Autounfall mit einem Zug ums Leben gekommen. Becky hatte zwei Jahre gebraucht, bis sie ihre Arbeit wieder aufnehmen konnte. Sie hatte sich geschworen, allein zu bleiben. Sie hatte geliebt – und alles verloren. Das war genug für ein ganzes Leben. Die schreckliche Einsamkeit machte ihr am meisten zu schaffen. Sie wollte zwar keine neue Familie haben, aber sie brauchte einen Freund.

Ab und zu ertappte Becky sich dabei, wie sie an ihren Freund Scott Miller aus der Highschool-Zeit dachte und überlegte, was aus ihm wohl geworden war. Sie waren natürlich noch Kinder gewesen, aber er war ihr bester Freund gewesen.

Sie machte sich frei von diesen Gedanken und dachte daran, was sie noch zu erledigen hatte. Sie musste sich noch eine Strumpfhose kaufen. Es war schon fast zwanzig Uhr, als sie nördlich von Seattle auf einen Parkplatz fuhr.

Beckys Aufmerksamkeit wurde sofort von einem Mann in dunkler Kleidung gefangen genommen, der dicht hinter einem jungen Mädchen herlief. Die Augen des Mädchens waren weit aufgerissen. Warum ging der Mann so dicht hinter ihr her? Schubste er sie vor sich her? Sie erreichten eine aufgemotzte Limousine, die offensichtlich nicht in dieses bürgerliche Wohngebiet passte.

Lieber Gott … Was ist da los? Ist das Mädchen in Schwierigkeiten? Folge dem Auto, Becky. Folg ihm!

Die Antwort war eher ein innerer Eindruck als eine real hörbare Stimme. In Beckys Herzen klang sie jedoch so stark nach, als ob Gott ihr die Worte durch ein Megafon zugerufen hätte. Als die Limousine davonfuhr, blieb Becky in einem möglichst unauffälligen Abstand hinter dem Wagen. Beckys Herz schlug schneller, als sie auf die Schnellstraße abbogen. Das Mädchen musste irgendwie in Schwierigkeiten sein. Die Polizei würde aber von ihr einen Grund wissen wollen, wenn sie dort anrufen und um Hilfe bitten würde. Der Mann bog auf eine weniger befahrene Straße ab. Wenn er mit dem Mädchen in eine einsamere Gegend fuhr, würde er sicher bemerken, dass Becky ihm folgte. Ohne weiter darüber nachzudenken, wählte sie die Notrufnummer.

»Schildern Sie den Notfall!«

»Ich folge einem Mann, der meiner Meinung nach ein junges Mädchen entführt. Sie sieht zu Tode erschrocken aus.«

Drei Minuten später überholte sie ein Polizeiwagen und winkte den Mann an den Straßenrand. Becky hielt auch an und beobachtete das weitere Geschehen. Als der Polizist den Mann abtastete, zog er eine Pistole aus der Tasche des Mannes. Sekunden später war der Mann in Handschellen und wurde hinten ins Polizeiauto geschoben.

Becky stieg aus ihrem Wagen aus, ihre Knie zitterten. Sie ging auf das Auto zu, in dem die Beamten mit dem Mädchen sprachen. Becky erklärte ihnen, dass sie die Zeugin sei, die alles beobachtet hatte.

Das Mädchen schluchzte und zitterte vor Angst. »Ich hatte meine Handtasche im Wagen vergessen. Darum bin ich noch einmal zum Parkplatz gegangen und dann spürte ich etwas an meiner Taille.« Sie schluchzte zweimal. »Es war seine Waffe. Er sagte, ich solle vor ihm hergehen, sonst würde er mich erschießen.«

Becky spürte, wie sie kreidebleich wurde.

Das Mädchen stieg aus dem Wagen und schüttelte Becky die Hand. »Haben Sie herzlichen Dank.« Sie verschränkte die Arme und klapperte mit den Zähnen. »Könnten Sie warten, bis mein Vater kommt? Er ist unterwegs, er wird Ihnen auch danken wollen.«

Becky war einverstanden. Es vergingen fünf Minuten, bis ein Jeep angefahren kam. Es war bereits dunkel, aber Becky erkannte, wie ein großer Mann aus dem Wagen sprang und auf sie zurannte. Seine Augen waren nur auf seine Tochter gerichtet.

»Laura ... Gott sei Dank!« Er schloss das Mädchen in beide Arme.

Becky trat ein paar Schritte zurück. Sie wollte Vater und Tochter ein kurzes Lebewohl zuwinken und ihrer Wege gehen. Aber das Mädchen befreite sich aus den Armen ihres Vaters. »Du musst noch Becky begrüßen. Sie ist es, die Hilfe herbeigerufen hat.«

Der Mann drehte sich zu Becky um. Plötzlich erstarrten beide. Becky blickte in sein Gesicht und schnappte leise nach Luft.

»Becky? Wie kommst du ...«

»Ich bin geschäftlich hier. Ich kann es nicht glauben!«

Laura beobachtete die beiden. »Ihr kennt euch?«

»Ja, allerdings. Wir kennen uns.« Scott umarmte Becky.

In wenigen Minuten erfuhren Scott und Becky, dass jeder von ihnen wieder Single war und dass sie beide im Laufe der Jahre oft aneinander gedacht hatten. Sie fuhren gemeinsam zum Essen und tauschten sich aus.

»Wir haben heute ein Wunder erlebt«, sagte Laura und trank einen Schluck. »Gott hat euch alte Schulfreunde wieder zusammengeführt, indem Becky mir das Leben rettete. So etwas schafft nur Gott.«

Die beiden stimmten Laura zu. An dieses Wunder erinnern sie sich immer wieder. Vor allem jedes Jahr im Juni, wenn sie ihren Hochzeitstag feiern.

Nur noch zwei Tage, dann wird er uns wieder Kraft zum Leben geben, am dritten Tag wird er uns wieder aufrichten, damit wir in seiner Gegenwart leben können.

Hosea 6,2

Woche 44

Bibellese: 1. Mose 15

Ein Kind des Himmels

Einige Kinder wurden zu Jesus gebracht. Er sollte ihnen die Hand auflegen und für sie beten.

Matthäus 19,13

Von ganzem Herzen wollten Ben und Beverly Jameson eine richtige Familie werden. Da Beverly jedoch nicht schwanger wurde, nahmen sie Kontakt mit einer privaten Adoptionsvermittlungsstelle auf, und dort erfuhren sie, dass sich die Kosten auf etwa 12 000 Dollar belaufen würden. So viel Geld besaß das Ehepaar aber nicht. Schließlich setzten sie sich mit ihrer Bank in Verbindung und nahmen eine zweite Hypothek auf ihr Haus auf.

Ben war Leiter eines Supermarkts. Beverly arbeitete als Lehramtsanwärterin, doch sobald sie ein Kind bekamen, wollte sie ihre Stelle aufgeben und bei ihrem Kind zu Hause bleiben. Wenn es finanziell eng werden würde, hatte Ben vor, noch einen zweiten Job zu übernehmen.

Es verging ein halbes Jahr. Eines Nachmittags erhielten sie den ersehnten Anruf. Ein obdachloses Ehepaar hatte die Vermittlungsstelle der Jamesons angerufen und ihr Kind zur Adoption freigegeben. Diese Familie wurde schnell mit Ben und Beverly in Verbindung gebracht und nach drei Wochen konnten sie ihren Sohn Eric mit nach Hause nehmen. Ihr Anwalt informierte sie auch noch darüber, dass die obdachlose Frau sich nach Erics Geburt einer Sterilisation unterzogen hatte, weshalb Eric also keine leiblichen Geschwister haben würde.

Beverly gab ihre Arbeitsstelle auf und wurde Vollzeitmutter. Eric war das Kind ihrer Träume – dunkelhaarig, mit spanischem Einschlag. Der Kleine liebte sie über alles.

Als Eric drei Jahre alt war, begannen ernsthafte Probleme. Er hatte unzählige blaue Flecken auf seinem Rücken und seinen Schultern und zudem noch sehr hohes Fieber. Die Eltern brachten ihn zu einem Arzt, der sein Blut untersuchen ließ.

Nach einer Woche erfuhren sie, dass Eric Leukämie hatte. Da seine Blutgruppe nicht in der Bank für Knochenmarktransplantationen aufgelistet war, konnte die Familie nur dafür beten, dass sich irgendwo irgendjemand finden würde, der zu einer Knochenmarkspende bereit war, die mit Erics Knochenmark übereinstimmte. Das war eine Chance von zwanzigtausend zu eins.

Es begann eine schreckliche Wartezeit.

Die Jamesons verfügten nicht über das notwendige Geld, um nach einem geeigneten Spender für Eric zu suchen. Deshalb sprachen sie nach dem Sonntagsgottesdienst mit dem Pastor ihrer Gemeinde und erklärten ihm ihre ausweglose Situation.

Ben traten Tränen in die Augen. »Selbst wenn wir einen geeigneten Spender finden sollten, könnten wir die Behandlung nicht bezahlen.«

Der Pastor organisierte gemeinsam mit einer Schwestergemeinde eine Spendenaktion, bei der so viel Geld zusammenkam, dass sie die Knochenmarktransplantation bezahlen konnten. Aber sie hatten noch keinen Spender gefunden, dessen Blutgruppe und Knochenmarktyp mit denen des kleinen Eric übereinstimmten.

Bei Geschwistern bestand eine fünfzigprozentige Chance der Übereinstimmung. Diese Chance war so groß, dass Beverly sich mit allen Mitteln auf die Suche nach Erics leiblicher Mutter machte. Aber die Frau hatte keine Kinder vor Eric gehabt und nach der Sterilisation hatte sie keine weiteren bekommen können.

Ein weiterer Monat verging, in dem Erics Zustand sich zu stabilisieren schien. Sein Arzt bestätigte, dass es ihm zwar offensichtlich besser ging, gab allerdings zu bedenken, dass die Erholung nur vorübergehend sein könne. Es kommt häufig vor, dass bei einem Kind mit Leukämie die Krankheit nach einer solchen Erholung aggressiver zuschlägt als zuvor.

Ben und Beverly hörten nicht auf zu beten.

Einige Wochen später erhielten sie einen Anruf, der alles auf den Kopf stellte. Obwohl sich die leibliche Mutter von Eric nach dessen Geburt hatte sterilisieren lassen, hatte sie ein Jahr später einem kleinen Mädchen das Leben geschenkt.

»Zuerst wollte die Mutter das kleine Mädchen unbedingt behalten. Aber der Vater des Kindes ist drogenabhängig und die Familie hat seit der Geburt des Babys weiterhin auf der Straße gelebt. Das kleine Mädchen ist jetzt zwei Jahre alt, und mittlerweile ist sich die Mutter ziemlich sicher, dass sie das Kind zur Adoption freigeben will. Aber für sie gibt es nur eine Familie, in die sie ihre Tochter geben möchte – zu Ihnen und Ben. Die Mutter wird uns nächste Woche ihren endgültigen Entschluss mitteilen.«

Beverly und Ben beteten intensiv. Zuerst war es wichtig, dass die Frau, falls es Gottes Wille war, ihre Tochter wirklich abgab. Zweitens war es für Eric entscheidend, dass das Blut seiner Schwester mit seinem übereinstimmte.

»Es scheint mir fast zu viel, was wir von Gott verlangen«, sagte Beverly.

»Aber wir haben einen großen Gott, der mit Freuden das Unmögliche möglich macht«, erinnerte Ben sie.

Die nächsten Tage überlebten sie allein durch ihren Glauben. Eric ging es zum Glück nicht schlechter, aber er war sehr blass und viel dünner, als er sein sollte. Mit jedem Tag wurde es offensichtlicher, dass möglichst bald eine Knochenmarkübertragung stattfinden musste.

Während sie warteten, beteten der Pastor und die Schwestergemeinde, die das Geld zusammengetragen hatte, rund um die Uhr für die Jamesons, bis endlich eine gute Nachricht eintraf: Die Frau hatte sich entschlossen, das kleine Mädchen abzugeben. Ben und Beverly freuten sich, dass sie eine Tochter geschenkt bekamen. Sie waren fast erschrocken, wie sehr Eric und sein Schwesterchen sich glichen.

Das kleine Mädchen hieß Corinna und so wurde es auch weiterhin genannt. Das half ihr beim Einleben. Nach einer Woche entnahm der Arzt eine Blutprobe und ließ überprüfen, ob das Schwesterchen als Spenderin infrage kam.

Von da an war Beverly überzeugt, dass hier ein Wunder geschah. Die Schwester, die es eigentlich gar nicht geben sollte, war aufgetaucht. Und wenn Geschwister sich so sehr ähnlich sahen, musste doch mit ziemlicher Sicherheit auch ihr Knochenmark übereinstimmen. Als der Arzt ihnen dann das Ergebnis mitteilte, war Beverly nicht einmal sonderlich überrascht.

Erics kleine Wunderschwester war tatsächlich eine geeignete Spenderin.

Da eine solche Operation für ein Kleinkind kein Risiko darstellt, wurde für diesen Eingriff alles vorbereitet, und bereits einen Monat später konnte das Knochenmark übertragen werden. Heute, fünfzehn Jahre später, sind Eric und Corinna die besten Freunde. Das Wunder, das mit Corinnas überraschendem Leben begann, setzte sich im Leben ihres Bruders fort. Ben und Beverly sind jeden Tag für die erhörten Gebete dankbar, die ihre dunkelsten Nächte in einen strahlenden Morgen verwandelten.

Alles ist möglich für den, der glaubt.

Markus 9,23

Woche 45

Bibellese: Psalm 139,1–16

Das Wunder des Lebens

Als Gott die Menschen schuf, formte er sie nach seinem eigenen Bild.

1. Mose 5,1

Kendra Adams setzte sich schon seit über zehn Jahren für die Rechte der Ungeborenen ein und wurde aufgrund ihrer Überzeugungen zur Ersten Vorsitzenden der »Nationalen Frauenvereinigung zum Schutz für das Leben« gewählt. Oft wurde ihr folgende hypothetische Frage gestellt: »Was wäre, wenn Ihr Kind eine schwere Behinderung hätte? Würden Sie sich dann nicht auch für einen Schwangerschaftsabbruch entscheiden?«

Und immer schüttelte Kendra den Kopf. »Das Leben kommt von Gott. Er hat sich bei der Erschaffung jedes einzelnen Menschen etwas gedacht.«

Dann heiratete sie Peter, einen Fußpfleger, und die beiden wünschten sich sehnlichst Kinder, aber drei Jahre lang ging dieser Wunsch nicht in Erfüllung. Als sie dann erfuhren, dass Kendra ein Baby erwartete, freuten sie sich sehr. Im fünften Schwangerschaftsmonat wurde festgestellt, dass Kendra Zwillinge erwartete, einen Jungen und ein Mädchen. Da sich das Mädchen nicht richtig zu entwickeln schien, sollten ein paar weitere Tests gemacht werden. Im Laufe der folgenden vier Wochen erfuhr Kendra, dass das kleine Mädchen in ihrem Bauch eine schwere Missbildung hatte, und zwar entwickelte sich das Gehirn des Kindes außerhalb der Schädelhöhle.

»Es tut mir leid«, sagte der Arzt. »Da können wir nichts tun, denn das Baby hat keinen Schutz für sein Stammhirn. Bei einer solchen Fehlbildung führt jede Art von Stress für das Stammhirn in den meisten Fällen zum Tod.«

Kendra ließ ihren Tränen freien Lauf. *Bitte hilf uns, Gott,* betete sie still. *Bitte tu doch ein Wunder.*

»Ich schlage vor, dass wir einen selektiven Schwangerschaftsabbruch durchführen«, fuhr der Arzt fort. »Dann wäre auch reichlich Fruchtwasser und genügend Platz für den anderen Zwilling vorhanden, sodass er sich gut entwickeln kann.«

»Sie meinen, Sie wollen unser kleines Mädchen abtreiben?«, fragte Kendra erstaunt.

»Es wird sowieso nicht leben können, Mrs Adams. Es gibt keinen Grund, eine Zwillingsgeburt durchzustehen und zusätzlich die traumatische Erfahrung einer Totgeburt auf sich zu nehmen.«

Sie schüttelte ungläubig den Kopf. »Doktor, ich spüre doch schon die Bewegungen meines Babys. Sie mag vielleicht keine Aussicht auf ein langes Leben haben, aber das Leben, das sie hat, soll so sicher und schön wie möglich sein. Eine Abtreibung kommt für uns nicht infrage.«

Das Ehepaar verließ die Arztpraxis unter Tränen, und Kendra begann unmittelbar, das Dilemma aktiv anzugehen.

»Lass sie uns Anne-Marie nennen«, schlug Kendra auf der Rückfahrt nach Hause vor. »Die heilige Marie Bernarde war auch ein sehr kränkliches Kind. Aber Gott hatte trotzdem etwas mit ihrem Leben vor.«

Peter nickte. »Lass uns alle Leute, die wir kennen, bitten, für sie zu beten.«

In den folgenden Wochen riefen Kendra und Peter Dutzende von Leuten an, die wiederum weitere Freunde und Bekannte anriefen, sodass nach einer Weile Hunderte von Menschen im ganzen Land für Anne-Marie beteten.

Als Nächstes informierte sich Kendra im Internet über die Missbildung, unter der Anne-Marie litt, und erfuhr dort, dass es Ärzte und Selbsthilfegruppen gab, die sich auf neurologische Defekte spezialisiert hatten. Sie sprach mit Neurochirurgen, um so viel wie möglich dazuzulernen und zu erfahren, was sie tun könnte.

Während des sechsten Schwangerschaftsmonats hörte Kendra auf zu arbeiten, um mehr Ruhe zu haben. Die Ärzte hatten ihr gesagt, dass mehr Ruhe der entscheidende Faktor in der Frage sein könne, ob Anne-Marie die Schwangerschaft überleben würde. Jetzt, da Kendra um ein Wunder für Anne-Marie betete, war sie sich immer noch genauso sicher, dass dieses Baby ein Recht auf Leben hatte. Nach und nach machten Untersuchungen jedoch immer deutlicher, dass die Schädigung noch schwerwiegender war. Deshalb zweifelten die Ärzte daran, dass das Baby die Schwangerschaft überleben würde.

Aber Anne-Marie überlebte Woche um Woche. Am Ende des siebten Schwangerschaftsmonats stand ein hoch qualifiziertes Team von Ärzten und Geburtshelfern bereit, um die Zwillinge zum gegebenen Zeitpunkt per Kaiserschnitt zu holen, da eine spontane Geburt für die kleine Anne-Marie tödlich sein würde.

Als der achte Schwangerschaftsmonat fast vorüber war und Kendra eines Sonntagmorgens in der Kirche saß, hatte sie plötzlich den Eindruck, dass sie mit einer falschen Einstellung betete. Es war, als hörte sie eine Stimme, die ihr sagte, dass sie um Frieden beten sollte und nicht um ein Wunder.

Also gut, Herr, betete sie still für sich. *Ich bete jetzt um Frieden und darum, dass ich die Situation so annehmen kann, wie sie kommt. Wenn es einen Grund dafür gibt, so zu beten, dann will ich dir vertrauen und es einfach tun.*

In den darauffolgenden sechs Wochen lenkte Kendra ihre Energie in eine andere Richtung. Wenn Anne-Marie bei der Geburt sterben sollte, dann würden Peter und sie Hilfe brauchen, um mit dem Verlust fertigzuwerden. Deshalb setzte sie sich mit Organisationen in Verbindung, deren Anliegen der Umgang mit dem Verlust eines Mehrlingskindes bei der Geburt war, und mit solchen, die Eltern in ihrer Trauer um den Tod eines Kleinkindes beistanden.

Doch das war nicht alles. Eines Abends besprach sie sich mit Peter und rief dann am nächsten Morgen die regionale Organspendezentrale an. Kendra beschrieb ausführlich Anne-Maries Situation und berichtete vom Tod des Sohnes ihrer Freunde. Der Junge hatte auf der Warteliste für Herztransplantationen gestanden.

»Wir möchten gern, dass unser kleines Mädchen etwas im Leben eines anderen kleinen Kindes bewirkt«, sagte Kendra am Ende.

Anne-Maries Leben würde einen Sinn haben; dessen war sie sich jetzt vollkommen sicher.

Schließlich war der Tag für den geplanten Kaiserschnitt gekommen. Um 9.20 Uhr wurde Jeffrey geboren und fing sofort an, kräftig zu schreien. Eine Minute später legte die Hebamme Peter die kleine Anne-Marie in die Arme, während die Ärzte Kendra weiterversorgten.

»Es ist schlimmer, als wir angenommen hatten«, sagte der Kinderarzt, während er Anne-Marie untersuchte. »Sie wird bald sterben.«

Peter nickte und lächelte unter Tränen hinüber zu seinen und zu Kendras Eltern, die gekommen waren, um die Kleine wenigstens einmal kurz halten zu können, bevor sie starb.

Anne-Marie wurde von Großeltern zu Großeltern weitergereicht, sodass sie alle der Kleinen noch zuflüstern konnten, wie sehr sie sie liebten und dass sie sie eines Tages im Himmel wiedersehen würden.

Durch die Narkose konnte Kendra Anne-Marie nicht gleich halten, sodass Peter sie wieder in den Armen wiegte, nachdem die Großeltern sie alle einmal hatten tragen dürfen.

»Wir werden dich immer lieben, Anne-Marie«, flüsterte Peter und sah dabei der Kleinen in ihre dunkelblauen Augen. »Du wirst immer ein Teil unserer Familie sein und irgendwann sind wir wieder alle zusammen.«

Sechs Stunden nach der Geburt sah die kleine Anne-Marie schließlich zum letzten Mal ihrem Vater ins Gesicht und tat ihren letzten Atemzug. Kurz darauf wachte die Mutter aus der Narkose auf und erst da wurde ihr das Kind in die Arme gelegt.

»Wir werden dich nie vergessen«, weinte Kendra leise.

Zwei Tage später wurden Kendra und Peter von der Organspendezentrale informiert, dass Anne-Maries Herzklappen zwei todkranken Kindern in Chicago das Leben gerettet hatten.

Es vergingen Wochen, bis Kendra überhaupt fähig war, mit irgendjemandem über Anne-Marie zu sprechen. Erst dann, nach Stunden des Gebetes um Frieden und Annahme, kam sie zu ein paar Schlussfolgerungen über Anne-Maries kurzes Leben. Heute widmet Kendra einen Teil ihrer Zeit der Aufgabe, Eltern zu helfen, die einen so tragischen Verlust erlitten haben wie sie. »Das Beste, was wir für unsere Kinder erhoffen können, ist nicht, dass sie Karriere machen,

Erfolg haben und viel Geld verdienen«, sagt sie den Leuten, »sondern das Beste, was wir für sie erhoffen können, ist, dass sie in den Himmel kommen und auf dem Weg dorthin das Leben möglichst vieler Menschen anrühren. Was uns angeht, so können wir sagen, dass eines unserer Kinder schon sicher dort angekommen ist. Und nicht nur das, sondern es hat auf seinem Weg auch noch zwei anderen todkranken Kindern das Leben gerettet. Und wie viele von uns können das schon von sich behaupten, selbst wenn sie hundert Jahre alt werden?«

Der Herr hat mich von meiner Geburt an berufen; im Mutterleib hat er mich beim Namen gerufen.

Jesaja 49,1

Woche 46

Bibellese: Psalm 5

Himmlische Rettung

Musst du durchs Feuer gehen, so bleibst du unversehrt; keine Flamme wird dir etwas anhaben können.

Jesaja 43,2; GN

Barbara Evans hatte das Haus in den Bergen von Santa Monica vor zehn Jahren entdeckt. Es war im viktorianischen Stil erbaut, hatte einen umwerfenden Blick auf den Pazifik und verschlug ihr die Sprache.

»Das ist mein Traumhaus«, sagte sie zu ihrem Mann Ted. »Sollte es jemals zum Verkauf stehen, dann hätte ich es gern.«

Zu dieser Zeit schien das wirklich nur ein Traum zu sein, aber im Laufe der Jahre hatte Ted geschäftlich immer mehr Erfolg, und der Gedanke, ein solches Haus einmal zu besitzen, war längst keine Träumerei mehr.

»Wenn ich könnte, würde ich dir den Mond vom Himmel holen«, sagte Ted ihr einmal an ihrem Hochzeitstag.

Barbara lachte. »Ich wäre schon mit dem Haus in den Bergen zufrieden.«

Zehn Jahre vergingen, und Barbara hatte schon längst die Hoffnung aufgegeben, ihr Traumhaus könne jemals zum Verkauf stehen. Doch einen Monat später, als Barbara in Vermont war, wurde das Haus zum Verkauf angeboten. Ted führte mit dem Makler harte Verhandlungen, und als Barbara zwei Wochen später bei ihrer Rückkehr am Flughafen von ihrem Mann abgeholt wurde, überreichte er ihr den Schlüssel.

»Ich habe eine Überraschung für dich«, sagte er, »damit du niemals Zweifel daran hast, wie sehr ich dich liebe.«

Sechs Wochen später zogen sie in das Haus ein. »So habe ich es mir immer erträumt«, flüsterte sie ihm zu, »aber ohne dich wäre das alles nichts.«

Es vergingen fünf weitere Jahre, bevor an einem Augustsonntag in den Bergen von Santa Monica ein Waldbrand ausbrach. Barbara war zu Besuch bei ihrer Schwester im San Fernando Valley. Als Ted vom Gottesdienst nach Hause fuhr, konnte er Rauch erkennen. Er betete, dass ihr Haus verschont bleiben möge.

Ungefähr zwei Stunden später nahm er Rauchgeruch wahr und schaute aus dem Fenster. Das Feuer hatte sich ausgebreitet, und zwar in Richtung des Hauses. Ted ging hinaus, weil er beobachten wollte, wie sich das Feuer entwickelte – genau wie sein Nachbar Roy, der zu ihm herüberkam. Zwar umgab trockenes Buschwerk ihre Häuser, aber sie verließen sich darauf, dass die Feuerwehr den Brand unter Kontrolle bringen würde.

Ted suchte alte Fotos und andere unersetzliche Dinge zusammen und packte sie in sein Auto. Roy wässerte währenddessen sein Dach.

Dann rief Ted seine Frau an. »Das Feuer ist schon ziemlich nah, Liebling. Bete bitte.«

Barbara legte den Telefonhörer auf und betete. *Bitte, Gott, verschone das Haus, mit dem Ted mir zeigen wollte, wie sehr er mich liebt.* Dann hatte sie plötzlich einen Gedanken. *Bitte, Herr, zieh einen Schutzwall um unser Haus. Umstelle es mit deinen Engeln.*

Ihr Mann hatte inzwischen begonnen, das Haus mit dem Gartenschlauch nass zu spritzen. Weil er keine Leiter hatte, die bis zum Dach hinaufreichte, konnte er das Dach nicht so wässern, wie er es eigentlich gern getan hätte. Dann drehte plötzlich der Wind und das Feuer kam jetzt direkt auf das Haus zu. Roy kam gleich zu Teds Haus hinübergelaufen. Die Männer standen gemeinsam wie in Trance da und mussten voller Schrecken mit ansehen, wie eine fast zehn Meter hohe Feuerwalze auf sie zukam, die alles vernichtete, was ihr in den Weg kam, und die immer größer wurde.

»Jetzt haben wir wirklich ein Problem«, murmelte Ted, als das riesige Feuer eine Schlucht übersprang und sich jetzt den Hügel hinauf genau auf ihre Häuser zubewegte.

»Los, komm«, schrie Roy ihm zu. »Lauf um dein Leben!«

Ted ließ den Schlauch fallen und die beiden Männer rannten los. Sie sprangen in ihre Autos und rasten davon. Als Ted einen Parkplatz am Strand erreichte, hielt er an und stieg aus dem Wagen. Andere Hausbesitzer, die vor dem Feuer geflüchtet waren, taten dasselbe. Alles, was sie sehen konnten, waren Flammen und Rauch, wo eigentlich die Gebäude hätten zu sehen sein sollen.

Barbaras Mann fühlte sich hilflos und war traurig, aber in diesem Augenblick kam ihm ein Bibelvers in den Sinn: »Wir wissen aber, dass denen, die Gott lieben, alle Dinge zum Besten dienen.« Er schloss die Augen und zwang sich, an diese Verheißung zu glauben. Ted war sich ganz sicher, dass sein Glaube das Einzige war, das der Zerstörung durch die Flammen standhalten konnte.

Als das Feuer näher kam, sagten Feuerwehrleute der Gruppe, sie sollten sich ein Stück weiter die Straße hinunter in Sicherheit bringen. Während Ted zu seinem Wagen zurückging, kam ein junger Mann auf ihn zu.

»Hey!«, rief er in Teds Richtung. »Machen Sie sich keine Sorgen. Ich war noch auf Ihrem Dach und habe es für Sie gewässert.«

Das war aber gar nicht möglich, denn als Ted losgefahren war, hatten sich die Flammen bereits wie Wellen in ihre Gärten gewälzt. Er war überzeugt, dass hier eine Verwechslung vorlag, und sagte: »Danke vielmals. Ich bin Ihnen sehr dankbar.«

Der Mann nickte und ging weiter, während Ted in seinen Wagen stieg und zu der Unterkunft fuhr, zu der man die Evakuierten geschickt hatte. Dann rief er Barbara an und erzählte ihr die schlechten Nachrichten.

»Gott sei Dank ist dir nichts passiert«, sagte sie nur. »Du bist mir wirklich wichtiger als das Haus.«

Das Feuer brannte die ganze Nacht hindurch und niemand konnte etwas über den Zustand der Häuser in Erfahrung bringen. Spätabends fielen Ted dann aber ganz plötzlich Freunde ein, die auf der anderen Seite des Tales lebten und die zum Haus der Evans hinübersehen könnten. Er rief sie sofort an.

»Du wirst es nicht glauben, Ted. Wir haben gesehen, wie die Flammen die Richtung gewechselt haben und direkt auf euer Haus zugekommen sind. Dann haben wir mit der ganzen Familie einen

Gebetskreis gebildet und für deine Sicherheit und die deines Hauses gebetet.« Der Mann hielt inne. »Allem Anschein nach ist dein Haus völlig unbeschädigt.«

Ted bedankte sich für die Auskunft und war sich gleichzeitig sicher, dass sein Freund sein Haus mit einem anderen verwechselt hatte. Das war einfach unmöglich.

Am nächsten Morgen war es schließlich sicher genug, wieder nach Hause zurückzufahren, und als Ted dort ankam, war er wie vom Donner gerührt, denn sein Freund hatte recht gehabt.

Das wütende Feuer war bis auf ungefähr fünf Meter an das Haus herangerückt und dann abrupt zum Stillstand gekommen. Das Unterholz und Gestrüpp, von dem sein Haus umgeben gewesen war, war von den Flammen vernichtet worden, aber das Haus stand völlig unversehrt da. Die Stromleitungen, die zum Haus führten, waren geschmolzen, und die Telefonkabel waren zusammengeschmort. Die große Holzterrasse war lediglich am Rand ein bisschen angekohlt.

Dann entdeckte Ted den Schlauch, den er auf der Holzterrasse einfach hatte fallen lassen. Er war jetzt über das Haus geführt und lag auf dem Dach.

Als Barbara später an diesem Tag nach Hause kam, hielten sich die beiden gegenseitig ganz fest und weinten.

Sieben Häuser hatten insgesamt an der schmalen, hügeligen Straße gestanden, in der Ted und Barbara lebten. Drei davon waren völlig zerstört, drei schwer beschädigt. Nur das Haus der Evans war völlig unversehrt und stand mitten auf einem Stück Land, das von dem Feuer ganz und gar unberührt geblieben war.

In den folgenden Wochen fragte sich Barbara immer wieder, warum ihr Haus wohl verschont geblieben war. Ihre eigenen Recherchen ergaben, dass Temperaturen um 1000 Grad geherrscht haben mussten, um die Stromleitungen überhaupt zum Schmelzen zu bringen. Bei so hohen Temperaturen hätte das Haus schon allein durch die in seiner Umgebung herrschende Hitze Feuer fangen müssen. Aber es war dennoch nicht nur nicht verbrannt, sondern ganz und gar unbeschädigt.

Später erfuhren sie, dass drei Augenzeugen beobachtet hatten, wie jemand das Dach gewässert hatte, nachdem Ted und Roy bereits die Flucht ergriffen hatten. Aber es war keine Leiter da gewesen, um auf das Dach steigen zu können, und es hatte eigentlich auch kein Wasser fließen können, denn wegen der geschmolzenen Stromleitungen hatte die Wasserpumpe gar nicht mehr anspringen können.

»Ich habe gebetet, dass Gott einen Schutzwall um das Haus errichtet«, sagte Barbara unter Tränen lächelnd. »Er hat einen Engel der Barmherzigkeit gesandt, um das größte Geschenk zu retten, das Ted mir jemals gemacht hat.«

In all ihren Bedrängnissen fühlte er sich selbst bedrängt. Und der Engel, in dem sich Gottes Angesicht zeigt, rettete sie. Er selbst erlöste sie, weil er sie liebte und Mitleid mit ihnen hatte. Er hob sie auf und trug sie seit Urzeiten unablässig.

Jesaja 63,9

Woche 47

Bibellese: Richter 6,33–40

Ein Trost spendender Anruf

Wenn ich Gnade vor dir gefunden habe, gib mir ein Zeichen, das beweist, dass du, Herr, es bist, der zu mir spricht.

Richter 6,17

Nach Jahrzehnten, in denen ihre Beziehung von Spannungen und Stress gekennzeichnet gewesen war, hatten Molly und ihre Tochter Peg sich zehn Jahre lang endlich wieder nahegestanden. Es gab gemeinsame Nachmittagsspaziergänge und lange Gespräche, in denen sie einander ihr Herz öffneten und über ihre Träume sprachen. Aber als Molly Anfang sechzig war, wurde festgestellt, dass sie unter einer degenerativen Muskel- und Bindegewebskrankheit litt, die einen langsamen körperlichen Verfall mit sich bringt und schließlich zum Tode führt.

Als Molly die Diagnose erfuhr, sprach sie sofort mit ihren drei erwachsenen Kindern darüber. »Betet, dass ich nicht von euch gehen muss, bevor Gott bereit ist, mich zu sich zu holen.«

Im Laufe des Jahres verschlechterte sich Mollys Gesundheitszustand stetig. Erst konnte sie ihre Arme und Beine nicht mehr richtig gebrauchen und schließlich war sie auf einen Rollstuhl angewiesen. In dieser Zeit zogen Pegs Bruder und ihre Schwester weg und gründeten jeweils ihre eigenen Familien. Peg und ihr Mann Rick blieben, um sich um Molly zu kümmern.

»Ich weiß gar nicht, was ich ohne dich machen sollte, Peg«, sagte ihre Mutter manchmal zu ihr. »Du bist mehr, als ich mir von einer Tochter je erhofft habe.«

Molly war viel mit Peg und Rick zusammen. Es war eine glückliche gemeinsame Zeit, weil sie nicht nur eine innige Beziehung zu Peg hatte, sondern auch zu Pegs Kindern, Mollys geliebten Enkelkindern. Auch wenn sie körperlich nicht mehr so aktiv sein konnte, wie sie es sich für ihr Leben als Großmutter erhofft hatte, konnte Molly ihnen doch Geschichten erzählen und ihnen zuhören, wenn sie spielten.

Mit 62 Jahren war Molly durch ihre Krankheit komplett zum Pflegefall geworden. Die Lunge war von der Krankheit bereits so stark angegriffen, dass ihr das Atmen schwerfiel. Die Ärzte hatten gesagt, dass sie vielleicht nicht einmal mehr ein Jahr zu leben hätte. Während dieser Zeit beobachtete Peg manchmal ihre Mutter, wenn sie schlief, und fragte sich, wie sie mit dem unausweichlichen Tod ihrer Mutter fertigwerden sollte.

Dann verschlechterte sich Mollys Zustand von einem Tag auf den anderen so sehr, dass sie ins Krankenhaus eingeliefert werden musste. Peg wachte am Bett ihrer Mutter, betete für sie und sang die vertrauten, tröstenden Lieder. Körperlich war Molly durch die Krankheit zwar schwer gezeichnet, aber geistig war sie völlig klar. Schon bald konnte sie kaum noch sprechen, aber oft sah sie ihre Tochter so intensiv an, dass Peg genau wusste, ihre Mutter hörte ihr zu.

Am Tag vor Thanksgiving schien es Molly schlechter zu gehen denn je. Peg hielt die Hand der Mutter ganz fest. »Ich möchte, dass du weißt, wie sehr wir dich alle lieben, Mama. Und ich möchte, dass du weißt, dass wir irgendwann wieder alle zusammen sein werden.«

Den Blick nach oben gerichtet, begann Peg zu beten. *Lieber Gott, himmlischer Vater, danke für die Liebe meiner Mutter. Hilf uns, auch ohne sie weiterzuleben.*

Ihre Mutter rührte sich nicht, aber ihre Augen füllten sich mit Tränen. Dann fiel sie friedlich in ein Koma. Und am folgenden Thanksgivingtag um null Uhr fünfzehn starb Molly schließlich.

Genau in diesem Augenblick war Peg ganz sicher, dass der Körper, der dort vor ihr lag, nicht mehr die Seele und den Geist ihrer Mutter beherbergte. Ein fast überirdischer Friede erfasste sie, wie sie es noch nie zuvor erlebt hatte. Das Leben ohne ihre Mutter würde schwer werden, aber Peg hatte die Zusicherung, dass alles sich zum Besten entwickelt hatte. Alles würde gut werden.

Peg hatte sich ihren Geschwistern gegenüber bereit erklärt, die restlichen Formalitäten im Zusammenhang mit dem Tod ihrer Mutter zu regeln. Diese hektische Geschäftigkeit hörte schlagartig nach der Beerdigung auf. Es dauerte gar nicht lange, und der Friede, der Peg durch die ersten Tage nach dem Tod ihrer Mutter geholfen hatte, war wie weggeblasen. Stattdessen fühlte sie sich unglaublich einsam, und der Gedanke, das Haus ihrer Mutter verkaufen zu müssen, sowie die ganze Arbeit, die damit auf sie zukam, machten ihr schwer zu schaffen.

Eines Nachts, während Peg so ganz leise im Kummer über den Tod der Mutter versank, fing sie an zu beten. *Lieber Herr, bitte hilf mir, wieder diesen Frieden zu spüren. Ich glaube, dass meine Mutter jetzt bei dir ist, aber hilf mir bitte, das auch wirklich von Herzen zu begreifen. Bitte gib mir die Gewissheit, dass alles gut wird.*

Am nächsten Tag klingelte früh das Telefon. Kurz bevor Peg an das schnurlose Telefon ging, merkte sie, dass der andere Apparat im Wohnzimmer gar nicht geklingelt hatte.

»Hallo?« Als nur Stille zu hören war, legte Peg den Hörer auf.

Eine Stunde später klingelte das Telefon wieder. Wie schon beim ersten Mal klingelte auch jetzt nur der schnurlose Apparat. Peg nahm den Hörer ab, aber wieder meldete sich niemand.

Beinahe zwei Stunden später klingelte das schnurlose Telefon erneut, doch am anderen Ende war niemand. Dieses Mal zog Peg den Stecker der Telefonstation heraus, denn der Apparat konnte nicht klingeln, wenn er keinen Strom bekam.

Eine halbe Stunde später klingelte der schnurlose Apparat wieder, obwohl das eigentlich doch unmöglich war. Niemand antwortete, als Peg abnahm.

Sie legte wieder auf, zog das Gerät von der Wand ab und wickelte die beiden ausgestöpselten Kabel auf. Sie nahm sich vor, das Gerät wegzubringen, um es überholen zu lassen.

Eine weitere Stunde verging, in der Peg Verwaltungsdinge erledigte, die im Zusammenhang mit dem Tod ihrer Mutter nötig waren. *Es ist so schwer, Herr,* seufzte sie und spürte, wie ihr wieder einmal Tränen in die Augen traten. *Sie fehlt mir so sehr.*

Plötzlich wurde die Stille der Mittagstunde durch das Klingeln des Telefons unterbrochen. Es war aber nicht der Wandapparat. Peg folgte dem Klingelton und spürte, wie ihr ein kalter Schauer über den Rücken lief.

Das schnurlose Telefon, das weder Strom bekam noch an die Telefonleitung angeschlossen war, klingelte. Zögernd nahm Peg den Hörer ab.

»Hallo?«, sagte sie mit leiser, unsicherer Stimme. Und wieder war nichts zu hören als Stille.

Plötzlich fiel Peg ein, welches Datum es war – der 11. Dezember, der Geburtstag ihrer Mutter.

Und im selben Augenblick war dieses Gefühl tiefen Friedens da, wie sie es auch in dem Augenblick verspürt hatte, als ihre Mutter gestorben war. Sie dachte an ihr Gebet von der vorigen Nacht und war ganz sicher, dass Gott es erhört hatte. Alles würde wirklich gut werden.

Deshalb bete ich, dass Gott, der euch Hoffnung gibt, euch in eurem Glauben mit Freude und Frieden erfüllt, sodass eure Hoffnung immer größer wird durch die Kraft des Heiligen Geistes.

Römer 15,13

Woche 48

Bibellese: Jesaja 38

Halt mir einen Platz frei ...

> *Für euch aber, die ihr meinen Namen achtet, wird die Sonne der Gerechtigkeit aufgehen, und ihre Strahlen werden Heilung bringen.*
>
> Maleachi 3,20

Mit 16 wünschte sich Julie Keller nichts sehnlicher, als dass ihr Zwillingsbruder Jared noch ein Jahr leben würde. Noch ein Weihnachten, noch einen Frühling, noch einen Sommer. In dieser Augustnacht aber saß sie in einem Krankenhauszimmer und hatte nur einen einzigen Wunsch an Gott: noch einen Tag.

Jared war mit zystischer Fibrose auf die Welt gekommen, einer Lungenkrankheit, die ihn immer mehr schwächte. Die Ärzte hatten der Familie mitgeteilt, dass Jared glücklich sein konnte, wenn er 25 werden würde.

Julies Eltern glaubten nicht an Gott, an das Gebet oder an Wunder. Doch beim *Young Life Camp* vertrauten Julie und Jared mit 13 Gott ihr Leben an und ließen sich von da an jeden Sonntag zur Kirche mitnehmen. Als es Jared nicht mehr gut ging und er nicht mehr zur Kirche und zur Schule gehen konnte, sagte er zu Julie: »Hör nicht auf, für mich zu beten. Halt mir beim Essen einen Platz frei, okay?« So ein Gespräch war bei ihnen an der Tagesordnung.

Wenn man an zystischer Fibrose leidet, ist man ständig von der Gefahr einer Lungenentzündung bedroht, und im Lauf der Jahre hatte Jared oft eine Lungenentzündung gehabt. Nachdem er erneut am *Young Life Camp* teilgenommen hatte, erlitt er eine

Lungenentzündung, die schlimmer war, als sie es je erlebt hatten. Er wurde sofort ins Krankenhaus gebracht.

Das war zwei Tage her. Und nun hatten die Ärzte die Familie Keller zum Gespräch gebeten und ihnen erklärt, dass es so aussehe, als würde Jared es diesmal nicht überstehen. Die Eltern klammerten sich aneinander fest und weinten, als die Ärzte das Zimmer verließen. Von ganzem Herzen wollte Julie ihnen vorschlagen zu beten, Gott um ein Wunder zu bitten. Aber das hatte sie früher schon versucht und jedes Mal hatten die Eltern ihr den Mund verboten.

Während ihre Eltern in die Cafeteria gingen und eine Tasse Kaffee tranken, blieb Julie im Wartezimmer und betete im Stillen. *Gott, lass meinen Bruder nicht sterben. Wir beide hängen doch so aneinander*. Das war seit frühester Kindheit wirklich so gewesen, besonders aber in der Highschool. Julie war beliebt und gesellig. Jared wurde ständig mit Aufmerksamkeit verwöhnt und hatte viele Freunde.

»Ich finde es so cool«, hatte eine Freundin von Julie eine Woche vor dem Ferienlager zu ihr gesagt, »wie gut ihr befreundet seid, du und dein Bruder. Es wäre schön, wenn mein Bruder und ich auch so eine Beziehung hätten.«

Jetzt aber sah es kurz nach der schönsten Woche ihres Lebens so aus, als würde Julie Jared verlieren. Der bloße Gedanke daran brach ihr das Herz und ließ ihr den Atem stocken. Sie wollte eigentlich nur raus aus dem Wartezimmer, um Jared zu sehen, doch der Arzt hatte darauf hingewiesen, dass Jared Ruhe brauchte.

Herr, flüsterte Julie, *hilf bitte meinem Bruder. Ich liebe ihn so sehr, und ich weiß, wie viel Angst er jetzt hat. Bitte hilf ihm zu atmen. Mach, dass die Lungenentzündung verschwindet.*

In diesem Moment hörte Julie, wie jemand ins Zimmer trat. Es war ein kleiner Mann in der Kleidung des Reinigungspersonals, der einen Wischmopp und einen Wassereimer in den Händen hielt. Irgendwie kam ihr das Gesicht des Mannes ungewöhnlich freundlich vor, fast so, als würde es leuchten.

»Ich muss dir mal was sagen«, sprach der Mann sie leise an. Er kam einen Schritt näher und schaute ihr in die Augen. »Es ist eine Botschaft von Gott.«

Julies Hände fingen an zu zittern und ihre Gedanken rasten. Eine Botschaft von Gott? Wer war der Mann? Aus irgendeinem Grund kam es ihr so vor, als ob sie ihn schon ewig lang kennen würde.

»Deinem Bruder geht es bald gut.« Der Mann zwinkerte ihr zu. »Denk an die Worte aus Maleachi 3, Vers 20.« Kaum hatte er das gesagt, drehte er sich um und verließ den Raum.

»Warten Sie!« Julie sprang auf und rannte zur Tür. Sie trat in den Flur und dachte, der Mann könne nur ein paar Meter weiter sein, aber er war verschwunden. Keine andere Tür im Flur war offen. Wie hatte er so schnell verschwinden können? Niemand konnte so schnell laufen, vor allem nicht mit einem vollen Wassereimer.

Julie wartete einen Augenblick und eilte dann zum Schwesternzimmer. Sie konnte den Mann auf keinen Fall verschwinden lassen, ohne mit ihm gesprochen zu haben und zu erfahren, woher er Jared kannte und wusste, dass ihr Bruder die Nacht überleben würde.

Nachdem Julie der Schwester hinter dem Schalter erklärt hatte, was geschehen war, antwortete diese nur: »Tja, ich kann dir nur sagen, dass unsere Reinigungskräfte Feierabend haben. Außerdem glaube ich nicht, dass wir jemanden haben, auf den deine Beschreibung passt.«

Mit langsamen Schritten ging Julie zurück ins Wartezimmer und betete wieder. *Gott, war das für mich bestimmt? Dieser Mann … diese Botschaft?* Sie atmete schwer und merkte, dass ihr die Hände zitterten. Die Fragen kamen immer wieder auf, bis sie hörte, wie jemand den Raum betrat. Es war Jareds Arzt.

»Sind deine Eltern in der Nähe?«

»Sie sind unten in der Cafeteria. Wie geht es Jared?«

Langsam erschien ein Lächeln im Gesicht des Arztes. »Es ist wie ein Wunder. Eigentlich haben wir vor zehn Minuten noch gedacht, dass wir Jared verlieren. Dann fing er an zu husten und nach ein paar Minuten hat er wieder völlig normal geatmet. Wir haben eine Röntgenaufnahme gemacht und … ich kann es mir nicht erklären. Seine Lungen haben sich dramatisch verbessert. So etwas habe ich noch nie gesehen.«

»Meinen Sie, dass er gesund ist?« Von Neuem quollen die Tränen aus Julies Augen.

»Er ist außer Lebensgefahr. Wenigstens vorläufig.«

Als Julies Eltern zurückkamen, teilte sie ihnen die gute Nachricht mit. Sofort strahlten die Gesichter freudig auf. Dann schaute Julie sie an und sagte: »Darf ich euch etwas sagen? Ich glaube, dass ich eben einen Engel gesehen habe.«

Julie erzählte ihnen die ganze Geschichte und zum ersten Mal hörten die Eltern ihr tatsächlich zu. Als sie zu Hause waren und in der Bibel den Vers aus Maleachi nachlasen, änderte sich die Einstellung ihrer Eltern für immer. In diesem Vers ging es darum, dass man Gott fürchten soll, damit die Heilung kommt.

Als Jared sieben Jahre später an der zystischen Fibrose starb, sagte Julie zu der Schar von einigen Hundert Menschen, die zur Beerdigung ihres Bruders gekommen waren: »Das ganze Leben meines Bruders war ein Wunder. Aber Gott musste mir eines Abends damals im Sommer einen ganz bestimmten Besucher schicken, um mich daran zu erinnern, dass er Herr der Lage ist. Mein Bruder ist jetzt im Himmel und zum ersten Mal ist er ganz und gar geheilt.« Dann schaute sie hoch zum Himmel und ließ den Tränen freien Lauf.

»Ich hab dich lieb, Jared. Halt mir einen Platz am Tisch frei.«

Alle, die Gott zum Vater haben, siegen über die Welt. Der Sieg über die Welt ist schon errungen – unser Glaube ist dieser Sieg!

1. Johannes 5,4; GN

Woche 49

Bibellese: 2. Könige 6,8–23

Der erste Weihnachtsfeiertag

Katastrophen brauchst du nicht zu fürchten, wie sie plötzlich über Menschen kommen, die Gott missachten. Denn der Herr ist dein sicherer Schutz, er lässt dich nicht in eine Falle laufen.

Sprüche 3,25–26; GN

Cara Wilcox wollte unbedingt noch eine Weile aus dem Haus gehen. Es war der 25. Dezember – der erste Weihnachtsfeiertag – und draußen war die Luft bereits frostig kalt. Das Leben war für die Familie Wilcox in letzter Zeit nicht einfach gewesen, und Cara hatte keine Ahnung gehabt, wie sie die Ausgaben für Weihnachten bestreiten sollte. Sie wusste, dass die einzige Möglichkeit, ihre sorgenvollen Gedanken loszuwerden, ein Spaziergang an der frischen Luft war.

Draußen war es schon dunkel. Cara lebte in New York, und die Gegend, in der sie wohnte, war dicht besiedelt und nicht sehr sicher. Sie wollte höchstens einmal um den Block gehen.

»Wer möchte mit mir spazieren gehen?«, fragte sie, während sie in ihre Jacke schlüpfte.

Die fünfjährige Sarah und der siebenjährige Joey schüttelten den Kopf. »Wir möchten lieber fernsehen, Mama.«

Ihr ältester Sohn, Colin, war fünfzehn und zuckte die Achseln. »Heute Abend nicht, Mama. Ist das in Ordnung?«

»Klar. Aber pass bitte auf Joey und Sarah auf. Ich werde Laura mitnehmen.«

Ihre dreijährige Tochter strotzte vor Energie und so griff Cara nach ihrem Dreirad. Obwohl es draußen kalt war, konnte das Kind einen Block neben ihr herfahren, ohne dass es sie stören würde. Es würde ihnen beiden guttun.

Cara und Laura waren noch nicht lange unterwegs, da wollte das Kind auf einmal nicht mehr mit dem Dreirad fahren. Cara seufzte und hob das Gerät hoch. Während sie das tat, blickte sie sich um. Sie waren erst ungefähr einen halben Block von zu Hause entfernt. Plötzlich sah sie Joey und Sarah die Straße hinunterlaufen. Sie schlichen sich heran, sprangen von einem Schatten in den nächsten, als wollten sie versuchen, ihre Mutter einzuholen und sie zu überraschen. Cara beschloss, das Spiel mitzuspielen.

Sie ging mit Laura weiter die Straße hinunter. Als sie die Kreuzung erreichten, drehte Cara sich erneut um und hielt noch einmal Ausschau nach Joey und Sarah. Dieses Mal konnte sie sie nicht sehen.

»Hm«, murmelte sie laut und Laura sah zu ihr auf.

»Komm, Mama. Weiter.«

Cara stand unbeweglich da. Sie starrte zurück in Richtung ihrer Wohnung und versuchte, irgendwo ihre Kinder auszumachen. Vielleicht hatten sie im Dunkeln Angst bekommen und sich entschlossen, wieder nach Hause zu gehen. Dann kam ihr plötzlich der Gedanke, dass sie womöglich von jemandem überfallen worden waren. In der Nachbarschaft wurde jeden Tag ein Verbrechen begangen. Plötzlich bekam Cara panische Angst.

»Sarah!«, rief sie laut. »Joey!«

Es kam keine Antwort, und Cara spürte, wie sie vor Angst zitterte. Sie hielt Lauras Hand fester und lief zurück in Richtung ihrer Wohnung.

Beim Gehen bemerkte Cara einen Mann auf der anderen Seite der Straße, der in dieselbe Richtung lief. Sie wunderte sich, woher er kam. Sie hatte ihn vorher nicht bemerkt, als sie sich einige Male nach ihren Kindern umgedreht hatte. Obwohl sie damit beschäftigt war, Joey und Sarah zu finden, fiel Cara auf, dass der Mann auf der anderen Straßenseite immer wieder zu ihnen herübersah. Sie hatte ihn in dieser Gegend noch nie gesehen. Cara wurde misstrauisch. Sie beschleunigte ihren Schritt und hielt Laura fest am Arm. In der anderen Hand hielt sie das Dreirad und beschloss, sich notfalls damit zu verteidigen.

»Was ist los, Mama?«, fragte Laura, der die Nervosität ihrer Mutter nicht entgangen war.

»Nichts, mein Schatz. Wir gehen jetzt nach Hause.«

Als Cara und ihre Tochter sich der Straßenecke näherten, an der sie wohnten, überquerte der Mann die Straße und kam auf sie zugelaufen. Cara bekam panische Angst, und sie fragte sich, ob sie noch rechtzeitig zu Hause ankommen würden, bevor er versuchte, sie anzusprechen.

In diesem Moment kam ihr ein Gedanke. *Tu so, als würdest du deinen Vater an der Haustür sehen, und sprich mit ihm*, schien ihr eine Stimme zu sagen. Cara reagierte sofort darauf.

»Hallo, Papa!«, rief sie laut. Ihre Wohnung war immer noch vier Häuser entfernt. Sie winkte in Richtung Haustür. »Hast du die Kinder gesehen?«

Fast augenblicklich drehte sich der Mann, der geradewegs auf sie zugekommen war, um und lief in die entgegengesetzte Richtung. Cara stieß einen Seufzer der Erleichterung aus.

Sie rannte die Stufen zu ihrer Wohnung hinauf und stürzte hinein. Die Angst wich von ihr, als sie sah, dass Joey und Sarah auf dem Fußboden vor dem Fernseher saßen, wie kurz zuvor, als sie das Haus verlassen hatte.

»Warum seid ihr wieder nach Hause gegangen?«, fragte Cara.

Die Kinder sahen sich an, nachdem sie zuerst ihrer Mutter verständnislose Blicke zugeworfen hatten. »Wovon redest du?«, fragte Joey.

»Ihr seid mir da draußen gefolgt. Ich habe euch gesehen. Warum seid ihr wieder reingegangen?«

Colin sah seine Mutter an und schüttelte den Kopf. »Mama, sie waren die ganze Zeit hier. Sie wollten doch nicht rausgehen, weißt du das nicht mehr?«

»Das ist unmöglich«, erwiderte sie. »Ich habe euch beide gesehen. Ihr seid uns gefolgt, und als ich euch nicht mehr sehen konnte, bin ich zurückgegangen.«

Dann dachte Cara an den seltsamen Mann. In der nächsten halben Stunde versuchte sie, Colin den Mann genau zu beschreiben und ihm zu erklären, warum sie sich von ihm bedroht gefühlt hatte.

»Mama, vielleicht waren die Kinder, die du gesehen hast, Engel, und sie wussten, dass sie dich nur nach Hause locken konnten, wenn sie aussehen wie Joey und Sarah. Weißt du, ich meine Weihnachtsengel.«

Cara starrte ihren Sohn an. Sie hatte denselben Gedanken gehabt, hatte aber befürchtet, wenn sie es sagen würde, klänge es zu verrückt. Aber warum sollte es nicht so gewesen sein? Warum sollte Gott nicht Engel eingesetzt haben, die wie ihre Kinder aussahen? Ihre kostbaren Kinder.

»Ich weiß nicht, mein Sohn. Aber ich bin mir sicher, dass ich die Kinder heute Abend draußen gesehen habe.«

Erst einige Zeit später war Cara fest davon überzeugt, dass an diesem Abend ein Wunder geschehen war. Es stellte sich heraus, dass es sich bei dem Mann, der ihr gefolgt war, um einen entflohenen Häftling handelte. Bis zu seiner Wiederfestnahme hatte er mit Waffengewalt einige Menschen in Caras Nachbarschaft ausgeraubt.

»Gott hat zwei Engel geschickt, die genauso aussahen wie meine Kinder, um mich sicher zurückzubringen, während meine eigenen Kinder die ganze Zeit über in der Wohnung saßen«, erklärte Cara später ihrer Freundin. »Das war mein Weihnachtswunder.«

Du bist mein Schutz und bewahrst mich vor Angst und Sorgen.
Du lässt mich über meine Rettung jubeln.

Psalm 32,7

Woche 50

Bibellese: 4. Mose 22,21–41

Weihnachten mit Charlie Brown

Macht euch nichts vor! »Schlechter Umgang verdirbt gute Sitten.«
1. Korinther 15,33; GN

Greg Jamison war schon immer in der Schule beliebt gewesen. Er hatte dunkles Haar und blaue Augen, sah gut aus und war athletisch gebaut. Jede Sportart, bei der er mitmachte, fiel ihm leicht. Leider fiel es ihm *allzu* leicht. Deswegen hatte er aufgehört, sich auf Gott angewiesen zu fühlen, er hatte die Gemeinde seiner Eltern nicht mehr länger besucht und eigentlich schon gar nicht mehr an Gott geglaubt.

Während der Weihnachtsferien hatte Greg auf einigen Partys mitgefeiert und angefangen, Bier zu trinken, obwohl er seinen Eltern versprochen hatte, das nicht zu tun. Ihm gefiel, welche Wirkung der Alkohol auf ihn hatte, besonders weil es dann einfacher war als sonst, mit den Mädchen zu reden. Nach einer Woche Trinken und Feiern wurde er zu einer Party eingeladen, auf der es auch Gras geben würde.

»Klar, cool. Bis dann.« Greg drehte sich der Magen um, als er sich selbst diese Worte sagen hörte.

Am Abend der Party sagte seine Mutter zu ihm: »Du bist in dieser Woche schon viel zu oft ausgegangen, Greg. Bleib heute Abend zu Hause. Wir schauen uns *Weihnachten mit Charlie Brown* an.«

Einen Augenblick lang empfand Greg einen winzigen Stich des Bedauerns. Dies war immer sein Lieblingsfilm in den Weihnachtsferien gewesen. »Ich bin zu alt dafür. Und außerdem bin ich zu alt dafür, in den Weihnachtsferien zu Hause rumzusitzen.«

Sein Vater griff ins Gespräch ein. »Der Ton macht die Musik, mein Junge. Solange du unter unserem Dach wohnst, zeigst du bitte etwas mehr Respekt.«

Greg entschuldigte sich und flitzte aus der Tür. Die nächste Stunde verbrachte er damit, die Landstraßen seiner Heimat abzufahren, Wichita in Kansas, und darüber nachzudenken, wie ihm da eigentlich geschah. Was würden seine Eltern denken? Wenn seine Trainer Wind davon bekamen, was er die ganzen Weihnachtsferien gemacht hatte, könnten sie ihn aus dem Team ausschließen.

Und was war mit Gott? Wenn es überhaupt einen Gott gab, dann steckte Greg im dicksten Schlamassel. Aber wenn es keinen Gott gab? Wenn man nur für dieses Leben auf die Welt kam und dann starb, ohne weiter zu existieren?

Die Möglichkeiten wirbelten Greg durch den Sinn. Wenn er zu der Party ging, konnte er all die Gedanken vergessen. Ein paar Drogen konnten doch wohl nicht schaden, oder?

Er wollte schon wenden und Richtung Party fahren, als er plötzlich am Straßenrand jemanden entdeckte, der aussah wie ein uniformierter Gefängnisangestellter. Das Gefängnis lag in sechzehn Kilometer Entfernung an der gleichen Straße, also passte das zusammen.

Greg fuhr an den Rand. Die Augen des Mannes waren freundlich und hellbraun, sein Lächeln wirkte harmlos.

»Wollen Sie mit?«

»Danke. Ich hatte gehofft, dass Sie anhalten.«

»Arbeiten Sie im Gefängnis?«

»Ja, seit zehn Jahren. Meine Schicht fängt in fünf Minuten an.«

»Steigen Sie ein.« Greg entriegelte die Tür.

Als der Mann einstieg, schätzte Greg ihn auf Mitte 50. Sein Haar ergraute schon und er trug einen Schnurrbart. Irgendwie leuchtete sein Gesicht, sogar jetzt im Dunkeln. Seine Dienstuniform war perfekt gebügelt.

»Wie heißen Sie?«

»Ralph Michaels.«

Greg schwieg eine Weile. Der Mann neben ihm war merkwürdig still und ziemlich entspannt, wenn man bedachte, dass er zu spät zur Arbeit kam und aus irgendeinem Grund hatte zu Fuß gehen müssen.

Der Beamte wandte sich an Greg. »Wollen Sie mir nicht sagen, was Ihnen auf dem Herzen liegt?«

Er war sich nicht sicher, wie er den Mann einschätzen sollte, aber er sagte ihm, womit er in der Schule zu tun hatte.

»Nein. Erzählen Sie mir von der Kreuzung in Ihrem Leben.«

Der Junge starrte den Mann an und wunderte sich, wie der Mann so etwas fragen konnte. »Wie meinen Sie das?«

»Sie wissen schon, was ich meine. Sie müssen die eine oder andere Wahl treffen, nicht wahr?«

Greg fühlte sich seltsam unwohl. Ob der Mann seine Gedanken lesen konnte? Er hatte immer noch das Bedürfnis, mit jemandem zu reden. Und so erzählte Greg dem Mann, wie es ihm wirklich ging und dass er in einem christlichen Elternhaus aufgewachsen war.

»Aber jetzt habe ich mich verändert; diese Art Leben gehört zu meiner Vergangenheit.«

»Nein. Diese Art Leben liegt Ihnen näher, als Sie glauben.«

»Woher wollen Sie das wissen?«

»Ich weiß es.« Die Antwort war von einer Endgültigkeit, die Greg auf die Palme brachte.

»Sehen Sie mal … ich weiß nicht, wer Sie sind, aber gut, es stimmt. Ich stehe vor einer Entscheidung. Ich bin mein ganzes Leben lang ein braver Junge gewesen und will jetzt endlich mal ein paar Sachen aus eigener Erfahrung kennenlernen.«

Der Mann schaute ein paar Sekunden geradeaus, bevor er sich wieder an Greg wandte. »Es gibt nur einen richtigen Weg.«

»Ach, ich hab keine Lust mehr zu reden.« Gerade tauchte rechts vor ihnen das Gefängnis auf. »Wo kann ich Sie absetzen?«

»Hier ist es richtig.« Er wandte sich noch einmal an Greg. »Triff die richtige Wahl, mein Junge. Jetzt. Du hast nämlich immer noch eine Chance.« Der Gefängnisbeamte stieg aus und sah ihn an. »Und noch eins … *Weihnachten mit Charlie Brown* ist doch gar nicht so schlecht, oder, Greg?«

»Nein …«

Der Mann zwinkerte ihm zu. »Ganz meine Meinung.« Dann wandte er sich um und eilte die lange Einfahrt zum Gefängnis hinunter.

Als Greg losfuhr, fühlte er sich wie erschlagen. Woher kannte der Gefängnisbeamte seinen Namen? Und woher wusste er von dem Film mit Charlie Brown? Plötzlich wollte Greg nichts lieber, als nach Hause zu fahren und den Film zu sehen.

Bis zum nächsten Morgen dachte Greg über alles nach, was der Mann gesagt hatte. Schließlich fasste er den Entschluss, noch einmal mit dem Mann zu reden. Er rief im Gefängnis an und sprach mit einer leitenden Beamtin, die zehn Minuten brauchte, um Greg davon zu überzeugen, dass es keinen Mitarbeiter namens Ralph Michaels im Gefängnis gab. Und die Leute, die gestern ihre Nachtschicht gehabt hatten, waren alle in den Zwanzigern.

Total verblüfft erzählte Greg seinen Eltern von seinem Erlebnis.

»Manchmal sind es eben interessante Methoden, wie Gott sich Aufmerksamkeit verschafft«, sagte seine Mutter. »Könnte der Mann ein Engel gewesen sein?«

»Ein Engel?« Greg spürte sein Herz klopfen.

»Warum nicht? Gott ist immer noch derselbe und seine Methoden sind heutzutage nicht anders als damals.«

Wochenlang überdachte Greg diese Möglichkeit, bis er schließlich überzeugt war, dass seine Mutter recht hatte. Er beschloss, auf Partys nicht mehr die Nacht durchzumachen, und fing wieder an, zur Kirche zu gehen. Dabei erlebte er einen Frieden, den er nicht für möglich gehalten hatte.

Mein Herr, der König, ist so klug wie ein Engel Gottes. Er hat alles sofort durchschaut, nichts entgeht ihm!

2. Samuel 14,20; Hfa

Woche 51

Bibellese: 2. Könige 4,1–7

Eine helfende Hand

Mein Gott wird euch aus seinem großen Reichtum, den wir in Christus Jesus haben, alles geben, was ihr braucht.

Philipper 4,19

Um kurz nach neun am 25. Dezember erhielt Adam Armstrong den Anruf. Er war gerade in Akron, Ohio, auf Streife unterwegs. In einem Restaurant an der Lkw-Raststätte, die an der Landstraße außerhalb der Stadt lag, saß eine Frau, die laut weinte.

In den acht Jahren, in denen Armstrong bereits als Beamter tätig war, hatte er so viel Leid gesehen, dass er sich nur allzu gut vorstellen konnte, warum eine Frau laut weinend an einem solchen Ort saß. Besonders an Weihnachten. Während der Fahrt dachte er darüber nach, dass das der eigentliche Grund war, warum er Polizist geworden war. Er war einmal nachts mit einem Polizeibeamten unterwegs gewesen, weil er gerade für einen Artikel recherchierte, den er für die regionale Zeitung schrieb. Der erste Anruf in jener Nacht kam von einer Frau, die von ihrem Mann brutal geschlagen worden war. Als der Beamte den Mann abgeführt hatte, sah Armstrong den erleichterten Ausdruck auf dem Gesicht der Frau, und plötzlich war ihm etwas klar geworden: Vielleicht würde er im Laufe seines Lebens noch tausend Artikel über das Gute und das Böse schreiben. Aber keiner von ihnen würde dieser Frau jemals ihren Schmerz nehmen können.

Am nächsten Tag hatte Armstrong sich einen Job bei der Polizei gesucht und es seitdem nie bereut. Trotz all der Gefahren und

Frustrationen, die mit seiner Arbeit verbunden waren, liebte er seine Arbeit noch genauso wie am Anfang.

Armstrong betrat das Restaurant an der Lkw-Raststätte, das von weihnachtlichen Lichtern erhellt war, und entdeckte die Frau, die ihr Gesicht mit ihren Händen bedeckt hielt. Neben ihr saßen zwei verängstigte kleine blonde Mädchen, die ungefähr vier und fünf Jahre alt waren.

»Könnt ihr mir sagen, was hier passiert ist, Mädchen?«, fragte er sie. Das ältere Kind blickte ihn an, und Armstrong konnte sehen, dass es ebenfalls Tränen in den Augen hatte.

»Papa konnte uns keine Weihnachtsgeschenke kaufen und deshalb hat er uns verlassen.«

Armstrongs Herz zog sich zusammen. Dann lächelte er die Mädchen an. »Wenn das so ist, dann setzt euch doch erst einmal auf einen der Hocker dort hinten, und bestellt euch etwas zu essen.«

Widerwillig entfernten sich die beiden Mädchen von ihrer Mutter und setzten sich an den Tresen. Der Beamte gab der Bedienung ein Zeichen und bat sie, den Kindern zu bringen, was diese sich von der Speisekarte aussuchen würden.

Nachdem die Mädchen außer Hörweite waren, setzte er sich der Frau gegenüber. Sie blickte Armstrong mit traurigen Augen an, die ihr ganzes Herzeleid widerspiegelten.

»Was ist passiert?«, fragte er leise.

»Es ist so, wie meine Tochter es gesagt hat«, antwortete die Frau und wischte sich die Tränen von den Augen. »Mein Mann ist am Ende seiner Kräfte. Wir sind total pleite. Er hat gedacht, dass wir mehr Hilfe bekommen würden, wenn wir alleine wären, ohne ihn. Seitdem sitze ich hier und bete darum, dass Gott mir zeigt, was wir als Nächstes tun können. Dieses Weihnachtsfest ist bis jetzt nicht besonders gut gelaufen.« Wieder traten ihr die Tränen in die Augen. »Aber im Moment möchte ich einfach nur wissen, dass Gott mich hört.«

Armstrong nickte und blickte sie mit sanften und einfühlsamen Augen an. Im Stillen betete auch er. *Sie braucht jetzt einen Engel, Herr. Bitte hilf ihr weiter.*

»Haben Sie Familie?«

»Meine nächsten Verwandten leben in Tulsa.«

Der Beamte schlug mehrere Behörden vor, die ihr eventuell helfen konnten. Während sie miteinander sprachen, brachte die Bedienung den Kindern Hotdogs und Pommes frites. Armstrong stand auf, ging zur Theke und nahm seine Brieftasche heraus.

»Der Chef sagt, das ist umsonst«, sagte die Bedienung.

Der Polizist lächelte die Frau an und nickte ihr dankbar zu. Zur selben Zeit ging ein Lkw-Fahrer auf die Bedienung zu. Er murmelte ihr etwas zu, woraufhin sie ihn zu Armstrong führte.

Das Verhältnis zwischen Lkw-Fahrern und Polizeibeamten war normalerweise gekennzeichnet von einer typischen Feindseligkeit. Armstrong konnte sich nicht daran erinnern, dass in seiner Dienstzeit jemals ein Lkw-Fahrer auf ihn zugekommen wäre.

Der Fahrer ging zum Tresen und stellte sich Armstrong gegenüber. Der Beamte stellte fest, dass das geschäftige Treiben verstummt war und es in dem Restaurant still wurde. Die meisten Stammgäste, die fast alle Fernfahrer waren, beobachteten die beiden.

»Entschuldigen Sie bitte. Hier«, sagte der Fahrer und reichte Armstrong eine Handvoll Geldscheine. »Wir haben etwas Geld gesammelt. Das müsste der Frau und ihren Töchtern für den Anfang reichen, um von hier wegzukommen.«

Schon als kleiner Junge hatte Armstrong gelernt, dass Polizisten niemals in der Öffentlichkeit weinen. Deshalb blieb er schweigend dort stehen, bis der Kloß in seinem Hals verschwunden war. Dann drückte er dem Mann fest die Hand. »Ich bin sicher, dass sie sehr dankbar sein wird. Kann ich ihr Ihren Namen nennen?«

»Nein. Sagen Sie ihr einfach, es kommt von ein paar Leuten, die selbst Familie haben und die an Weihnachten auch gerne zu Hause wären.«

Als der Fahrer davonging, zählte Armstrong das Geld und war wieder erstaunt. In einem kleinen Raum voller Lkw-Fahrer waren innerhalb weniger Minuten 200 Dollar gesammelt worden. Das war genug Geld, um drei Bustickets nach Tulsa und ausreichend Proviant für unterwegs zu besorgen.

Der Beamte ging zurück zu der Ecke, in der die Frau saß, und gab ihr das Geld. Da fing sie erneut an zu schluchzen.

»Er hat mich gehört«, flüsterte sie mit tränenerstickter Stimme.

»Wie bitte?« Armstrong war verwirrt.

»Verstehen Sie nicht?«, fragte die Frau. »Ich habe Gott gebeten, uns ein Zeichen zu geben, dass er uns immer noch liebt und sich um uns kümmert.«

Armstrong bekam eine Gänsehaut, und er dachte an sein Gebet, in dem er um die Hilfe eines Engels gebeten hatte. Die Lkw-Fahrer sahen natürlich nicht gerade aus wie Engel aus einem Bilderbuch, aber Gott hatte sie alle gemeinsam als Engel gebraucht. »Wissen Sie, ich glaube, er hat Sie wirklich gehört.«

In diesem Moment ging ein junges Pärchen auf die schluchzende Frau zu, und die beiden fragten, ob sie irgendwie behilflich sein könnten.

»Nun, ich suche jemanden, der uns mitnimmt …«

Der Beamte entfernte sich diskret und gab per Funk durch: »Die Situation hat sich geklärt.«

Erst, als Armstrong von der Raststätte davonfuhr, ließ er seinen Tränen freien Lauf. Er hatte fast immer nur die schlechte Seite der Menschen kennengelernt. Aber in jener Nacht wurde er daran erinnert, dass es noch Freundlichkeit und Liebe unter den Menschen gab. Und Armstrong hatte noch etwas anderes gelernt. Manchmal beantwortet Gott ein Gebet, indem er großherzige Lkw-Fahrer benutzt, die die Rolle von Weihnachtsengeln übernehmen.

Ehre sei Gott im höchsten Himmel und Frieden auf Erden für alle Menschen, an denen Gott Gefallen hat.

Lukas 2,14

Woche 52

Bibellese: 2. Samuel 11

Das Geschenk der Vergebung

Wenn wir ihm unsere Sünden bekennen, ist er treu und gerecht, dass er uns vergibt und uns von allem Bösen reinigt.

1. Johannes 1,9

Penny Hathaway hatte als Teenager große Träume. Sie wollte ein Jahr lang bei ihrer Tante, einer Schauspielerin, in Chicago bleiben und ein Jahr in New York City wohnen, bevor sie an der Universität von Südkalifornien mit einer Schauspielausbildung begann. Penny hatte den Eindruck, sie müsse ersticken, wenn sie nicht aus ihrer kleinen Stadt rauskam.

In ihrem letzten Jahr an der Highschool arbeitete Penny in einem Restaurant als Kellnerin und sparte eifrig für ihre Reisen. Bevor sie auszog, sagten ihr ihre Eltern: »Gott hat auch für dein Leben einen Plan, Penny. Bitte frag ihn danach.«

Der Glaube ihrer Eltern engte Penny ein, er tötete jedes Fünkchen Lebenslust und Kreativität in ihr. Schließlich gehörte es zu einem Künstlerleben dazu, dass man sein Temperament auslebte. Oder etwa nicht? Penny nickte nur und lächelte brav.

Die ersten Wochen in Chicago waren genau das, wovon Penny geträumt hatte. Sie fand einen Job in einem edlen Steakrestaurant und freundete sich mit ihrer Tante an, die einen lockeren Lebensstil hatte. Sie ließ Penny jede Freiheit und meinte nur: »Wenn du dich vergnügst, pass gut auf dich auf, und lass dich nicht verführen!«

Dann begegnete Penny ein junger, cooler Typ. Er hieß Adrian und hatte eine Rolle in einer großen Produktion in einem der vielen

Theater. Er sah gut aus, hatte Talent, zeigte ihr die Bühne und machte sie mit den übrigen Schauspielern bekannt. Nach einer Theatervorstellung nahm Adrian sie mit zu sich nach Hause. Zum ersten Mal im Leben trank Penny Champagner. Sollte Adrian an diesem Abend mit ihr schlafen wollen, so war sie dazu bereit. Das gehörte jetzt zu ihrem neuen Leben dazu: grenzenlose Leidenschaft.

In den folgenden beiden Monaten lebte sie mit Adrian ihre Vorstellungen aus, aber tief im Innern spürte sie Panik aufsteigen. Ihre Periode war bereits drei Wochen überfällig, und sie hatte gehört, dass Adrian sich noch mit einem anderen Mädchen traf. Als Penny ihn danach fragte, lachte er. »In meiner Welt erobert einer den anderen. Manchmal eine nach der anderen. Manchmal mehrere gleichzeitig.«

Am nächsten Morgen kaufte sie sich einen Schwangerschaftstest. In weniger als zehn Minuten hatte sich ihr Verdacht bestätigt: Sie war schwanger!

Nachdem Penny es Adrian erzählt hatte, sagte er: »Ich bin sicher, du wirst dir etwas einfallen lassen.« Das war das letzte Mal, dass Adrian sich bei ihr sehen ließ.

Sie hatte den Glauben und die Moral ihrer Eltern in den Wind geschlagen, und nun war passiert, wovor sie gewarnt worden war. Als sie in der zehnten Woche schwanger war, entschied sie sich, ihr Leben zu ändern. Sie setzte sich mit einer Adoptionsvermittlungsstelle in Verbindung und erklärte, was sie sich vorstellte. Der Berater teilte ihr mit, dass eine »geschlossene« Adoption das Beste sei. Das bedeutete, dass Penny vor dem achtzehnten Lebensjahr des Kindes keinen Kontakt zu ihm aufnehmen konnte, und dann auch nur, falls er oder sie nach seinem achtzehnten Lebensjahr in die Akte Einblick nehmen würde.

Penny stimmte diesen Bedingungen zu und gebar später einen gesunden Jungen. Nur fünfzehn Minuten lang hielt sie ihn in ihren Armen. Sie war fast erschrocken über sein ungewöhnlich schönes Gesicht mit dem vollen dunklen Haar. Er würde bestimmt auch Schauspieler werden, gut aussehend und groß wie sein Vater sein, außerdem sensibel und neugierig wie sie selbst.

In dem Moment, als ihr das Baby abgenommen wurde, begann das winzige Samenkorn »Schuld« in ihr zu keimen. Was würde ihr Sohn empfinden, wenn er alt genug war, um sich vorzustellen, was sie ihm angetan hatte? Gleichzeitig dachte sie, dass sie die richtige Entscheidung getroffen hatte.

Und doch registrierte Penny im Laufe der Jahre die Geburtstage ihres Sohnes genau und stellte sich vor, wie er sich von Jahr zu Jahr veränderte. Nach sechs Jahren machte sie ihr Examen an der Universität von Kalifornien und erzählte ihren Eltern von dem Baby. Sie stimmten mit ihrer Tochter überein, dass die Adoption das Beste gewesen war.

Die Jahre vergingen. Penny wurde Mitglied einer Gemeinde, sie wuchs im Glauben und war sich sicher, dass Gott ihr ihre Schuld vergeben hatte. Schließlich lernte sie einen liebenswerten Geschäftsmann kennen, der wie sie Gott und die schönen Künste liebte. Sie heirateten und führten ein glückliches gemeinsames Leben. Aber immer noch klagten Stimmen in ihr sie an. Wo war ihr Sohn jetzt? Ob er sie wohl verachtete?

Als sie ihr erstes gemeinsames Kind durch eine Fehlgeburt verlor, stellte Penny sich immer wieder die Frage, ob Gott sie damit strafen wollte. Es half auch nicht, dass der Pfarrer ihrer Gemeinde ihr bestätigte, dass eine Adoption bestimmt die beste Möglichkeit gewesen sei. Sie fühlte sich immer wieder als eine grausame Mutter, selbst als sie bereits drei weitere Kinder geboren hatte.

Siebzehn Jahre waren inzwischen vergangen, und Penny war sich sicher, dass es für sie nur eine Möglichkeit gab, ihren Frieden zu finden: Sie musste von ihrem Sohn selbst hören, dass es ihm gut ging. Die einzige Möglichkeit bestand darin, ihrem Sohn einen Brief zu schreiben und ihn in seine Akte legen zu lassen. Penny schrieb ihm, was alles geschehen war, und drückte ihr tiefes Bedauern darüber aus. »Ich habe getan, was ich damals als das Beste für dich erkannte. Aber ich finde keinen Frieden, bis ich etwas von dir gehört habe. Bis ich weiß, dass du meine Entschuldigung gelesen hast.« Sie schickte den Brief ab, betete und wartete.

Ihr Sohn wurde achtzehn, dann neunzehn Jahre alt. Sie sorgte sich weiter und grübelte. Nach dem zwanzigsten Geburtstag ihres Sohnes erhielt Penny einen handschriftlichen Brief von einem Jeremy Bennett. Unter Tränen las sie den Brief, der besagte, dass Jeremy Bennett tatsächlich ihr Sohn war.

Liebe Penny,

ich habe eine wunderbare Kindheit und Jugend gehabt. Meine Eltern sind liebenswerte Christen, die mich gelehrt haben, an Gott zu glauben, hart zu arbeiten und eine Familie zu schätzen. Ich studiere Medizin. (…)

Ich schreibe all das, weil ich möchte, dass Sie Ruhe finden, und weil ich Ihnen danken möchte. Dass Sie mich zur Adoption freigegeben haben, war das Liebenswerteste, was Sie für mich tun konnten. Machen Sie sich von heute an keine Minute mehr Sorgen, dass Sie eine falsche Entscheidung getroffen haben könnten. Ich werde Ihnen immer dankbar bleiben.

Penny schloss die Augen und hob ihr Gesicht zum Himmel. In diesem Moment wurde ihr bewusst, dass sie auf heiligem Land stand. Gott hatte ein Wunder getan. Er hatte ihre jahrzehntelangen Schuldgefühle und Zweifel durch einen inneren Frieden ersetzt, der sie nicht mehr verlassen sollte.

Einen Monat später traf sie Jeremy persönlich. Penny sah es seinen Augen an, dass alles, was er geschrieben hatte, der Wahrheit entsprach. Und Gott schenkte ihr noch etwas. Er schenkte ihr eine Stunde mit ihrem Sohn, der ihr Komplimente machte. Eine Stunde mit dem Medizinstudenten, der eine geradezu unglaubliche Liebe zur Kunst besaß.

Ich – ich allein – bin es, der deine Übertretungen um meiner selbst willen tilgt und nicht mehr an deine Sünden denkt.

Jesaja 43,25

Quellenverzeichnis

Die Geschichten in diesem Band sind – für diese Ausgabe gekürzt und bearbeitet – den folgenden Büchern von Karen Kingsbury entnommen:

Spezialeffekte Gottes (S. 7), aus: *Der Engel im Streifenwagen*, S. 148
Ein Wunder der Liebe (S. 11), aus: *Ein Wunder kommt selten allein*, S. 85
Ein Cheeseburger vom Himmel (S. 15), aus: *Der Engel im Streifenwagen*, S. 130
Wunder über Wunder (S. 19), aus: *Zeit für ein Wunder*, S. 79
Gottes Wege (S. 23), aus: *Zeit für ein Wunder*, S. 41
Mami wird bei dir bleiben (S. 29), aus: *Zeit für ein Wunder*, S. 87
Zeit, nach Hause zu gehen (S. 33), aus: *Der Engel im Streifenwagen*, S. 51
Das Klassentreffen (S. 37), aus: *Ein Wunder kommt selten allein*, S. 9
Die Stimme im Sturm (S. 43), aus: *Der Engel im Streifenwagen*, S. 84
»Schnall dich an« (S. 49), aus: *Ein Wunder kommt selten allein*, S. 33
Loslassen (S. 53), aus: *Wunder geschehen*, S. 20
Der Augenblick, der mein Leben veränderte (S. 59), aus: *Der Engel im Streifenwagen*, S. 38
Das Geschenk des Tanzes (S. 63), aus: *Wunder geschehen*, S. 48
Ein überirdischer Denkzettel (S. 69), aus: *Der Engel im Streifenwagen*, S. 64
Gerettet von einem Engel (S. 73), aus: *Wunder geschehen*, S. 60
Träume brauchen manchmal Wunder (S. 77), aus: *Zeit für ein Wunder*, S. 97
Der kleinste Engel (S. 81), aus: *Wunder geschehen*, S. 166
Bei jedem Spiel (S. 85), aus: *Wunder geschehen*, S. 16
Der Engel im Streifenwagen (S. 89), aus: *Der Engel im Streifenwagen*, S. 76
Das Wunder des Abschieds (S. 93), aus: *Wunder geschehen*, S. 117
Ein Wunder an zwei Schauplätzen (S. 97), aus: *Der Engel im Streifenwagen*, S. 33
Der richtige Platz zur richtigen Zeit (S. 101), aus: *Zeit für ein Wunder*, S. 53
Der Engel auf der Kreuzung (S. 105), aus: *Wunder geschehen*, S. 9
Papa fehlt mir (S. 109), aus: *Der Engel im Streifenwagen*, S. 96

Ein Traum wird wahr (S. 113), aus: *Wunder geschehen*, S. 70
Eine zweite Chance (S. 119), aus: *Zeit für ein Wunder*, S. 109
Ein lebensrettendes Dankeschön (S. 123), aus: *Ein Wunder kommt selten allein*, S. 43
Ein Wunder kommt selten allein (S. 129), aus: *Ein Wunder kommt selten allein*, S. 19
Laufen und fliegen (S. 135), aus: *Ein Wunder kommt selten allein*, S. 109
Nicht gesucht und doch gefunden (S. 139), aus: *Zeit für ein Wunder*, S. 23
Rettung von der Rückbank (S. 143), aus: *Der Engel im Streifenwagen*, S. 114
»Ich brauche einen Freund« (S. 147), aus: *Ein Wunder kommt selten allein*, S. 69
Ein Wunder im Doppelpack (S. 151), aus: *Zeit für ein Wunder*, S. 33
Ein Engel im Kleintransporter (S. 155), aus: *Ein Wunder kommt selten allein*, S. 55
Das war knapp! (S. 159), aus: *Ein Wunder kommt selten allein*, S. 77
Ein Kind wird sie leiten (S. 163), aus: *Wunder geschehen*, S. 36
Auf Engelsflügeln getragen (S. 167), aus: *Wunder geschehen*, S. 143
Ein Engel in der Dunkelheit (S. 171), aus: *Wunder geschehen*, S. 155
Der beste Freund (S. 177), aus: *Der Engel im Streifenwagen*, S. 121
Göttliche Starthilfe (S. 181), aus: *Der Engel im Streifenwagen*, S. 59
Ich habe jeden Tag für dich gebetet (S. 185), aus: *Zeit für ein Wunder*, S. 13
Ein Gesicht wie Jesus (S. 189), aus: *Der Engel im Streifenwagen*, S. 102
Wiedergefunden (S. 193), aus: *Ein Wunder kommt selten allein*, S. 61
Ein Kind des Himmels (S. 197), aus: *Zeit für ein Wunder*, S. 61
Das Wunder des Lebens (S. 201), aus: *Wunder geschehen*, S. 124
Himmlische Rettung (S. 207), aus: *Wunder geschehen*, S. 106
Ein Trost spendender Anruf (S. 213), aus: *Wunder geschehen*, S. 135
Halt mir einen Platz frei … (S. 217), aus: *Der Engel im Streifenwagen*, S. 25
Der erste Weihnachtsfeiertag (S. 221), aus: *In jener stillen Nacht*, S. 75
Weihnachten mit Charlie Brown (S. 225), aus: *Der Engel im Streifenwagen*, S. 139
Eine helfende Hand (S. 229), aus: *In jener stillen Nacht*, S. 19
Das Geschenk der Vergebung (S. 233), aus: *Zeit für ein Wunder*, S. 67